Identitäten im Pfarramt

Stephan Mikusch | Alexander Proksch (Hrsg.)

IDENTITÄTEN IM PFARRAMT

DENKANSTÖSSE AUS THEORIE UND PRAXIS

EVANGELISCHE VERLAGSANSTALT
Leipzig

Bibliographische Information der Deutschen Nationalbibliothek
Die Deutsche Nationalbibliothek verzeichnet diese Publikation in der
Deutschen Nationalbibliographie; detaillierte bibliographische Daten
sind im Internet über http://dnb.dnb.de abrufbar.

© 2019 by Evangelische Verlagsanstalt GmbH · Leipzig
Printed in Germany

Das Werk einschließlich aller seiner Teile ist urheberrechtlich geschützt.
Jede Verwertung außerhalb der Grenzen des Urheberrechtsgesetzes ist ohne
Zustimmung des Verlags unzulässig und strafbar. Das gilt insbesondere für
Vervielfältigungen, Übersetzungen, Mikroverfilmungen und die Einspeicherung
und Verarbeitung in elektronischen Systemen.

Das Buch wurde auf alterungsbeständigem Papier gedruckt.

Cover: Zacharias Bähring, Leipzig
Satz: Stephan Mikusch, Erlangen
Druck und Binden: Hubert & Co., Göttingen

ISBN 978-3-374-06204-1
www.eva-leipzig.de

Vorwort der Herausgeber

Der Plural im Buchtitel irritiert. Ursprünglich galt »Identität« in Bezug auf eine personale Einheit und auf soziale Rollen als unzählbar, doch in Zeiten schnelllebiger Selbstbilder und scheinbar grenzenloser Selbstkonstruktion relativiert sich der singuläre Sprachgebrauch. Längst ist der Identitätsbegriff zudem in kirchliche und pastoraltheologische Diskussionen eingesickert und saugt als das Reizwort »Pastorale Identität« vielzählige Selbstzuschreibungen und Rollenmuster kirchlicher Amtspersonen auf. Die plurale Form berücksichtigt nur zeitgenössische Analysen, die eigentümliche Berufsidentität von Pfarrinnen und Pfarrern stellt sich keineswegs mehr als monolithischer Block dar. Nur einer mehrdimensionalen Betrachtung gelingt heute eine angemessene Annäherung an das pastorale Rollentableau. Als unerlässlich erweist sich hierbei eine Berücksichtigung geschlechtlicher Identitäten. In diesem Band erwartet ein anderer Schwerpunkt. Der Blick auf ausgewählte »Identitäten« pastoraler Grundstrukturen soll das Verständnis für die Verknüpfung von Amt und Person schärfen. Eine Einsicht bewahrheitet sich dabei einmal umso mehr: Die Koexistenz mehrerer Qualitäten der Theologen und Theologinnen für den Pfarrberuf entzieht sich fortan einer verkürzten, punktuellen Bestimmung des Amtsverständnisses.

Die Rede von »Identität« im Kontext eines kirchlichen Amtes der evangelischen Kirchen indessen ist nicht neu. Sie genoss schon immer besondere Aufmerksamkeit. Die Frage nach der eigenen Identität bewegt Pfarrerinnen und Pfarrer jedoch gegenwärtig einmal mehr angesichts der Fülle an Kirchenreformen und einer abnehmenden Plausibilität des kirchlich gebundenen Amtsbegriffs. Nicht zuletzt durch die Originalität des Berufs »Pfarrers« bleibt der Wunsch einerseits nach konturierten Rollenbildern, andererseits nach einer Ausgewogenheit von Arbeits- und Privatleben in diesem Berufsstand besonders ausgeprägt.

Hier wie auch die beinah inflationäre Anwendung des Terminus »Identität« in jüngsten kulturwissenschaftlichen Debatten, in der Psychologie und neuerdings in bestimmten politischen Kreisen verweist es auf eine Unsicherheit ehemals unhinterfragbarer Sozialstrukturen und individueller Selbstverortung. »Identität« entwickelt sich in Auseinandersetzung mit der unmittelbaren Umwelt. Durch gegenwärtige gesellschaftliche, physische und letztendlich religiöse Einflüsse gerinnen eine Erwartungshaltung an sich selbst wie auch diverse Fremdbilder an die eigene Person. Die Organisationsgestalt der verfassten Volkskirche ist freilich eingebettet in diese Transformationswellen der Gesellschaft. Allein dadurch wird das pastorale Selbstverständnis von aktuellen Anfragen umspült und hat sich einer eingehenden Selbstreflexion zu stellen.

Die Beiträge in diesem Buch geben darauf ganz unterschiedliche Antworten, die sich zu einem Perspektivenmosaik zusammenfügen. Es würde auf diesem Feld zu kurz greifen, eine einseitige Wahrnehmung aus der Warte theoretischer oder anwendungsbezogener Überlegungen den Vorrang zu geben. Allein der gleichrangige Austausch zwischen der universitär verankerten Theologie, landeskirchlichen Positionen und Verantwortlichen aus der pastoralen Fort- und Weiterbildung sowie der pastoralen Praxis nimmt eine prozessuale Identitätsbildung ernst. Das Gespräch zwischen jenen berufsfeldbezogenen neuralgischen Punkten hat sich als fruchtbar erwiesen. Diesem Band ist daher eine Tagung am Erlanger Fachbereich Theologie der Friedrich-Alexander-Universität im Jahr 2018 vorangegangen. Wir danken den stud. theol. David Hamel und Mira Rupp, die uns bei der Durchführung dieser Tagung tatkräftig unterstützt haben. Manche Beiträge sind auf dem Hintergrund dieser Aussprache und der damaligen Vorträge erwachsen, andere sind als Resonanz auf die damaligen Impulse hinzugefügt. Allen Autorinnen und Autoren der vorliegenden Publikation sind wir zu großem Dank verpflichtet, dass sie an diesem Vorhaben mitgewirkt haben.

Auf der letzten Etappe des Druckwerkes waren uns stud. theol. Veronika Bibelriether und stud. theol. Susanna Haßel eine zuverlässige Hilfe. Sie haben sorgfältig Korrektur gelesen, wofür ihnen zu danken ist. Eine organisatorische Unterstützung bot uns das Sekretariat des Lehrstuhls für Praktische Theologie, namentlich Frau Susanne Galsterer, ohne die schon unsere Tagung nicht das geworden wäre, was sie gewesen ist. Ihr ist für alle Mühe ein herzlicher Dank auszusprechen.

Ohne Druckkostenzuschüsse ließen sich solche Bände nicht veröffentlichen. Dank ist daher allen zu sagen, die zur Verwirklichung der Publikation beigetragen haben. Es sind dies die Evangelisch-Lutherische Kirche in Bayern, die Luise-Prell-Stiftung sowie die Dorothea und Dr. Dr. Richard Zantner-Busch-Stiftung an der Universität Erlangen-Nürnberg. Schließlich danken wir der Evangelischen Verlagsanstalt für die Veröffentlichung und die unkomplizierte Zusammenarbeit.

Die Anstöße der folgenden Schriften sollen nicht nur Einzelmeinungen konservieren. Sie wollen hineinwirken in eine Zeit, in der manche Weiche neu gestellt werden muss. Dieses Buch will für unsere Zukunft seinen Beitrag dazu leisten.

Erlangen, im Juli 2019   Stephan Mikusch & Alexander Proksch

Inhalt

Akademische Reflexionen

(K)ein Christ wie jeder andere? 11
Ekklesiologische und soteriologische Bemerkungen zum ordinierten Amt
Wolfgang Schoberth

Pastorale Identität im Miteinander der Berufsgruppen 25
Peter Bubmann

Tiefenaufklärung und (Proto-)Theologie 47
Konsequenzen für das Theologiestudium
Stephan Mikusch

Spirituelle Identität 67
Gestaltete Glaubenspraxis als pastoraler Referenzrahmen
Alexander Proksch

Reflexionen aus kirchenleitender Perspektive

Engagiert, kirchennah und ein Spiegel der Volkskirche 91
Eine Untersuchung zum Nachwuchs für den Pfarrberuf
Frank Seifert

Pastorale Identität in Zeiten des Wandels 101
Perspektiven für die Ausbildung
Isolde Schmucker

Leitung mit Format 109
Erfahrungen aus dem Prozess »Berufsbild: Pfarrerin, Pfarrer« und Überlegungen zu einem evangelischen Leitungsverständnis im 21. Jahrhundert
Stefan Ark Nitsche

Reflexionen aus der zweiten Ausbildungsphase und der kirchlichen Praxis

Wenn das wirkliche Leben dazukommt 131
Pastorale Identität in Selbst- und Welterfahrung
Frank Zelinsky

Pastorale Identität in der Kirche als Jazzband 143
Improvisationsfähigkeit als Kernkompetenz
Martin Scheidegger

ZUGANGS- UND TIEFENDIMENSIONEN IN DER BILDUNG PASTORALER IDENTITÄT . . 165
Eine systemische Perspektive auf die Arbeit mit Vikarinnen und Vikaren
Thilo Auers

WIE EIN HERBERGSVATER 189
Die pastoralen Herausforderungen der Gegenwart im Spiegel von Manfred
Josuttis' Klassiker »Der Pfarrer ist anders«
Oliver Georg Hartmann/Ralf Matthes

STICHWORTVERZEICHNIS 207

AUTORENVERZEICHNIS 209

Akademische Reflexionen

(K)EIN CHRIST WIE JEDER ANDERE?
Ekklesiologische und soteriologische Bemerkungen
zum ordinierten Amt

Wolfgang Schoberth

Ist der Pfarrer, ist die Pfarrerin ein Christ wie jeder andere? Die Form, in der mir die Frage gestellt ist, erlaubt ein Ja oder ein Nein; meine Antwort ist dementsprechend ein kräftiges Ja und Nein. Das ist nun keine rhetorische Pointe; vielmehr sprechen für beide Antworten nicht nur viele gute Gründe, es wird sich auch zeigen, wie ich im Folgenden kurz darlegen und begründen will, dass die Frage überhaupt nur in der Spannung von Ja und Nein sachgemäß zu beantworten ist. Eine Klärung dessen, was im Titel unserer Tagung als »Identität(en) und Pfarramt« im Blick ist, was sich aber auch dann im Leben in diesem eigentümlichen Beruf bewähren kann, muss von dieser Dialektik ausgehen.

Die Frage nach der Identität der Pfarrerin und des Pfarrers ist zumindest in dreifacher Hinsicht zu stellen, die genau unterschieden werden müssen, auch wenn sie miteinander verbunden sind: Das eine ist die Frage nach der »Person«, also nach meiner je eigenen Identität als Pfarrer; ein anderes ist die Frage nach dem Beruf oder, um bei dem etwas hölzernen, aber eingeführten Begriff zu bleiben, der »Profession«. Ein Drittes wiederum ist dann die Frage nach dem »Amt« – und ich will zeigen, dass nur von einem theologisch genau reflektierten Verständnis des Amtes die anstehenden Fragen sinnvoll und hilfreich zu bearbeiten sind. Hier muss auch genau unterschieden werden, weil jede der Dimensionen eine eigene Perspektive und eigene Begründungszusammenhänge hat. Aus der Vermischung dieser Dimensionen wiederum entsteht eine Vielzahl von Verwirrungen, die große Teile der einschlägigen Diskussion prägen und Irritationen sowohl im Blick von außen wie in der Selbstwahrnehmung von Pfarrerinnen und Pfarrern produzieren. Sie aufzulösen, ist darum eine elementare Aufgabe im Nachdenken über Identität(en) und Pfarramt.

Ich sehe hier ein theologisches Defizit – genauer: ein Defizit an Theologie, das diese Verunsicherung hervorbringt. Darum ist auch die naheliegende Folgerung, dass nur eine intensivere und bessere Theologie die notwendige Korrektur ermöglichen kann. Dazu will ich einen kleinen Beitrag leisten.

1 Irreduzibel individuell: die »Person« der Pfarrerin/des Pfarrers

Zunächst: Pfarrerin und Pfarrer sind nicht wie alle anderen. Jeder Pfarrerin und jeder Pfarrer ist irreduzibel individuell. Jede und jeder hat eine andere und eigene Geschichte; ihr und sein Glaube ist geprägt durch diese Geschichte. Nun muss man freilich gleich dazusetzen, dass das auch für die anderen gilt: Auch alle anderen sind nicht wie alle anderen – *kein* Christ und *keine* Christin ist wie jeder und jede andere. Für jeden gilt, dass ihr Glaube geprägt ist durch ihre je eigene Biographie.

Es wäre also dialektisch zu formulieren: Weil Pfarrerin und Pfarrer nicht wie alle anderen sind, sind sie so individuell wie alle anderen auch. Das ist kein Spiel mit Worten, sondern verweist auf ein Wesensmerkmal des Christseins, für das das Ineinander von Gemeinsamem und Besonderem grundlegend ist; das gilt nicht erst für das Pfarrerin- oder Pfarrersein. Glaube ist immer eine höchstpersönliche Sache; Glaube ist immer genau *mein* Glaube – aber er ist eben darin immer auch zugleich *der eine* Glaube.

Das müsste dann freilich auch konsequent zur Geltung gebracht werden.[1] Eben dies ist sowohl in der Systematischen wie in der Praktische Theologie oft nicht der Fall, obwohl die eigentümliche Verschränkung von Allgemeinem und Besonderem sowohl in der Wahrnehmung der kirchlichen Wirklichkeit als auch für die Frage nach der Identität von Pfarrerinnen und Pfarrern von grundlegender Bedeutung ist. Das beginnt bereits bei der Frage nach der persönlichen Glaubensidentität, in der es eben darum geht, wie meine Glaubensgeschichte und die spezifische Situation in meinem Berufsleben zusammenstimmen können.

Hier zeigt sich ein grundlegendes methodologisches Problem, auf das ich gleich zurückkommen muss: Ebenso wie jede Pfarrerin und jeder Pfarrer anders ist, sind Ausdrücke wie »die Gemeinde« oder »die Christen« Verallgemeinerungen, die sich rasch auflösen, wenn man näher zusieht. Auch und gerade dort, wo sie die »Praxis« begreifbar machen wollen, sind sie bestenfalls Generalisierungen und erfassen darum nicht das Einzelne.

Im Blick auf die Person aber gibt es nur Konkreta: Dieser Mensch und diese Gemeinde oder diese spezifische Aufgabe. Eben darum aber haben hier allgemeine Beschreibungen nur geringe Aussagkraft. Darum ist hier eine kurze methodologische Reflexion nötig, weil hier das grundlegende Problem erkennbar wird, das mit dem Anschluss an die Sozialwissenschaften verbunden ist. Aus ihm resultiert nämlich die paradoxe Lage, dass die sog. »empirische Wende« in der Theologie zu einer eigenen Verengung der Wahrnehmung führen kann und weithin geführt hat.[2] Um es pointiert zu formulieren: Die Theologie nimmt durch die empirische Wende keineswegs, wie oft beansprucht, *mehr* Wirklichkeit wahr, sondern nimmt

---

[1] Dies geschieht oft gerade dort nicht, wo auf die »Subjektivität« des Glaubens abgestellt wird: Das hier benannte Subjekt ist eben kein individuelles, sondern ein verallgemeinertes, das mit dem gelebten Glauben gerade nicht zusammenkommt. Dementsprechend fällt solcher Rekurs auf Subjektivität in der Regel auch sehr normativ aus.

[2] Eben das hat Joachim Matthes schon 1985 kritisch vermerkt: JOACHIM MATTHES, Wie praktisch ist die Praktische Theologie?, in: ThPr 20 (1985), 149–155.

Wirklichkeit *anders* wahr – und vielleicht sogar eine andere Wirklichkeit. Und es spricht einiges dafür, dass sie insgesamt weniger wahrnimmt, weil an die Stelle der Aufmerksamkeit für die jeweilige lokale Wirklichkeit die Orientierung an allgemeine Paradigmen und Konzepte getreten ist, die allenfalls Durchschnittliches, nicht aber das jetzt und hier Wirkliche erfassen. Jedenfalls wäre konkret erst zu zeigen, ob die »empirische« Wahrnehmung wirklich angemessen oder angemessener für die Aufgabe von Theologie und Kirche ist. Gerade in der theologischen Rezeption fehlt sehr oft das methodische Bewusstsein dafür, wie empirische Methoden Bilder von Wirklichkeit generieren, welche Aspekte sie genauer zu sehen ermöglichen und welche sie abblenden. Sind es nicht gerade die für die Wirklichkeit des Glaubens und für das kirchliche Handeln relevanten Dimensionen, die hier abgeblendet werden? Die notorische Erfolglosigkeit von Strategien, die auf den Resultaten der empirischen Wende basieren, legt diese Vermutung zumindest nahe.

Auf unsere Frage angewendet wäre zu vermuten, dass diese Wende das Problem, das wir heute diskutieren, zu nicht geringen Teilen erst hervorgebracht hat. Die Verunsicherung von Pfarrerinnen und Pfarrern hinsichtlich ihrer »Identität« könnte methodisch generiert sein, weil sie auf Fragestellungen basiert, die für die Selbstwahrnehmung nicht unmittelbar hilfreich und dann auch irreführend sein können. Das ist in der methodischen Struktur empirischer Forschung angelegt. Ich habe bereits darauf hingewiesen, dass der empirische Blick allemal ein verallgemeinernder Blick sein muss, der vom Konkreten absieht. Empirische Zugangsweisen haben immer den Vor- und zugleich Nachteil, dass sie verallgemeinern müssen; wie alle Wissenschaft muss empirische Forschung das Individuelle abblenden und nivellieren, um Typen zu bilden. Das lässt sich in dem bekannten Diktum zusammenfassen, dass das, was für alle gilt, keineswegs für jeden gilt. Allgemeine Tendenzen haben für den konkreten Fall keine prognostische Aussagekraft – wenn sie denn überhaupt Erklärungskraft haben und Validität für die Wirklichkeitswahrnehmung besitzen sollten.

An dieser Stelle ist auch zu betonen, dass das irreduzibel Individuelle immer schon die kirchliche Wirklichkeit war, und die Verallgemeinerungen, mit denen die gängigen Theorien die Vergangenheit beschreiben, eher vereinheitlichende Projektionen als verlässliche Befunde sind. Die soziologische Individualisierungsthese sollte hier nicht in die Irre führen; der genauere Blick zeigt auch hier die Vielgestaltigkeit dessen, was sich dem heutigen Bewusstsein als vormoderne Einheit zu präsentieren scheint. In jedem Fall sind heute freilich nicht nur die Pfarrerinnen und Pfarrer höchst individuell: Die Gemeinden, in denen sie tätig sind, sind es auch; und nicht nur zwischen den verschiedenen Gemeinden gibt es erhebliche Unterschiede, sondern auch in jeder einzelnen Gemeinde finden sich genug Differenzierungen. Das allein lässt schon zweifelhaft erscheinen, dass allgemeine Modelle orientieren und handlungsleitend sein könnten.

Auch für die hier behandelte Frage nach der Verbindung von Glaubensidentität und Beruf, ist festzuhalten, dass das noch kein Spezifikum von Pfarrerinnen und Pfarrern ist. Diese Frage stellt sich vielmehr jeder Christin und jedem Christen; und jeder Beruf stellt spezifische Herausforderungen an das Christsein derjenigen, die ihn ausüben.

Dass die Verbindung von Glaubensidentität und Berufsidentität keine einfache Sache ist, gilt ebenso für christliche Medizinerinnen und Juristen und für Menschen in allen anderen Berufen. Der Blick auf die Probleme des Pfarrberufs sollte nicht dazu verleiten, das zu unterschätzen. Sicher gewinnt das eine eigene Dynamik, wenn der Glaube selbst in eigentümlicher Weise Inhalt der beruflichen Tätigkeit ist. Aber diese Herausforderung stellt sich nicht nur jeder intellektuellen Beschäftigung mit dem Glauben, wie sie auch Lehrerinnen und Lehrer, christliche Journalisten und Wissenschaftlerinnen bearbeiten müssen. Darauf will ich am Ende zurückkommen, weil hier in spezifischer Weise das Amt betroffen ist.

2 Person und Institution: die »Profession«

Zunächst aber zu der zweiten Dimension, der Frage nach der *Profession*. Hier gilt es ebenfalls die genannte Unterscheidung von Allgemeinem und Besonderen genau zu beachten, weil dies ja genau die Stelle ist, an der die persönliche Identität und institutionelle Anforderung aufeinandertreffen. Institutionen, also auch Kirchenleitungen, handeln notwendigerweise mit Blick auf übergreifende Strukturen und damit Verallgemeinerbares, während Pfarrerinnen und Pfarrer sich in ihrer Arbeit in ihrer Gemeinde im schlechthin nicht Verallgemeinerbaren bewegen, nämlich in *dieser* Gemeinde und bei *diesen* Menschen. Wenn ich *meine* Gemeinde aber als Exempel allgemeiner Entwicklungen wahrnehme, werde ich sie verfehlen.[3]

Das hat also für die Frage nach der professionellen Identität also auch weitreichende Bedeutung, insofern nämlich Pfarrerinnen und Pfarrer jeweils in Gemeinden kommen, die selbst schon eine genuine geprägte Gestalt haben, bestimmte Strukturen aufweisen und bestimmte personelle und sachliche Ressourcen haben. Identität ist nicht daraus zu gewinnen, dass man eigene Vorstellungen implementieren will, und seien es kirchentheoretisch approbierte; Identität heißt vielmehr – im Blick auf die berufliche Realität wie auf die eigene Biographie –, dass man sich einlässt auf das jeweils Gewordene, also auf die Realität, die ist, und dann gerade darin einen Weg für sich und mit den anderen findet.

Auch in der Relation von Kirchenleitung und Pfarrerinnen und Pfarrern, sind Person und Institution verwoben, wobei sie auch wiederum klar unterschieden werden müssen. Das beginnt bei den ganz individuellen Lebensumständen der Pfarrinnen und Pfarrer, die mit den Gegebenheiten am Ort in Einklang gebracht werden müssen, was z. B. die Größe des Pfarrhauses anbelangt – solche scheinbar trivialen Fragen sind bekanntlich oft besonders schwierig zu lösen. Schon da begegnen sich individuelle und institutionelle Interessen und stehen oft auch mitein-

---

[3] Auch empirisch basierte Konstruktionen von religiösen Entwicklungen wie von der Wirklichkeit der Gemeinden sind immer abhängig von der Qualität der zugrunde liegenden Vorannahmen und der angewandten Kriterien und Kategorisierungen, die selbst wieder kaum durch die Forschungen selbst überprüfbar sind. Auch darum wäre über ihre Brauchbarkeit immer wieder neu zu diskutieren.

ander in Spannung. Das strukturelle Interesse und die Beziehung auf die Person müssen hier zusammenkommen; dabei kann eben die Unterscheidung der Dimensionen hilfreich sein: Die legitimen Interessen einer Institution und die Bedürfnisse von Personen sind unterschieden und folgen unterschiedlichen Logiken; sie müssen aber doch zusammengebracht werden, was leichter fällt, wenn die unterschiedlichen Relevanzen in ihrer jeweiligen Notwendigkeit wahrgenommen und nicht vermengt werden.

Hinsichtlich der Profession gilt nun ganz eindeutig, dass die Pfarrerin und der Pfarrer nicht Christen sind wie jede andere. Eben dies macht ja das Professionelle aus, wie denn der Begriff der Profession auf Abgrenzung von den Nicht-Professionellen und damit auf Hierarchie gegründet ist.[4] Pfarrerinnen und Pfarrer sind in dieser Perspektive keine Christen wie alle anderen, sondern durch Ausbildung und institutionelle Beauftragung den Gemeindegliedern gegenübergestellt.

Auch wenn der Professionsbegriff in den Diskussionen zum Pfarrberuf selten genauer untersucht wird und in der Regel als unscharfer Ausdruck für die Besonderheiten der Anforderungen und Organisation des Pfarrberufs gebraucht wird, ist diese Abgrenzung konstitutiv. Das zeigt sich auch in der Wahrnehmung durch »die anderen«: Pfarrerin und Pfarrer sind Teil und Repräsentant einer Institution – ob sie das wollen oder nicht. Das ist wiederum zunächst nicht theologisch, sondern soziologisch zu erfassen, weil es um die spezifischen Erwartungen geht, die an die Funktionsträger gerichtet werden. Die Anwesenheit von Pfarrinnen und Pfarrern in der Gemeinde ist in dieser Perspektive dadurch begründet, dass sie hier eine bestimmte Funktion übernehmen, und das heißt, dass sie bestimmten Erwartungen ausgesetzt sind. Diese Erwartungen sind zunächst ganz legitim, weil sie eben aus der Logik der Funktion hervorgehen, die den Pfarrberuf kennzeichnen. Freilich können das durchaus widersprüchliche Erwartungen sein: sowohl zwischen verschiedenen Gruppen in der Gemeinde als auch über die Gemeinde als den unmittelbaren Adressaten des beruflichen Handelns von Pfarrerinnen und Pfarrern hinaus.

Diese divergierenden Erwartungen sind dann wiederum zu vermitteln mit den institutionellen Erwartungen. Aus der Perspektive der Kirche als Institution ist ihre Aufgabe auch als strategisches Handeln zu beschreiben: Pfarrerinnen und Pfarrer haben die Aufgabe, den Bestand und die Funktionsfähigkeit der Institution vor Ort zu gewährleisten. Sie sollen also auch eine Managementaufgabe erfüllen, die allemal auf Verallgemeinerungen basiert. Das kann auch gar nicht anders sein, weil der Blick hier auf das Ganze der Institution geht, also auch die Absehung vom Konkreten impliziert. Solche Ausrichtung am Ganzen ist geradezu die Eigenart strategischen Handelns. Weil das aber immer wieder mit den Spezifika im jeweiligen Kontext vermittelt werden muss, haben Pfarrerin und Pfarrer also auch

---

[4] Das ist auch in Oevermanns Revision des Professionsbegriffs nicht grundsätzlich anders, auch wenn und gerade indem er auf das Arbeitsbündnis der professionellen Akteure mit ihrem Gegenüber abstellt; vgl. ULRICH OEVERMANN, Theoretische Skizze einer revidierten Theorie professionalisierten Handelns, in: ARNO COMBE/WERNER HELSPER (Hrsg.), Pädagogische Professionalität. Untersuchungen zum Typus pädagogischen Handelns, Frankfurt a. M. ^{9}2017, 70–182.

die Aufgabe, die Vermittlung von institutionellem Interesse und den Erwartungen ihrer Gemeinden zu realisieren.

Eine der genuinen Schwierigkeiten des Pfarrberufs besteht darin, diese verschiedenen Vermittlungsaufgaben zu erfüllen und dabei die Dimensionen der Personalität – der eigenen wie der der Menschen, mit denen man beruflich Umgang hat – zu respektieren. Das beginnt in der Herausforderung, zwischen den einzelnen Tätigkeiten eines Tages und den jeweils dabei begegnenden Menschen differenzieren zu können und zugleich praktische Übergänge zu finden, wenn etwa nach Organisationsdiskussionen die ganz anderen Anforderungen eines Kasualgesprächs anstehen. Die Spannung zwischen Allgemeinem und Besonderem ist hier auch darin zu erkennen, dass die Kasualie, aber auch ein Geburtstagsbesuch für Pfarrerinnen und Pfarrer Routine ist, während sie für die Menschen, mit denen sie zu tun haben, einzigartig ist. Professionalität hieße hier, das zu würdigen ohne Einzigartigkeit vorzutäuschen, die ohnehin niemand glauben würde, weil jeder um die Routinisierung bei den professionellen Akteuren weiß. Die Aufgabe wäre also zu vermitteln zwischen der Allgemeinheit institutionellen Handelns und der Einzigartigkeit der Lebensgeschichte des Gegenübers, also die eigene Routine so wahrzunehmen, dass sie der Einzigartigkeit auf Seiten der anderen entspricht. Authentizität[5] ist also nicht zu verwechseln mit der Verwischung der Differenz von Person und Profession, sondern entsteht vielmehr aus der genuinen Wahrnehmung der Profession.[6]

Weil die Situationen, auf die Pfarrerinnen und Pfarrer in ihrem beruflichen Handeln treffen, unvorhersehbar sind – sowohl in der weiten Perspektive (diese Gemeinde ist anders als alle anderen) als auch in der engen (dieses Gespräch und diese Kasualie ist einzigartig) – kann Identität in Professionsperspektive nur heißen, in diesen Situationen so agieren zu können, dass ich mich dabei wiedererkennen kann. Dabei ergibt sich die berufliche Identität der Pfarrerin und des Pfarrers zunächst ganz unmittelbar daraus, dass sie gebraucht werden, und die Aufmerksamkeit darauf ist eine elementare Aufgabe.

Von hier aus zeigt sich aber auch die Problematik des Professionsbegriffs für die Beschreibung des Pfarrberufs; und diese Problematik hat es mit der Notwendigkeit einer gründlichen Diskussion des Berufsbilds zu tun. Diese Diskussion ist ja nicht zuletzt darum notwendig geworden, weil die Konturen des Pfarrberufs unklar geworden sind, was mit dem Gefühl der fortschreitenden Überforderung

---

[5] Zum Begriff und seiner Problematik vgl. CHRISTOPH WIESINGER, Authentizität. Eine phänomenologische Annäherung an eine praktisch-theologische Herausforderung (Praktische Theologie in Geschichte und Gegenwart 31), Tübingen 2019.

[6] Krech/Höhmann sehen ein Spezifikum professionellen Handelns darin, dass es im »Unterschied zum formalisierten Handeln in Organisationen [...] gerade dadurch geprägt [ist], die besondere Situation zu berücksichtigen, die aus personalen Problemlagen von einzelnen Menschen resultieren« (VOLKHARD KRECH/PETER HÖHMANN, Die Institutionalisierung religiöser Kommunikation. Strukturprobleme der kirchlichen Organisation theologischer Professionalität, in: THOMAS KALETZKI/VERONIKA TACKE [Hrsg.], Organisation und Profession [Organisation und Gesellschaft], Wiesbaden 2005, 199–220, 200).

verbunden ist. Der Pfarrberuf hat nun im Gegensatz zu anderen Professionen die Besonderheit, dass er gerade nicht durch einen einzelnen spezifischen Funktionszusammenhang bestimmt ist, sondern eine Vielzahl von Funktionen integrieren muss. Anders als z. B. in der Medizin, dem Rechtssystem oder auch der Schule gibt es hier kein definiertes Setting, das auch die Grenze von Persönlichem und Professionellem, und dann wiederum die Grenze des Professionellen markieren könnte. Sowohl diese unklare Abgrenzung als auch die Herausforderung, die verschiedenen und verschiedenartigen Funktionen und Erwartungszusammenhänge zu integrieren und dann auch gegeneinander zu gewichten, stellen eine der stärksten Herausforderungen dieses Berufs dar. Die Zuständigkeit von Pfarrerinnen und Pfarrern scheint nirgendwo eindeutig zu enden; weil Christsein das ganze Leben umfasst, fallen auch alle seine Dimensionen in den Bereich des beruflichen Handelns von Pfarrern und Pfarrerinnen. Eben dadurch fällt eines der konstitutiven Momente des Professionsbegriffs in sich zusammen, weshalb die Professionstheorie sich als ungeeignet erweist, das spezifische Profil des Pfarrberufs zu beschreiben.

Die Konzentration auf die Perspektive der Professionalität muss mithin in diesem besonderen Beruf zwangsläufig auf Überforderung hinauslaufen. Wenn man von den Bedürfnissen und Ansprüchen ausgeht, die Pfarrerinnen und Pfarrern begegnen, und wenn von hier aus ihre Identität begründet werden soll, ist Überforderung unvermeidlich, weil man nie genug getan hat, um alle Bedürfnisse zu erfüllen, und weil immer noch mehr gegeben werden könnte und sollte.[7] Zu dieser Überforderung hat gerade das Abstellen auf die professionstheoretische Perspektive beigetragen: Weil die »Profession« des Pfarrers nun gerade nicht (mehr) durch spezifische Handlungsfelder gekennzeichnet ist – die klassische Trias von Predigt, Unterricht, Seelsorge hätte vielleicht noch Orientierung geben können –, sondern einerseits jeweils neu bestimmt werden muss und dabei andererseits potentiell unabschließbar wird, ist Überforderung vorgezeichnet.

Die notwendige Orientierung, die ein Untergehen in der Vielfalt der Ansprüche verhindern kann, ist also an anderer Stelle zu suchen. Hier muss nun die entscheidende dritte Dimension neben und vor *Person* und *Professionalität* ins Spiel kommen: Das *Amt*. Dabei wird sich zeigen: Es gibt nichts Realistischeres als ordentliche Dogmatik.[8] Ich will nun also zeigen, dass sich die Frage nach der Identität von Pfarrerinnen und Pfarrern sinnvoll und vor allem hilfreich nur bearbeiten lässt auf der Grundlage eines soliden Amtsbegriffs.

3 Grund und Grenze: Das Amt

Diese Perspektive erfordert als erstes die konsequente Unterscheidung von den Dimensionen der Person und der Profession. Wenn vom Amt die Rede ist, dann ist

---

[7] Die protestantische Auslegungsgeschichte von Lk 17,10 hat hier sicher auch fatale Wirkungen hervorgebracht.
[8] Das ließe sich auch erkenntnistheoretisch und fundamentaltheologisch begründen, was im gegebenen Rahmen aber natürlich nicht erfolgen kann.

zunächst gerade *nicht* von uns die Rede. Es ist nicht nach unserer Identität gefragt und ebenso wenig nach der Profession und der Wahrnehmung des Berufs. Gerade deshalb eröffnet diese Perspektive Freiheitsräume. Die dogmatische Reflexion hat dabei geradezu eine Entlastungsfunktion, indem sie von den drängenden Ansprüchen wegführt; sie führt aber genau dahin, woraus das alltägliche Handeln allererst seinen Sinn bezieht. Ohne solchen Sinn ist alles Handeln pure Geschäftigkeit; und es gibt nichts Ermüdenderes als Tätigkeiten, deren Sinnhaftigkeit sich mir selbst nicht erschließt.

Die notwendige Perspektive ist also eine *theologische.* Das liegt erst einmal jenseits von Person und Profession und kann gerade darin diese Dimensionen genauer wahrnehmen lassen, weil nur so die Frage nach dem Ziel, vor allem aber nach dem Grund unseres Tuns in den Blick kommt. Das ist aber etwas ganz anderes als persönliche Motivation und professionelle Legitimation, sondern vielmehr der Grund auch in dem Sinne, dass unser Handeln darauf gründet. Darum ist die verbreitete Ansicht völlig verfehlt, dass nicht mehr das Amt die Person trage, sondern die Person das Amt.[9] In einer solchen Formulierung werden heterogene Dimensionen heillos vermischt; damit wird die Frage nach der Identität von Pfarrerinnen und Pfarrern unlösbar. Weil »Person« und »Amt« zwei völlig verschiedenen Begründungs- und Wahrnehmungszusammenhängen angehören, wird in ihrer Vermischung die Lebenswirklichkeit vernachlässigt und unkenntlich und zugleich die »Person« durch uneinlösbare Ansprüche überfordert: An dem Versuch, das Amt zu »tragen« oder gar zu plausibilisieren, muss jeder scheitern. Dies resultiert aus der manifesten Verwechslung des Amts mit der sozialen Berufsrolle, die völlig unverständlich werden lässt, was das Amt eigentlich ausmacht, weil hier das Charakteristische des Amts überhaupt nicht mehr zur Erscheinung kommen kann.[10]

---

[9] Vgl. etwa: »Insgesamt, so die Pastoraltheologie der letzten Jahrzehnte, hat sich im Verhältnis von Person und Amt das Gewicht auf die persönlichen Aspekte verlagert: Die Person trägt das Amt« (ULRIKE WAGNER-RAU, Pastoraltheologie, in: KRISTIAN FECHTNER u. a. [Hrsg.], Praktische Theologie. Ein Lehrbuch, Stuttgart 2017, 105–127, 123).

[10] Das wird geradezu überdeutlich, wenn Ulrike Wagner-Rau zu Thurneysens Begriff der Verkündigung vermerkt, dass im »dialektisch-theologischen Berufsbild des Zeugen [...] die Person hinter dem Auftrag völlig« zurücktrete (WAGNER-RAU, Pastoraltheologie [s. Anm. 9], 123). Was immer man vom »Zeugen« denken mag: ein »Berufsbild« ist das offenkundig nicht. Die Konfusion setzt sich fort, wenn sie schreibt: »Gottes Wort wird als eine sich den menschlichen Bemühungen letztlich entziehende Realität gesehen, entsprechend spielt die Reflexion über die Art und Weise der Verkündigung keine Rolle.« (DIES., Pastoraltheologie [s. Anm. 9], 123). Dass Gottes Wort sich menschlicher Bemühung entzieht, ist wohl kaum zu bestreiten, wenn man überhaupt noch ernst nimmt, was das Wort »Gott« bedeutet. Diese theologische Elementareinsicht ist aber auch kategorial zu unterscheiden von der Reflexion auf die »Art und Weise der Verkündigung«. Dass letztere bei Thurneysen keine Rolle spiele, ist offensichtlich falsch; das Fehlurteil resultiert aus dem Unverständnis für die essentielle Unterscheidung von theologischer Reflexion und Anwendungstheorie. Dass in der hier zu beobachtenden Reduktion auf Letztere auch der Anspruch Praktischer Theologie zu kurz kommen muss, sei hier nur angemerkt.

Es ist darum sinnvoll, auf das Amtsverständnis der reformatorischen Theologie zurückzugehen. Dieser Rekurs ist keine bloße historische Reminiszenz und folgt schon gar nicht der schlichten historistisch-normativen Vorstellung, das Ursprüngliche sei schon das Wahre. Vielmehr leitet mich die systematische Absicht, also die Frage nach der ausweisbaren Wahrheit und der Bedeutung für unsere Gegenwart. Ich bin allerdings der Überzeugung, dass das reformatorische Verständnis des Amtes sehr hilfreich orientieren kann auch im Blick auf die anstehenden praktischen Problemlagen, gerade weil es nicht in den eingespielten Alternativen befangen ist.

Reformatorisch ist das Amt jedenfalls nur zu fassen in Relation auf die Kirche und ihr Wesen. Dabei zeigt sich, dass Amt und Kirche sich nicht trennen lassen. Vielmehr gilt eine strikte Reziprozität: Weder konstituiert das Amt die Kirche noch konstituiert oder verleiht die Kirche das Amt; vielmehr ist da, wo das Amt geschieht, Kirche und die Kirche ereignet sich im Geschehen des Amtes. Die Formulierung ist mit Bedacht gewählt: Amt ist reformatorisch vor allem anderen ein Geschehen. Kirche und Amt sind gleichermaßen konstituiert durch das Geschehen des Wortes Gottes. Diese konstitutive Verbindung von Kirche und Amt wird prägnant in der CA ausgesprochen, wobei die grundlegende Bestimmung bereits in der Verbindung von Artikel 5 und Artikel 4 zu finden ist, also dem Zentralartikel von der Rechtfertigung.

Dass der Rechtfertigungsglaube, wie er in CA 4 benannt ist, Menschen überhaupt erreicht und unter uns wirksam werden kann, setzt voraus, dass er unter Menschen bekannt und also gepredigt wird: »Um diesen Glauben zu erlangen, hat Gott das Predigtamt eingesetzt« (CA 5). Dieses Predigtamt ist das Mittel, durch das der Heilige Geist gegeben wird (*tanquam per instrumenta*); und der Geist wiederum wirkt den Glauben »wo und wann er will, in denen, die das Evangelium hören«. Gott selbst handelt im Predigtamt; anders könnte Glaube gar nicht entstehen. Damit wird sogleich deutlich, dass das ›Predigtamt‹ als Geschehen und nicht als Status oder Position zu verstehen ist. CA 4–8 kann konsistent nicht anders als aktual interpretiert werden: Das *ministerium docendi Evangelii et porrigendi Sacramenta* (CA 5) ist nicht nur sprachlich eine Verbalform, sondern vor allem systematisch als Geschehen zu erkennen: Das *ministerium* ist, dass sich die Gegenwart Gottes in seinem Wort ereignet. Dementsprechend sind die Kennzeichen der Kirche nach CA 7 keine Eigenschaften einer Institution, sondern die wesentlichen Gestalten der Zusage des Evangeliums und als solche auch höchst sichtbar.[11] Kirche wird hier also gerade nicht korporativ oder als stabile Anstalt verstanden,[12] sondern konsequent als ein Ereignis beschrieben, also von dem Geschehen her bestimmt, das sie jeweils aktual konstituiert. Dies ließe sich auch so formulieren, dass Kirche in diesen Vollzügen »subsistiert«. Die reformatorische Einsicht prägnant zusam-

---

[11] Die Unterscheidung von »sichtbarer« und »unsichtbarer« Kirche, die in neuprotestantischen Theologien gerne aufgegriffen wird, ist also zumindest irreführend und jedenfalls in dieser Form keineswegs reformatorisch.

[12] Das *institutum est* aus CA 5 ist offenkundig *passivum divinum* und stellt auf Gottes Handeln und nicht die organisatorische Struktur der Kirche ab, die im heutigen Sprachgebrauch das Verständnis von »Institution« prägt.

menfassende Formel, die Kirche sei Geschöpf des Wortes, bezeichnet also keinen Anfang in der Vergangenheit, sondern benennt die Wirklichkeit, die sich je und je ereignet und Kirche kontinuierlich neu schafft.[13] Das zeigt sich auch in CA 8. Die (später hinzugefügte) Überschrift: »Was die Kirche sei?«, ist insofern irreführend, als sie eine Definition von Kirche erwarten lässt, die aber nicht gegeben, sondern vielmehr vorausgesetzt wird. Wenn Kirche als die »Versammlung aller Gläubigen und Heiligen« (*congregatio Sanctorum et vere credentium*) bezeichnet wird, bildet erneut die aktuelle Versammlung den Fokus. Die bei der Rede von den »Gläubigen und Heiligen« naheliegende traditionelle Frage nach der Heiligkeit der Kirche angesichts der Ungläubigen und Unfrommen in ihren Reihen wird bezeichnenderweise gar nicht aufgegriffen; im Kernbereich reformatorischer Theologie spielt die Vorstellung vom *corpus permixtum* keine Rolle und kann sie nicht spielen, weil diese Vorstellung wieder auf ein korporatives Verständnis vom »Wesen« der Kirche abheben würde. Vielmehr richtet sich die Aufmerksamkeit in CA 8 allein auf die Gültigkeit der Sakramente, ist also wiederum nicht auf die Organisation und ihre Glieder bezogen, sondern auf das, was sich im Amt ereignet. Damit erweist sich auch hier das von Gott gewirkte Geschehen als das wesentliche Moment, so dass in einer Verbindung von soziologischer und dogmatischer Perspektive formuliert werden kann: Die Institution ist das, was in dieser Welt die Orte bereitstellt, in denen solches Geschehen sich ereignet.[14]

Diese reformatorische Bestimmung des Amtes bedeutet eine enorme Zurücknahme der traditionell mit dem institutionalisierten Amt verbundenen Ansprüche und schreibt dem Amt zugleich eine eminente soteriologische Bedeutung zu. Beides ist gleichermaßen darin begründet, dass das Amt seinen Grund und seinen Sinn nicht in sich selbst hat. Seine Bedeutung kommt ihm also immer nur von außen zu, nämlich vom Wort Gottes, das dem Amt allemal vorausliegt. Aber anders als in diesem Amt kommt das Wort nicht zu uns; darum ereignet sich in diesem Amt das Wirken Gottes selbst. Die Vollzüge, die dem Amt zukommen, sind mithin Wirken des Geistes Gottes! Darum und nur darum kann Luther betonen, dass im Wort der Predigt und der Darreichung des Sakraments Gott selbst spricht:

---

[13] Vgl. auch WA 39/II, 176 »Man soll sehen, wo das verbum ist, iuxta illud. Non quia succedit, sed quod in eius vestigiis incedit. Ubi est verbum, ibi est Ecclesia. Das ist recht« (Disputatio D. Iohannis Machabaei Scoti praeside D. Doctore Mart. Luthero, 1542).

[14] Diese Unterscheidung von Ort und Geschehen ist entscheidend für die sachgemäße Wahrnehmung der Unterscheidung von soziologischer und theologischer Reflexion. Wenn Krech und Höhmann fragen: »Sind die letzten Fragen und das Seelenheil organisierbar und professionalisierbar?« (KRECH/HÖHMANN, Institutionalisierung [s. Anm. 6], 199), so ist das zumindest missverständlich formuliert. Was organisierbar und professionalisierbar sein kann, sind sicher nicht die ›letzten Fragen‹, sondern die Orte, an denen sie bedacht und diskutiert werden können. Das Seelenheil wiederum entzieht sich ganz offenkundig vollständig der Organisierbarkeit, weil hier nur von Gottes Handeln die Rede sein kann. Das aber ist selbstverständlich kein Gegenstand sozialwissenschaftlicher Betrachtung, die wiederum ihre unverzichtbare Bedeutung hat, sobald es um die menschliche Organisation des Hörens und Verkündigens geht.

»*Haec dixit Dominus*«.[15] Das bedeutet ebenso wenig wie Bullinger bekanntes Diktum »*praedicatio verbi Dei est verbum Dei*«[16] eine Identifikation der menschlichen Rede mit Gottes Wort; es zeigt in beiden Fällen der Kontext, dass bei den Reformatoren die Ambivalenz menschlicher Rede durchaus im Blick ist. Vielmehr ist gerade diese menschliche Rede das Mittel, in dem Gottes Wort sich gegenwärtig macht.

Dieses soteriologische Amtsverständnis ist für die reformatorische Theologie die notwendige Konsequenz aus ihrem Verständnis des Wortes Gottes. Dieses Amt ist freilich *nicht* – Gott sei Dank! – an bestimmte Personen oder Funktionsträger gebunden, sondern ist das Amt, das der ganzen *Kirche,* also der Gemeinschaft aller Glaubenden zu allen Zeiten und an allen Orten anvertraut ist. Darum ist dieses Amt letztlich identisch mit dem, was Kirche überhaupt heißt. Das Wort Gottes, wie es in den Schriften des Alten wie des Neuen Testaments bezeugt ist, immer wieder neu in der Welt zu verkündigen, ist die Aufgabe der ganzen Gemeinde Jesu Christi, die wiederum aus diesem Wort lebt.

Das theologisch elementare Amt nach CA 5 ist mithin auch nicht unmittelbar das Amt der Pfarrerin und des Pfarrers, es ist erst recht nicht identisch mit der Tätigkeit eines Pfarrers oder einer Pfarrerin. Darum ist das *deus dixit* auch nicht als eine einheitliche und überzeitliche Botschaft zu verstehen, sondern konkretisiert sich in der jeweiligen durchaus zeit- und personengebundenen Verkündigung. Die Vorstellung, das Wirken des Heiligen Geistes müsse ein ständiges unisono sein, ist ein hartnäckiges Vorurteil. Vielmehr ist von den reformatorischen Bestimmungen zu lernen, dass es gerade die Polyphonie unserer Verkündigung, also die Pluralität der vielen Stimmen ist, in denen Gottes Geist gegenwärtig ist. Gottes Geist spricht also nicht einfach »durch mich« oder durch jenen, sondern in der Vielfalt – eben das ist im Begriff des Amts ausgesprochen, das nicht mit seinem Träger zusammenfällt. Zum Amtsbegriff gehört notwendig die Gemeinschaft derer, die dieses Amt in je eigener Gestalt wahrnehmen.

Auf den ersten Blick könnte es scheinen, als gerate mit diesen Überlegungen die Frage nach der Identität der Pfarrerin und des Pfarrers aus dem Blick, weil demnach nicht Pfarrerin oder Pfarrer entscheidend sind, sondern die Predigt des Evangeliums. Hier besteht in der Tat eine für das evangelische Christentum unaufhebbare Spannung, die recht verstanden freilich das reformatorisch bestimmte Amtsverständnis so produktiv macht. Der oft gepflegte Eindruck, als würde das »Priestertum aller Gläubigen«, das der gegenwärtige Protestantismus stolz anführt, das Amt der Pfarrer überflüssig machen, entsteht aus einem gründlichen theologischen Missverständnis: Die Überbewertung des Amtes und seine Negierung in einem nur scheinbar demokratischen Gestus stehen in einem kom-

---

[15] Wider Hans Worst 1542, BoA 4, 347, 18).
[16] HEINRICH BULLINGER, Confessio Et Expositio Simplex Orthodoxae fidei & dogmatum Catholicorum syncerae religionis Christianae: concorditer ab Ecclesiae Christi Ministris, qui sunt in Helvetia, Tiguri, Bernae ... edita in hoc, ut universis testentur fidelibus, quod in unitate verae & antiquae Christi Ecclesiae, perstent, neq[ue] ulla nova aut erronea dogmata spargant..., Zürich 1568, 6b Marginalie.

plementären Verhältnis; sie resultieren gleichermaßen aus demselben Missverständnis.

Denn es ist gerade jenes allgemeine Amt der Kirche, aus dem dann wiederum die Bedeutung des besonderen, des ordinierten Amtes hervorgeht. Auf dieser Linie zeigt sich, dass genau in jener Vorordnung des allgemeinen Amtes der Grund meiner Identität als Pfarrerin und Pfarrer liegt; sie nämlich gibt dem ordinierten Amt seine Würde und zugleich seine heilsame Grenze. Die Grenze liegt darin, dass die Identität der Pfarrerin und des Pfarrers eine ›externe‹ Identität ist; sie ist also nichts, was ich in mir *habe* und die ich entwickeln oder ausbauen könnte, sondern ist mir zugesprochen, und ich bewege mich in ihr. Zugleich ist die geradezu soteriologische Würde des ordinierten Amtes darin begründet, dass es eine besondere Ausprägung des einen Amtes der Kirche, des *ministerium docendi*, ist, und dass das Heil zu Menschen nur kommt, indem es dieses Amt gibt; Verkündigung und Gegenwart Christi sind nicht zu trennen; darum hat *diese* Wahrnehmung des Amtes Anteil an der Verheißung des Amtes überhaupt.[17]

4 Das ordinierte Amt

Auch im Blick auf das ordinierte Amt gilt also das Ja und Nein. Pfarrerinnen und Pfarrer sind nicht anders als andere Christen, weil sie kein anderes Amt wahrnehmen als andere Christen. Kirche ist die Gemeinschaft der Glaubenden, in der jeder Christ berufen ist, dem andern das Heil zuzueignen – in Verkündigung und Trost, Ermahnung und Zuspruch, Reden und Handeln, etc. Pfarrerinnen und Pfarrer sind anders als andere Christen, weil sie in dem allgemeinen Amt ihre besondere Aufgabe haben und darum ein besonderes Amt *im* allgemeinen Amt der Kirche wahrnehmen. Die spezifische und unverzichtbare Bedeutung des ordinierten Amts will ich an vier Momenten benennen.

Das erste ist eben das, was die Besonderheit des ordinierten Amts nach CA 14 ausmacht: seine *Öffentlichkeit.* Öffentlichkeit heißt auch Erkennbarkeit, in der theologische und religionssoziologische Dimensionen ineinander gehen: Pfarrerin und Pfarrer sind Repräsentanten der Kirche vor Ort, ob sie das persönlich wollen oder nicht. Das ist nicht nur ein empirischer Befund, sondern auch eine theologische Aufgabe, wobei es in der Sache durchaus zu Spannungen zwischen beiden kommen kann: Repräsentation der Institution und Repräsentation des Wortgeschehens sind nicht unbedingt identisch. Freilich gilt hier, dass sich die Kirche auch als Institution selbst darauf festgelegt hat, dass das Amt der Kirche vor ihrer Institutionalität im Konfliktfall den Vorrang hat.[18] Der Sinn der Institution besteht eben in dem, was dem Amt seine Bedeutung gibt: die Sichtbarkeit des Evangeliums in dieser Welt, für die diese Person in der Wahrnehmung ihres Amtes einsteht, auch wenn vielleicht alle anderen nicht darauf ansprechbar sind. Diese

---

[17] Barths Lehre von der dreifachen Gestalt des Wortes Gottes (KD 1/1 § 4) wäre praktisch-theologisch erst einzulösen.

[18] Eben das ist der Sinn des Verweises auf Schrift und Bekenntnis in den Kirchenverfassungen.

Vorordnung des Amtes heißt nach dem Gesagten gerade nicht, die eigene Person zu verleugnen: Das ordinierte Amt ist immer die Gemeinschaft der Ordinierten, die das Evangelium in der Pluralität seiner Artikulationsformen präsent halten. Das ist selbst wieder eine genuine Herausforderung, aber es geht doch darum, dass Pfarrerinnen und Pfarrer, also Theologinnen und Theologen, sich auf dieses Evangelium einlassen und sich von ihm herausfordern lassen. Erst aus diesem Einlassen und der Wahrnehmung dessen, wie das Evangelium uns heute erreicht, kann dann auch die Frage nach dem Handeln im Amt erwachsen. Sich immer neu herausfordern lassen durch das Evangelium macht dieses Amt aus; *daher* hat es seine Identität.

Ein zweites ist die *Verlässlichkeit*: Dieses Amt hat seine Besonderheit darin, dass die Person, die es wahrnimmt, sich verpflichten lässt darauf, dass dieses Wort laut wird an diesem Ort. Es hängt nicht von biographischen und sozialen Zufälligkeiten ab, ob sich gerade jemand findet oder nicht; vielmehr garantiert das ordinierte Amt Stetigkeit und Verlässlichkeit. Eben dazu gehören auch die Aufgaben der ›Leitung‹, was gerade nicht mit Verwaltung identisch ist. ›Leitung‹ ist eine genuin geistliche und theologische Aufgabe, nämlich mit dieser Gemeinde und mit ihren Menschen den Diskurs um das Evangelium anzuregen, zu organisieren und eventuell auch zu regulieren.

Ein drittes Moment, das mit diesem Amt und seiner Identität verbunden ist, kann als *Stellvertretung* bezeichnet werden. Gottes Wort in der Welt ist immer angefochten. Die kritische und selbstkritische Auseinandersetzung um das rechte Hören ist dabei keine einfache Sache; CA 7 nennt als Kennzeichen der Kirche nicht zufällig »*recte docetur, et recte administrantur*«. Es gibt bekanntlich, um es vorsichtig auszudrücken, sehr problematische Gestalten dessen, was im evangelischen Namen in der Welt verkündigt wird. Diese zu reflektieren und zu korrigieren ist eine drängende Aufgabe, die unter den kulturellen Bedingungen der Gegenwart auch eine kräftige *intellektuelle* Herausforderung ist, die gründliche theologische Bildung und Reflexionsvermögen erfordert. Gemeinden erwarten doch wohl mit Recht von ihren Pfarrerinnen und Pfarrern, dass sie diese Auseinandersetzung führen können und führen, für die den meisten Gemeindegliedern Zeit und Kompetenz fehlt. Die vielen kritischen Anfragen an Glaube und Kirche – wie kann ich damit umgehen? Wie kann ich diesen Herausforderungen begegnen? Auch dafür ist das ordinierte Amt, das theologische Bildung und theologische Kompetenz voraussetzt, notwendig.

Ein letztes: Das ordinierte Amt ist das Amt der *Einheit*. Es repräsentiert die *ganze* Gemeinde im doppelten Sinn: vor Ort und in der Gemeinschaft der Ordinierten auch über den Ort hinaus. Es repräsentiert sie in der Gemeinschaft mit den anderen Ordinierten nicht nur der eigenen Konfession und nicht nur der eigenen Zeit. Dass solche Repräsentanz keine Einstimmigkeit bedeutet, habe ich schon öfter betont. Die Einheit realisiert sich vielmehr im Diskurs, der von der Einheit der Kirche in dem, was sie gründet, herkommt.

5 Das Amt der Pfarrerin/des Pfarrers

Die Kunst ist es, die Dimensionen Person, Profession[19] und Amt beieinander zu halten. Das *kann* nur gelingen, wenn das Amt das Primäre ist. Die professionellen Ansprüche sind überbordend und nie einzulösen, und die Spannung von Person und Profession ist schlicht überfordernd, auch wenn wir den professionellen Anforderungen im Rahmen unserer Möglichkeiten hoffentlich einigermaßen angemessen gerecht werden. Aber beides relativiert sich im Blick auf das Amt: Denn dessen Autor sind ja nicht wir, sondern ist Gott der Geist. Darum ist die reformatorische Bestimmung des Amtes nicht nur theologisch elementar, sondern auch realistisch und die hilfreiche praktische Orientierung. Das Kriterium der notwendigen Prioritäten in den mannigfaltigen Anforderungen, die dieser Beruf mit sich bringt, ist die Predigt – was natürlich nicht nur die Sonntagsrede meint, sondern Evangeliumsverkündigung in allen Dimensionen und ›Handlungsfeldern‹. Evangeliumsverkündigung wiederum impliziert die Individualität der Verkündiger; das bedeutet aber gerade nicht, dass sie ihre biographischen Kontingenzen zum Maß der Dinge machen. Vielmehr folgt die Identität der Pfarrerin und des Pfarrers aus der Wahrnehmung des Amtes – in seiner soteriologischen Würde.

---

[19] Wie sich zeigte, wäre die alte lutherische Rede vom ›Beruf‹ wesentlich tragfähiger als das in seiner Anwendung auf den Pfarrberuf ungeeignete Professionskonzept.

Pastorale Identität im Miteinander der Berufsgruppen

Peter Bubmann

Die Frage nach pastoralen Identitäten ist nur innerhalb einer Pastoraltheologie sinnvoll zu stellen, die sich als Theorie der vielfältigen beruflichen wie ehrenamtlichen Mitarbeit in der Kirche und eben nicht mehr allein als »Pastorentheologie« versteht. Erst auf diesem Wege lässt sich genauer angeben, welches Kompetenzprofil dem theologischen Beruf im Zusammenspiel verschiedener Berufe und gemeindlicher Charismen zukommt. Uta Pohl-Patalong hält am Ende eines pastoraltheologischen Überblicks als »Desiderat aller pastoraltheologischen Ansätze in Geschichte und Gegenwart« die »reflektierende Wahrnehmung der unterschiedlichen hauptberuflichen Ämter in der Kirche« fest und notiert: »Die präzisere Aufgabenbestimmung für das Pfarramt muss deutlich machen, wo die Zuständigkeiten von Pfarrern und Pfarrerinnen und wo die Aufgaben von Gemeindepädagoginnen, Diakonen und Kirchenmusikerinnen beginnen und enden.«[1] Dieser umfängliche Anspruch kann auch in diesem Beitrag nicht eingelöst werden, es sollen jedoch erste Grundperspektiven gewiesen werden.[2]

---

[1] UTA POHL-PATALONG, Pastoraltheologie, in: CHRISTIAN GRETHLEIN/HELMUT SCHIWER (Hrsg.), Praktische Theologie. Eine Theorie- und Problemgeschichte (Arbeiten zur Praktischen Theologie 33), Leipzig 2007, 515–574, 572.

[2] Vgl. ausführlicher zu den gemeindepädagogischen, diakonischen und kirchenmusikalischen Berufsgruppen PETER BUBMANN, Der gemeinsame Dienst und die Vielfalt der Ämter. Am Beispiel des Verhältnisses von PfarrerInnen und KirchenmusikerInnen, in: Pfarrerblatt 106 (2006), 59–62; DERS., Der Dienst am Evangelium und die Vielfalt der Ämter. Zum Diakonat im Kontext kirchlicher Berufe, in: RAINER MERZ/ULRICH SCHINDLER/HEINZ SCHMIDT (Hrsg.), Dienst und Profession. Diakoninnen und Diakone zwischen Anspruch und Wirklichkeit (Veröffentlichungen des Diakoniewissenschaftlichen Instituts an der Universität Heidelberg 34), Heidelberg 2008, 70–83; DERS., Amt, Ämter und Dienst der Kommunikation des Evangeliums – aktuelle Herausforderungen in der Ämterfrage, in: ANNETTE NOLLER/ELLEN EIDT/HEINZ SCHMIDT (Hrsg.), Diakonat – theologische und sozialwissenschaftliche Perspektiven auf ein kirchliches Amt (Diakonat – Theoriekonzepte und Praxisentwicklung 4), Stuttgart 2013, 85–104; DERS., Im gemeindepädagogischen Dienst. Kompetenzen und Herausforderungen, in: Pastoraltheologie 104 (2015), 416–430; DERS., Zum Miteinander der Berufsgruppen. Empirische und konzeptionelle Anstöße, hrsg. v. ANGELA HAGER/MARTIN TONTSCH, Rothenburger Impulse. Wissenschaftliche Konsultation im Rahmen

1 Von der Wiederbelebung der Pastoraltheologie als Theorie kirchlicher Berufe

Der Begriff ›Pastoraltheologie‹ werde »weder in der katholischen noch in der evangelischen Theologie in einem eindeutigen Sinn gebraucht«[3], schrieb Gerhard Rau bereits 1970 in seiner grundlegenden Studie. Diese Feststellung gilt noch heute.[4] Die Frage nach dem Gegenstand ließe sich zunächst entweder durch Beschreibung des (a) Inhaltes pastoralen Handelns oder des (b) Subjektes beantworten: (a) Vom Objekt bzw. Inhalt her können alle oder eingeschränkte Tätigkeiten des pastoralen Dienstes Gegenstand der Pastoraltheologie sein. Das hängt davon ab, wie man den Sinn des Begriffs »pastoral« versteht, etwa als seelsorgendes Handeln im weiteren oder engeren Sinn. In beiden Fällen wäre eine solche Betrachtung jedoch nicht allein auf den Dienst des Pfarrers oder der Pfarrerin einzuschränken, vielmehr als Theorie des Handelns in einer bestimmten Dimension kirchlichen Lebens zu entfalten, die mit dem Begriff des Pastoralen umschrieben wird, und an der verschiedene Berufsgruppen beteiligt sind.

Oder man ginge (b) vom Subjekt des pastoralen Handelns aus und identifiziert dann weithin den Pfarrer oder die Pfarrerin mit diesem Handeln. Pastoraltheologie wäre dann die theologische Betrachtung des Berufshandelns von Pfarrerinnen und Pfarrern. Auch wenn prominente Konzeptionen wie diejenigen von Manfred Josuttis[5] und Isolde Karle[6] so vorgehen, kommt dies für mich aus (amts-)theologischen Gründen nicht in Frage, wie noch zu zeigen ist.

Unter dem Titel der Pastoraltheologie geht es (mir) vielmehr um eine kritische Theorie der Praxis der in der kirchlichen bzw. gemeindlichen Arbeit Tätigen, um ihre Berufung und ihre Beruflichkeit bzw. ihr ehrenamtliches Wirken. Damit die Pastoraltheologie nicht deckungsgleich mit den Aufgaben der Praktischen Theologie insgesamt wird, ist eine weitere Einschränkung vorzunehmen: *Im Blick sind die stetigen Berufsrollen und Dienste, die ehren-, neben- und hauptamtlich wahrgenommen werden und die das Allgemeine Priestertum auf besondere Weise realisieren. Die so verstandene Pastoraltheologie als Wissenschaft reflektiert die Aufgaben, Chancen und Probleme solcher pastoralen Dienste, Berufsrollen und Tätigkeiten.*[7]

---

des Prozesses „Berufsbild: Pfarrerin, Pfarrer" in Wildbad Rothenburg vom 30.6. bis 1.7.2015, 2015, http://www.berufsbild-pfr.de/sites/www.berufsbild-pfr.de/files/files/Anlagen_Abschlussbericht/13.%20Rothenburger%20Impulse.pdf (letzter Zugriff am 09.02.2019).

[3] Gerhard Rau, Pastoraltheologie. Untersuchungen zur Geschichte und Struktur einer Gattung praktischer Theologie, München 1970, 13.

[4] Vgl. Martina Plieth, Kompetenz und Performanz als Kategorien pastoraltheologischen Denkens und Handelns, in: Pastoraltheologie 90 (2001), 349–367, 354–358.

[5] Manfred Josuttis, Der Pfarrer ist anders. Aspekte einer zeitgenössischen Pastoraltheologie, München 1982; ders., Die Einführung in das Leben. Pastoraltheologie zwischen Phänomenologie und Spiritualität, Gütersloh 1996.

[6] Isolde Karle, Der Pfarrberuf als Profession. Eine Berufstheorie im Kontext der modernen Gesellschaft (PThK 3), Gütersloh 2001.

[7] In der Überschreitung der Tätigkeit des Pfarrberufs ist mein Ansatz dem heutigen katholischen Begriffsgebrauch nahe. Andererseits ist er enger als in der katholischen

Einen ähnlichen Ansatz kann man – ohne expliziten Bezug auf den Begriff der Pastoraltheologie – erkennen in Veröffentlichungen von Gottfried Buttler[8], den Studien von Karl Foitzik[9] sowie in Überlegungen von Herbert Lindner[10]. Neuerdings haben vor allem Peter Scherle[11], Eberhard Hauschildt[12] und Gotthard Fermor[13] ähnliche Überlegungen zur Entfaltung einer Theorie kirchlicher Berufe vorgelegt. Friedrich Schweitzer wiederum plädiert für die Dienstgemeinschaft unterschiedlicher Professionen im Sinne einer »*Koprofessionalisierung*«[14].

Auffällig ist demgegenüber, dass die größeren monographischen Studien zur Pastoraltheologie aus der jüngeren Vergangenheit fast ausnahmslos ausschließlich auf den Pfarrberuf fokussieren und das Gefüge kirchlicher Berufe gerade nicht näher in den Blick nehmen[15] oder nur kurz antippen.[16] Selbst im aktuel-

---

Diskussion auf die Tätigkeit der ehren-, neben- und hauptamtlichen Mitarbeitenden begrenzt und steht damit deutlicher in der protestantischen Tradition der Pastoraltheologie als Berufstheorie. Weil auch die ehren- und nebenamtlichen Dienste mit im Blick sind, ist diese Form von Pastoraltheologie aber auch wiederum nicht identisch mit einer theologischen Theorie kirchlicher Berufe.

[8] GOTTFRIED BUTTLER, Art. »Kirchliche Berufe«, in: TRE (1990), 191–213.

[9] KARL FOITZIK, Gemeindepädagogik. Problemgeschichte eines umstrittenen Begriffs (Eine Veröffentlichung des Comenius-Instituts, Münster), Gütersloh 1992; DERS., Mitarbeit in Kirche und Gemeinde. Grundlagen, Didaktik, Arbeitsfelder, Unter Mitarbeit von H. Fried u.a., Stuttgart 1998.

[10] HERBERT LINDNER, Dienstort Kirche. Arbeitsplatz Gemeinde, in: Deutsches Pfarrerblatt 90 (1990), 472–478; DERS., Kirche am Ort. Eine Gemeindetheorie (Praktisch theologisches Handbuch 16), Völlig überarb. Neuausgabe, Stuttgart 1994; DERS., Kirche am Ort. Ein Entwicklungsprogramm für Ortsgemeinden, Völlig überarb. Neuausgabe, Stuttgart 2000.

[11] PETER SCHERLE, Kirchliche Berufe. Plädoyer für eine erneuerte evangelische Ämterlehre, in: Praktische Theologie 44 (2009), 6–15.

[12] EBERHARD HAUSCHILDT, Allgemeines Priestertum und ordiniertes Amt, Ehrenamtliche und Berufstätige. Ein Vorschlag zur Strukturierung verwickelter Debatten, in: Pastoraltheologie 102 (2013), 388–407.

[13] GOTTHARD FERMOR, Cantus Firmus und Polyphonie. Der eine Dienst und die vielen Ämter. Zur Theologie kirchlicher Berufe, in: Pastoraltheologie 101 (2012), 324–340.

[14] FRIEDRICH SCHWEITZER, Führen und Leiten im Pfarramt aus praktisch-theologischer Perspektive, in: EILERT HERMS/FRIEDRICH SCHWEITZER (Hrsg.), Führen und Leiten im Pfarramt. Der Beitrag von Theologie und kirchlicher Lehre, Tübingen 2002, 57–83, 80.

[15] Vgl. neben Josuttis und Karle vor allem JAN HERMELINK, Kirche leiten in Person. Beiträge zur evangelischen Pastoraltheologie (Arbeiten zur Praktischen Theologie 54), Leipzig 2014; PAUL B. ROTHEN, Das Pfarramt. Ein gefährdeter Pfeiler der europäischen Kultur, Wien ²2010; HERBERT PACHMANN, Pfarrer sein. Ein Beruf und eine Berufung im Wandel, Göttingen 2011; ULRIKE WAGNER-RAU, Auf der Schwelle. Das Pfarramt im Prozess kirchlichen Wandels, Stuttgart 2009.

[16] ULRIKE WAGNER-RAU, Pastoraltheologie, in: KRISTIAN FECHTNER u. a. (Hrsg.), Praktische Theologie. Ein Lehrbuch, Stuttgart 2017, 105–127, 125f.; NIKOLAUS SCHNEIDER/ VOLKER A. LEHNERT, Berufen – wozu? Zur gegenwärtigen Diskussion um das Pfarrbild in der Evangelischen Kirche, Neukirchen-Vluyn 2009, 7.103.

len Handbuch zur Kirchen- und Gemeindeentwicklung[17] existiert nur ein Artikel zum Pfarrberuf, nicht jedoch zu anderen Berufsgruppen.[18] Eine wichtige Ausnahme bildet Michael Klessmanns grundlegende Studie, der dem Verhältnis von PfarrerInnen zu anderen Berufsgruppen wie zu Ehrenamtlichen ein eigenes Kapitel widmet,[19] dabei unterschiedliche Modelle der Zuordnung von Pfarramt und anderen Berufen diskutiert[20] und am Ende (bei Benennung auch der problematischen Aspekte) für das Modell des gemeinsamen pastoralen Amtes, wie es in der EKiR Realität geworden ist, werbend eintritt.[21] Diese Linie wird auch im Folgenden aufgenommen.

Pastoraltheologie hat wieder Hochkonjunktur. Seit Mitte der 1990er Jahre blüht die Diskussion ums Pfarramt und das PfarrerInnenbild. Es gab und gibt heftige Debatten im Deutschen Pfarrerblatt und in den Organen der Pfarrervereine. Auf Foren des Verbandes der Pfarrervereine wurde seit 1999 ein Leitbild des Pfarrberufs gesucht und dann verabschiedet. Einzelne Landeskirche folgten mit eigenen Konsulationen und Studien zum Pfarrberuf.[22] Die ELKB legte einen umfangreichen Pfarrberufsbild-Prozess auf.[23] Dazu kommt der Diakonatsprozess, der auf EKD-Ebene zwar stecken geblieben ist, dafür aber in einzelnen Landeskirchen weitergeführt wurde.[24] Im Rheinland haben die Ordinationsfrage und Ideen zum gemeinsamen pastoralen Amt die Diskussionen befeuert.[25] Für diese Entwicklung und die Wiederentdeckung der Pastoraltheologie sowie ihre Ausweitung zur Theorie kirchlicher Berufe und Ämter gibt es verschiedene Gründe (von Kirchenreformbewegungen über Finanzkrisen, Bewerberüberhänge und -mängel bis hin zur Thematisierung von Überlastung und Burnout im Pfarrberuf). Auch die empirische Wahrnehmung der Erwartungen von Kirchenmitgliedern an das kirch-

---

[17] RALPH KUNZ/THOMAS SCHLAG, Handbuch für Kirchen- und Gemeindeentwicklung, Neukirchen-Vluyn 2014.
[18] KATJA DUBISKI/ISOLDE KARLE, Pfarrberuf, in: RALPH KUNZ/THOMAS SCHLAG (Hrsg.), Handbuch für Kirchen- und Gemeindeentwicklung, Neukirchen-Vluyn 2014, 228–235.
[19] MICHAEL KLESSMANN, Das Pfarramt. Einführung in die Grundfragen der Pastoraltheologie, Neukirchen-Vluyn 2012, 267–285.
[20] Das patriarchale, das hierarchische Modell, die Rolle des theologischen Beraters für die anderen Mitarbeitenden, die Vorstellungen vom Gruppenpfarramt und vom Gruppenamt; vgl. KLESSMANN, Pfarramt (s. Anm. 19), 278f.
[21] KLESSMANN, Pfarramt (s. Anm. 19), 283–285.
[22] So etwa die EKiR, die EKKW und die EKBO; vgl. SCHNEIDER/LEHNERT, Berufen (s. Anm. 16), 30–39; KLESSMANN, Pfarramt (s. Anm. 19), 174–177.
[23] Vgl. http://berufsbild-pfr.de/.
[24] Vor allem in Württemberg, vgl. ANNETTE NOLLER, Diakonat und Kirchenreform. Empirische, historische und ekklesiologische Dimensionen einer diakonischen Kirche, Stuttgart 2016; ANNETTE NOLLER/ELLEN EIDT/HEINZ SCHMIDT, Diakonat – theologische und sozialwissenschaftliche Perspektiven auf ein kirchliches Amt (Diakonat – Theoriekonzepte und Praxisentwicklung 4), Stuttgart 2013.
[25] Vgl. GÜNTER RUDDAT, Das Gemeinsame Pastorale Amt im Rheinland, in: Praktische Theologie 44 (2009), 49–53; KLESSMANN, Pfarramt (s. Anm. 19), 281–285.

liche Personal und die empirische Selbstbeschreibung kirchlicher Berufe spielen eine Rolle.

2 Empirische Einsichten

Im Auswertungsband zur ersten Kirchenmitgliedschaftsuntersuchung gilt im Kapitel zu »Pfarrer und System«[26] der Pfarrer als Verkörperung und »Bürge« der Kirche und des Christentums: »Das Verhältnis zur Kirche ist über den Pfarrer als Pfarrer vermittelt, d. h. über eine Figur, deren Rolle die Darstellung der kirchlichen Tradition, nicht nur die Wahrnehmung der verschiedenen Funktionen von Kirche ist.«[27] Allerdings wird das Verhältnis von Pfarrperson und dem vom Priestertum aller Glaubenden ausgehenden ev. Kirchenverständnis noch als »Schlüsselproblem«[28] empfunden, während ab der KMU III der Pfarrer ganz affirmativ zur »Schlüsselfigur für den Kontakt zur Gemeinde«[29] wird, in der KMU IV und V dann zur »Schlüsselperson« und »Schlüsselrolle«[30], wie ja auch im EKD-Dokument »Kirche der Freiheit« der Pfarrberuf als »Schlüsselberuf«[31] propagiert wird. Christian Grethlein kritisiert diese Entwicklung vom »Schlüsselproblem« hin zum »Schlüsselberuf« scharf als Verlust der reformatorischen Einsichten in das Priestertum aller Getauften und als Verfehlung der gegenwärtigen Herausforderungen an die Gestaltung der Kommunikation des Evangeliums und als »Wirklichkeitsverlust einer pfarrerzentrierten Kirche«[32].

Während in der ersten KMU[33] nach anderen Berufsgruppen gar nicht erst gefragt worden war, korrigierte die zweite KMU[34] dies und erhob die »Wichtigkeit kirchlicher Mitarbeiter«[35]. Dabei erhielten etwa die Gemeindeschwestern/Diakonissen hohe Werte (47% bei den sehr/ziemlich verbundenen Kirchenmitgliedern und sogar 48% bei den »etwas« Verbundenen. Die abgefragten »Sozialarbeiter(innen)« erreichten bei den sehr/ziemlich Verbundenen nur 17%, hingegen bei den

---

[26] HELMUT HILD (Hrsg.), Wie stabil ist die Kirche? Bestand und Erneuerung. Ergebnisse einer Umfrage, Gelnhausen-Berlin 1974.
[27] HILD (Hrsg.), Wie stabil ist die Kirche? (s. Anm. 26), 281.
[28] HILD (Hrsg.), Wie stabil ist die Kirche? (s. Anm. 26), 282.
[29] KLAUS ENGELHARDT/HERMANN VON LOEWENICH/PETER STEINACKER (Hrsg.), Fremde Heimat Kirche. Die dritte EKD-Erhebung über Kirchenmitgliedschaft, Gütersloh 1997, 187.
[30] Vgl. die Nachzeichnung dieser Entwicklung bei CHRISTIAN GRETHLEIN, Kirchenreform und Pfarrberuf – vom »Schlüsselproblem« zum »Schlüsselberuf« und wieder zurück, in: Pastoraltheologie 106 (2017), 13–19.
[31] KIRCHENAMT DER EVANGELISCHEN KIRCHE IN DEUTSCHLAND (Hrsg.), Kirche der Freiheit. Perspektiven für die evangelische Kirche im 21. Jahrhundert. Ein Impulspapier des Rates der EKD, Hannover 2006, 71.
[32] GRETHLEIN, Kirchenreform (s. Anm. 30), 17.
[33] 1972; Auswertung: HILD (Hrsg.), Wie stabil ist die Kirche? (s. Anm. 26).
[34] 1982; Auswertung: JOHANNES HANSELMANN, Was wird aus der Kirche? Ergebnisse der zweiten EKD-Umfrage zur Kirchenmitgliedschaft, Gütersloh 1984.
[35] HANSELMANN, Kirche (s. Anm. 34), 132 [Grafik].

kaum/überhaupt nicht verbundenen Kirchenmitgliedern 34% Zuspruch – ein klarer Hinweis darauf, dass die Bedeutsamkeit unterschiedlicher kirchlicher Berufsgruppen in verschiedenen Milieus und Gruppen der Kirchenmitglieder stark differiert. Die dritte KMU (1992/1997) stellt endlich die Frage nach den Personen, die die Einstellung zu Religion, Glauben und Kirche besonders beeinflusst haben.[36] Bei den Evangelischen aus Westdeutschland werden Pfarrer(innen) mit 23%-Punkten benannt, Lehrer(innen) hingegen mit 17%-Punkten – das liegt nahe beieinander –, Jugendgruppenleiter lediglich mit 4%. Spitzenreiter sind hier Eltern (75%) und andere Verwandte. Die Auswertung dieser Untersuchung enthält sich jedoch weiterer Deutungen dieser Befunde. Die vierte KMU (2002/2006) differenziert die Frage nach dem Einfluss von Personen und Medien auf die Entwicklung des Verhältnisses zu Religion, Glauben und Kirche, indem sie Antwortmöglichkeiten für die abgefragten Personengruppen nochmals »eher positiv«, »eher negativ« und »gar nicht« unterscheidet.[37] Hier schnellt die Prozentzahl der Pfarrer(innen) auf 60 bei »eher positiv« hoch, dem allerdings auch 35% »gar nicht« entgegenstehen (LehrerInnen: 33% eher positiv, 57% gar nicht). Die neueste KMU (2012/2014) fragt nun erstmals in einer offenen Frage nach Assoziationen zu »evangelische[r] Kirche« und nach Personen, die die Befragten mit ihr in Verbindung bringen.[38] »Bei der Frage nach Personen, die der evangelischen Kirche zuzuordnen sind, werden zwar von knapp 25% der Evangelischen konkrete Pfarrpersonen – namentlich oder als ›unsere Pfarrerin‹ o. ä. – genannt. Unter den allgemeinen Assoziationen zur evangelischen Kirche sind die Pfarrer/innen aber nur mit 4% vertreten [...].«[39] Und bei der Frage nach den Personen, mit denen sich die Kirchenmitglieder über den Sinn des Lebens und über religiöse Themen austauschen, sind die kirchlichen Mitarbeitenden insgesamt (inklusive PfarrerInnen) weit abgeschlagen gegenüber Ehepartnern, Freunden und Familienmitgliedern. Bei der konkreteren Frage nach den Bezugspersonen des Austausches über religiöse Themen liegen dann die PfarrerInnen und die weiteren kirchlichen Mitarbeitenden mit jeweils (mageren) 6% gleichauf.[40]

---

[36] Vgl. ENGELHARDT/LOEWENICH/STEINACKER (Hrsg.), Fremde Heimat (s. Anm. 29), 377 [Frage 9/K 18].

[37] Vgl. KIRCHENAMT DER EVANGELISCHEN KIRCHE IN DEUTSCHLAND (Hrsg.), Kirche, Horizont und Lebensrahmen: Weltsichten, Kirchenbindung, Lebensstile; vierte EKD-Erhebung über Kirchenmitgliedschaft, Hannover 2003.

[38] Vgl. KIRCHENAMT DER EVANGELISCHEN KIRCHE IN DEUTSCHLAND (Hrsg.), Perspektiven für diakonisch-gemeindepädagogische Ausbildungs- und Berufsprofile. Tätigkeiten – Kompetenzmodell – Studium (EKD-Texte 118), Hannover 2014, 8.

[39] JAN HERMELINK/BIRGIT WEYEL, Kirchenmitgliedschaft als soziale Praxis. Religions- und kirchentheoretische Akzente in der Konzeption der 5. Kirchenmitgliedschaftsuntersuchung, in: BIRGIT WEYEL/PETER BUBMANN (Hrsg.), Kirchentheorie. Praktisch-theologische Perspektiven auf die Kirche, Leipzig 2014, 124–126, 125f.

[40] Vgl. EVANGELISCHE KIRCHE DEUTSCHLAND, Engagement und Indifferenz. Kirchenmitgliedschaft als soziale Praxis. V. EKD-Erhebung über Kirchenmitgliedschaft, 2014, https://www.ekd.de/ekd_de/%20ds_doc/ekd_v_kmu2014.pdf (letzter Zugriff am 08.02.2019), 29 [Grafik].

Anders lauten die Ergebnisse, wenn allgemein nach Kontakten mit kirchlichen Mitarbeitenden im *letzten Jahr* gefragt wird. Während hier 40% der Befragten die Pfarrer/in angeben, sind es 21% für die Gemeindesekretärin, 20% für Mitarbeitende (Diakon/in bzw. Gemeindepädagoge/-in u. ä.), 17% für Religionslehrkräfte, 15% für Kantor/in und 12% für Kita-Mitarbeitende. An dieser Zusammenstellung wird deutlich, dass die Summe der anderen kirchlichen Personen die Kontaktzahl der PfarrerInnen deutlich übertrifft. Offensichtlich kommt es eben nicht in jeder Situation auf die PfarrerInnen an!

Je distanzierter die Befragten der Kirche gegenüberstehen, umso mehr Gewicht erhält allerdings tatsächlich die Pfarrperson.

> »Nach Auskunft der Mitglieder vollziehen sich Begegnungen mit der Pfarrerin oder dem Pfarrer vor allem bei Kasualien und anderen Gottesdiensten, bei Gemeinde- oder Stadtteilfesten sowie bei anderen, oft zufälligen Begegnungen. Es sind nicht Seelsorgegespräche, es sind aber auch nicht persönliche Kontakte im Gemeindehaus, sondern es sind ganz überwiegend öffentliche Auftritte, in denen der Pfarrer als Person wahrgenommen und zum Repräsentanten der Kirche wird.«[41]

Hingegen gilt:

> »Je mehr man sich über Mitarbeit und Gespräch am kirchlichen Leben vor Ort beteiligt [...], desto stärker rücken auch andere Mitarbeitende, namentlich Diakon, Gemeindesekretärin, Kantor und auch Kindergärtnerin in den Blick. [...] Für die Kirche vor Ort stehen im direkten Kontakt durchaus nicht nur die/der Pfarrer/in, sondern auch die Gemeindesekretärin, der Diakon oder die Kindergärtnerin.«[42]

Weshalb hier die KirchenmusikerInnen unterschlagen werden, wird allerdings nirgends begründet.

Es kommt demnach nicht nur auf den Pfarrer/die Pfarrerin an. Andere Berufsgruppen oder einzelne Bezugspersonen spielen (je nach Fragefokus) teils eine entscheidende Rolle für die Chancen der Kommunikation des Evangeliums und für die religiöse Sozialisation.

Jede Theorie kirchlicher Berufe und pastoraler Identität muss diese empirischen Ergebnisse berücksichtigen, auch wenn sich aus der Faktizität nicht automatisch die normative Geltung ergibt. Letztere bedarf vielmehr differenzierter dogmatisch-ethischer Begründungen.

3 Normative Überlegungen zum Auftrag der Kirche und ihres Personals

Die Kirche gründet im Evangelium, nicht in den Amtsträgern. Mit der Vorstellung des Priestertums aller Gläubigen ist ein wichtiges Korrektiv gegenüber Verselbständigungstendenzen einer Amtskirche gegeben. Das Amt ist nach evangelischem Verständnis funktional auf die Berufung aller Gläubigen bezogen und hat keinen eigenen ontologischen Status. Es ist daher auch je neu von den verschie-

---

[41] EKD, Engagement und Indifferenz (s. Anm. 40), 13; ähnlich auch 105.
[42] Vgl. EKD, Engagement und Indifferenz (s. Anm. 40), 103.

denen Situationen her zu gestalten. Das aber gewährt die Freiheit zu ganz unterschiedlichen Formen des Dienstes in diesem Amtsauftrag.

Im Anschluss an Lindner[43] soll hier die Beteiligung aller Christinnen und Christen an der Gestaltwerdung und Verkündigung des Evangeliums als Normalfall bezeichnet werden. Das ehrenamtliche Engagement ist der Sonderfall und die hauptberufliche Tätigkeit der Spezialfall kirchlicher Mitarbeit. Sonder- und Spezialfälle sind stets auf den Normalfall ausgerichtet und nicht umgekehrt.[44]

Die Struktur der Kirche lässt sich weder aus biblischen Vorgaben noch aus den Bekenntnistexten der Reformationszeit unmittelbar erheben. »Der neutestamentliche Befund führt nicht zu einer bestimmten, allgemein verbindlichen Amtsstruktur.«[45] Die Frage des Amtes ist ein typisches Mittelding (Adiaphoron). Seine Gestaltung ist funktional auf den Auftrag bezogen zu verstehen und mit den Mitteln der Vernunft und der theologischen Abwägung je aktuell neu auf die gegebenen Umstände hin zu justieren. Vorgegeben ist allein der Auftrag, das Evangelium in Wort, Tat und Kirchenstruktur in jeder Zeit deutlich und einladend zu kommunizieren.

Beschreibungen des Verständnisses des Auftrags der Kirche liegen kondensiert in den grundlegenden Artikeln der Kirchenverfassungen vor. Dies sei beispielhaft an Art. 1 der Kirchenverfassung der Evang.-Luth. Kirche in Bayern dargelegt:[46]

> »(1) Die Evangelisch-Lutherische Kirche in Bayern hat die Aufgabe, Sorge zu tragen für den Dienst am Evangelium von Jesus Christus in Wort und Sakrament, für die geschwisterliche Gemeinschaft im Gebet und in der Nachfolge Jesu Christi, für die Ausrichtung des Missionsauftrages, für das Zeugnis in der Öffentlichkeit, für den Dienst der helfenden Liebe und der christlichen Erziehung und Bildung.«[47]

Hier sind deutlich die Auftragsdimensionen der *Leiturgia* (»Wort und Sakrament«), der *Martyria* (»Missionsauftrag«, »Zeugnis in der Öffentlichkeit«), der *Koinonia* (»geschwisterliche Gemeinschaft«), der *Diakonia* (»Dienst der helfenden Liebe«) sowie der *Paideia* (»Erziehung und Bildung«) angesprochen.

---

[43] Vgl. LINDNER, Dienstort Kirche (s. Anm. 10).

[44] LINDNER, Dienstort Kirche (s. Anm. 10), 475; daran anschließend FOITZIK, Mitarbeit (s. Anm. 9), 21.

[45] VEREINIGTE EVANGELISCH-LUTHERISCHE KIRCHE DEUTSCHLANDS, »Ordnungsgemäß berufen« Eine Empfehlung der Bischofskonferenz der VELKD zur Berufung zu Wortverkündigung und Sakramentsverwaltung nach evangelischem Verständnis (Texte aus der VELKD 136), Hannover 2006, 9.

[46] Wobei es nicht um Kirchenrechtspositivismus geht, sondern angenommen wird, dass hinter diesem grundlegenden Kirchenrechtsartikel eine bestimmte Konzeption des Verständnisses vom Auftrag der Kirche steht, die evangelisch-lutherisch gut zu verantworten ist.

[47] EVANGELISCH-LUTHERISCHE KIRCHE IN BAYERN, Verfassung der Evangelisch-Lutherischen Kirche in Bayern. In der Neufassung vom 6.12.1999, 2017, https://www.bayern-evangelisch.de/downloads/ELKB-Kirchenverfassung-2017.pdf (letzter Zugriff am 08.01.2019).

Für die EKHN sind etwa folgende Passagen der Kirchenverfassung heranzuziehen:

> »Artikel 4: Berufung
> 1 Alle Glieder am Leib Christi sind berufen, das Evangelium in Wort und Tat in allen Lebenszusammenhängen zu bezeugen. 2 Nach dem Maße ihrer Kräfte übernehmen sie Dienste und Ämter und tragen durch Opfer und Abgaben zur Erfüllung der gemeindlichen und kirchlichen Aufgaben bei. [...]«[48]

In der Ordnung des kirchlichen Lebens in der EKHN von 2013 werden die Grundaufgaben der Kirche unter der Überschrift der Kennzeichen der Kirche weiter ausgeführt.

> »2.4 Woran die Kirche zu erkennen ist
> Wo Menschen vom Heiligen Geist geführt in Christi Namen zusammenkommen, stimmen sie in den Lobpreis Gottes ein und tragen Sorge für die Schöpfung Gottes. Aus dieser Haltung heraus haben Christinnen und Christen zu allen Zeiten Seelsorge betrieben, haben sich für Solidarität und Gerechtigkeit eingesetzt, für Bildung und eine Kultur des Erbarmens. Daraus haben sich wechselnde Formen der Diakonie entwickelt, Bildungseinrichtungen aller Art und die Teilhabe am politischen Diskurs.«[49]

Und dann heißt es über das Verhältnis der Gaben und Dienste zueinander:

> »2.5 Die kirchlichen Dienste
> Um ihrem Auftrag nachkommen zu können, benötigt die Kirche Menschen, die sich in besonderen haupt-, neben- und ehrenamtlichen Diensten engagieren. Auswahl, Aus- und Fortbildungen für diese Dienste sollen am Auftrag der Kirche orientiert sein. In gottesdienstlichen Einführungen wird die Berufung öffentlich erteilt und die jeweilige Beauftragung mit der Bitte um Gottes Segen verbunden.«[50]

In diesen Ausführungen wird die Grundaufgabe der Kommunikation des Evangeliums also in verschiedene Grundaspekte ausdifferenziert und zugleich verschiedenen Gruppen von Diensten zugeordnet. Wie lässt sich dies systematisieren?

Die EKD-Schrift von 2014 »Perspektiven für diakonisch-gemeindepädagogische Ausbildungs- und Berufsprofile«[51] geht von »Kernaktivitäten und Modi in der Kommunikation des Evangeliums« aus und benennt für den zu untersuchenden Bereich die Vollzüge »Bilden – Unterstützen – Verkündigen.«[52] Ein solcher Ansatz bei grundlegenden Handlungsvollzügen, die verschiedenen Grunddimensionen des Auftrags der Kirche und also dem Dienst an der Kommunikation des Evangeliums entsprechen, kann in der Tat hilfreich sein, um verschiedene ehrenamtliche wie berufliche Tätigkeiten in der Kirche genauer zu profilieren.

---

[48] EVANGELISCHE KIRCHE IN HESSEN UND NASSAU, Ordnung der Evangelischen Kirche in Hessen und Nassau (Kirchenordnung – KO) Vom 17. März 1949, 2015, https://www.kirchenrecht-ekhn.de/document/18740 (letzter Zugriff am 10.02.2019).

[49] EVANGELISCHE KIRCHE IN HESSEN UND NASSAU, Ordnung des kirchlichen Lebens in der Evangelischen Kirche in Hessen und Nassau (Lebensordnung) Vom 15. Juni 2013, 2013, https://www.kirchenrecht-ekhn.de/document/18785 (letzter Zugriff am 10.02.2019), Abschn. 31.

[50] EKHN, Ordnung des kirchlichen Lebens (s. Anm. 49), Abschn. 35.

[51] EKD (Hrsg.), Perspektiven (s. Anm. 38).

[52] EKD (Hrsg.), Perspektiven (s. Anm. 38), 8.

Christian Grethlein hat in seinem Lehrbuch »Praktische Theologie«[53] einen ähnlichen Weg beschritten. Er will die Grundvollzüge der Kommunikation des Evangeliums ausgehend von biblischen Befunden differenzieren. Dabei kommt er auf drei Grundvollzüge: »Lehr- und Lernprozesse, gemeinschaftliches Feiern und Helfen zum Leben bilden seitdem die wesentlichen Ausdrucksformen christlicher Nachfolge.«[54] Daran anschließend entfaltet Grethlein die Kommunikation des Evangeliums:

- In §13 als »Evangelium: im Modus des Lehrens und Lernens« (253–277).
- In §14 als »Evangelium: im Modus des gemeinschaftlichen Feierns« (278–299).
- In §15 als »Evangelium: im Modus des Helfens zum Leben« (300–323).

So richtig ich den Grundansatz auch finde, so sehr scheint mir diese Differenzierung doch noch nicht treffgenau genug zu sein, insbesondere wird die Verkündigungsdimension (*martyria*) und der gesellschaftliche Auftrag (das Eintreten für Gerechtigkeit; *koinonia*) noch nicht ausreichend klar erfasst.

Eine weitergehende, von Friedrich Schleiermachers Überlegungen inspirierte Systematik (nach Handlungstypen) hat Herbert Lindner in seinem Buch »Kirche am Ort« ins Spiel gebracht:

> »Die Kommunikation des Evangeliums hat Dimensionen. Sie lauten nach unserem Verständnis:
> Das darstellende Handeln in Ritus, Feier, Kunst und symbolischer Interaktion.
> Das orientierende Handeln durch Verkündigung, Lehre, Erziehung und Bildung.
> Das wiederherstellende Handeln durch Seelsorge, Diakonie, Beratung, Therapie.
> Das entwerfende und gestaltende Handeln, das Profetie, ›Futeriologie‹ und Planung wagt und den Mut hat, daraufhin konkrete, experimentelle Schritte von Modellbildung, Gemeinwesenarbeit und Ausbildung eines neuen Lebensstils zu versuchen.«[55]

Wolfgang Huber wiederum hat aus systematisch-theologischer Sicht seit seinem »Kirche«-Buch aus dem Jahr 1979 an verschiedenen Stellen[56] darüber nachgedacht, was heute die Kennzeichen und damit die wesentlichen Auftragsdimensionen der Kirche zu sein haben.

Er hat neben den für die Kirche fundamentalen liturgischen Vollzügen in Wort und Sakrament die Bildung, das Eintreten für Gerechtigkeit und eine Kultur der Barmherzigkeit (Kultur des Helfens) als weitere Kennzeichen von Kirche benannt.[57] Das ergibt insgesamt also ein Fünfer-Schema. Dabei unterscheidet er die primären Kennzeichen (Wort und Sakrament) von sekundären Kennzeichen. Letztere »beziehen sich auf diejenigen Formen bewirkenden und kooperativen Handelns, in denen die Kirche auf die verschiedenen kulturellen, wirtschaftlichen und

---

[53] CHRISTIAN GRETHLEIN, Praktische Theologie, Berlin/Boston 2012.
[54] GRETHLEIN, Praktische Theologie (s. Anm. 53), 169.
[55] LINDNER, Kirche am Ort (s. Anm. 10), 197.
[56] U. a. in seinem Buch »Kirche in der Zeitenwende« (WOLFGANG HUBER, Kirche in der Zeitenwende. Gesellschaftlicher Wandel und Erneuerung der Kirche, Gütersloh 1998).
[57] Vgl. HUBER, Zeitenwende (s. Anm. 56), 152.157–162.

politischen Öffentlichkeiten einwirkt, in denen das gesellschaftliche Zusammenleben Gestalt gewinnt.«[58]

Die Impulse Wolfgang Hubers wie Herbert Lindners aufgreifend, schlage ich folgende Fünfer-Systematik vor, die grundlegende Handlungsmodi der Kommunikation des Evangeliums benennt:[59]

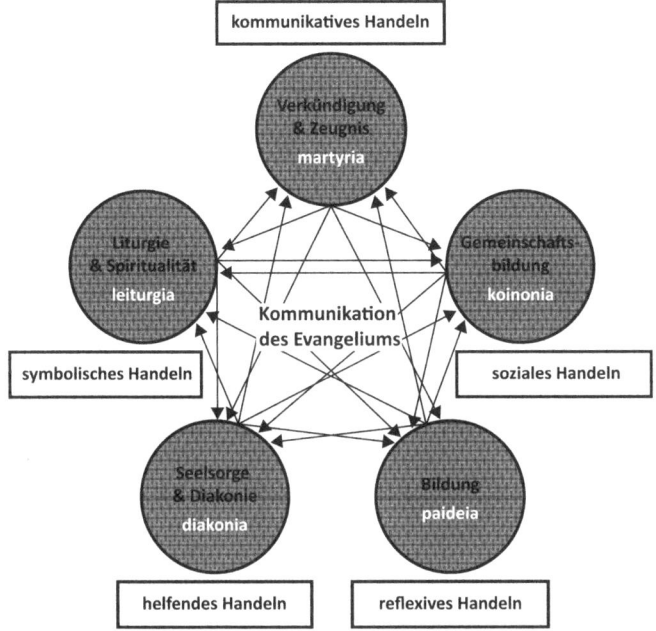

- symbolisches, darstellendes Handeln (*leiturgia*): Feiern und Darstellen dessen, was im Glauben trägt und bewegt, Wahrnehmung von und Begegnung mit symbolischen Darstellungen des Evangeliums;
- kommunikatives Handeln (*martyria*): Verkündigen, Bezeugen und Bekennen;
- soziales, steuerndes und gestaltendes Handeln (*koinonia*): Gemeinschaft entwickeln und pflegen, leiten und steuern;
- bildendes, reflexives und orientierendes Handeln (*paideia*): die eigenen Begabungen entfalten und entwickeln und Wirklichkeit deuten;
- helfendes, ausgleichendes und wiederherstellendes Handeln (*diakonia*): Helfen und Heilen.

Jede dieser Dimensionen greift in die anderen ein (daher »Dimensionen«, nicht »Handlungsfelder«) und kennt gleichzeitig Handlungsfelder, die ihr jeweils in besonderer Weise zugeordnet sind (z. B. die Konfirmandenarbeit der Bildung, die

---
[58] HUBER, Zeitenwende (s. Anm. 56), 157.
[59] Vgl. BUBMANN, Dienst am Evangelium (s. Anm. 2); DERS., Amt (s. Anm. 2); DERS., Dienst (s. Anm. 2); DERS., Miteinander (s. Anm. 2).

jedoch gleichzeitig immer Verbindungen zu den Dimensionen von *leiturgia* und *koinonia* besitzt).

Die geschichtliche Entwicklung der kirchlichen Beruflichkeit und die Logik einer spezialisierten Professionalisierung unter modernen Lebensbedingungen zielen nun darauf, die fünf Grunddimensionen des kirchlichen Auftrags auch schwerpunktmäßig mit je eigenen »Ämtern« (oder »Amtsbereichen«) auszustatten, die wiederum differenziert im Haupt-, Neben- und Ehrenamt ausgeübt werden.[60] Ein Amt ist also eine institutionalisierte und formal (in der Regel auch rechtlich) organisierte Form der Realisierung einer Dimension des kirchlichen Grundauftrags. Diesen Ämtern werden dann Berufe zugeordnet, die auf ein Amt konzentriert sein können oder auch mehrere Amtsbereiche umgreifen, aber eben nicht einfach mit einem Amt identisch sind; daher ist es etwa irreführend, vom Diakonat oder Diakonenamt zu reden, wenn damit nur die Berufsgruppe der Diakon*innen gemeint wird.

Immerhin sprachen auch im lutherischen Bereich die »Leitlinien kirchlichen Lebens« der VELKD von 2003[61] ganz unbekümmert von mehreren Ämtern und rückten den gemeinsamen Dienst in den Vordergrund.

> »Die zentrale Aufgabe der Gemeinde ist die Verkündigung des Wortes Gottes. Dieser Dienst wird durch das Zeugnis der Christinnen und Christen im Alltag, durch Pfarrerinnen und Pfarrer sowie durch Mitarbeiterinnen und Mitarbeiter in der katechetischen, diakonischen und pädagogischen Arbeit, im Verwaltungsdienst und in der Kirchenmusik wahrgenommen.«[62]

Und an anderer Stelle des Dokumentes heißt es:

> »Damit Menschen den rechtfertigenden Glauben erlangen, hat Gott den Dienst der Wortverkündigung und Sakramentsverwaltung eingesetzt (vgl. Augsburger Bekenntnis Artikel 5). Um der äußeren Ordnung willen und wegen der unterschiedlichen Aufgaben und Begabungen ist es notwendig, dass es innerhalb der kirchlichen Institution verschiedene Ämter und Berufe gibt, die jeweils eine angemessene Ausbildung erfordern. Schon Paulus hat darauf hingewiesen, dass gemeindliches Leben die Wahrnehmung ganz unterschiedlicher Aufgaben durch verschiedene Menschen erfordert, die um der Ausbreitung des Glaubens und der Liebe willen zusammenarbeiten (Röm 12,4–8; 1Kor 12). Zu diesen Aufgaben gehören das Predigtamt, die Ämter der Diakonin oder des Diakons, der Kantorin oder des Kantors, der Katechetin oder des Katecheten, der Evangelistin oder des Evangelisten usw.«[63]

Damit schlugen diese Leitlinien deutlich andere Töne an als etwa die späteren Ordinationspapiere der VELKD[64], was die Position der VELKD bei diesem Thema insgesamt wenig konsistent erscheinen lässt. Und die Leitlinien von 2002 fügen

---

[60] Vgl. BUTTLER, Kirchliche Berufe (s. Anm. 8); SCHERLE, Kirchliche Berufe (s. Anm. 11), 6–10.
[61] Vgl. VEREINIGTE EVANGELISCH-LUTHERISCHE KIRCHE DEUTSCHLANDS, Leitlinien kirchlichen Lebens der Vereinigten Evangelisch-Lutherischen Kirche Deutschlands (VELKD). Handreichung für eine kirchliche Lebensordnung, Gütersloh 2003.
[62] VELKD, Leitlinien (s. Anm. 61), 106.
[63] VELKD, Leitlinien (s. Anm. 61), 17.
[64] VEREINIGTE EVANGELISCH-LUTHERISCHE KIRCHE DEUTSCHLANDS, Allgemeines Priestertum, Ordination und Beauftragung nach evangelischem Verständnis. Eine Empfeh-

dann die Idee einer vertrauensvoll arbeitenden Dienstgemeinschaft an, in der es ein »gewisses Maß an gestufter Verantwortung« gebe.[65]

Nimmt man diese Leitlinien ernst, dann ist der Abstand zu unierten Vorstellungen vom Miteinander der Berufsgruppen gar nicht so groß.[66]

In lutherischer Lesart werden solche vielfältigen Ämter und kirchlichen Berufe in der Regel auf das eine PredigtAmt nach CA V zurückgeführt, das sich dann in verschiedene Dienste ausdifferenzieren kann. Die Barmer Theologische Erklärung von 1934[67] und mit ihr die reformierte amtstheologische Tradition dreht – ausgehend vom biblischen Leitbegriff der *diakonia* – die Terminologie um: Der eine gemeinsame Dienst (der Verkündigung und Versöhnung) realisiert sich demnach in den verschiedenen Ämtern. Im Amtsbegriff kommen m. E. der Auftragscharakter und der (auch) überpersönliche, institutionelle Charakter der Aufgabe deutlich zum Ausdruck. So liegt es nahe, mit dem Begriff des »Amtes« die vorgegebene Auftragsstruktur zu benennen, also das dauerhafte Mandat zur Kommunikation des Evangeliums in einem bestimmten Bereich, mit »Dienst« hingegen die inhaltliche Richtung des Grundauftrags und das konkrete Verhalten derer, die sich unter diesen Auftrag stellen. Die lutherische Tradition mit dem Anliegen der Barmer Theologischen Erklärung verbindend ist daher zu formulieren:

Das eine Amt (= Auftrag der Kirche als Kommunikation des Evangeliums, inhaltlich als Diakonia qualifiziert) differenziert sich aus in Amtsbereiche (= Ämter), denen vielfältige Dienste (und diesen wiederum verschiedene Berufe bzw. neben- und ehrenamtliche Tätigkeiten) als Ausdruck des gemeinsam aufgetragenen Auftrags zugeordnet werden.[68]

Es ergeben sich somit:

- das Amt der Liturgie, der symbolischen Präsentation des Glaubens in Fest und Feier: Hier sind etwa die Berufsgruppen der Kirchenmusikerinnen wie der Theologen mit einem Schwerpunkt ihrer Tätigkeit einzuordnen.

---

lung der Bischofskonferenz der VELKD (Texte aus der VELKD 130), Hannover 2004; DIES., »Ordnungsgemäß berufen« (s. Anm. 45).

[65] VELKD, Leitlinien (s. Anm. 61), 18.

[66] Vgl. EVANGELISCHE KIRCHE IM RHEINLAND, KIRCHLICHE PERSONALPLANUNG. Handreichung zur Entwicklung eines Rahmenkonzeptes für Personalplanung auf Kirchenkreisebene nach Artikel 95 Absatz 3 Kirchenordnung. Modelle – Konzepte - - Empfehlungen, 2012, http://www.ekir.de/www/downloads/ekir2012-07-30personalplanung_handreichung.pdf (letzter Zugriff am 10.02.2019), wo die multiprofessionelle und funktionale Dienstgemeinschaft entfaltet wird.

[67] Vgl. EVANGELISCHE KIRCHE DEUTSCHLAND, Barmer Theologische Erklärung. Die Thesen, 2018, https://www.ekd.de/Barmer-Theologische-Erklarung-Thesen-11296.htm (letzter Zugriff am 08.02.2019).

[68] Vgl. diesen Vorschlag aufnehmend: FERMOR, Cantus Firmus (s. Anm. 13); ähnlich: THOMAS ZIPPERT, Das DiakonInnenamt im Zusammenspiel der Berufsgruppen, in: GÜNTER BREITENBACH u. a. (Hrsg.), Das Amt stärkt den Dienst, Bielefeld 2014, 87–116; zusammenfassend zu »mehrdimensionalen Ämtertheorien«: NOLLER, Diakonat und Kirchenreform (s. Anm. 24), 398–407.

- das Amt der Verkündigung: Hier liegt der Schwerpunkt der Tätigkeit der Theologinnen und Theologen als Hermeneuten der biblischen Botschaft sowie der christlichen Publizisten.
- das Amt der Gemeinschaftspflege, Verwaltung und Leitung: Kirchenjuristen, Verwaltungskräfte und das im engeren Sinn verstandene »Pfarramt« (als Leitungsamt der Parochie) sowie die landeskirchlichen Leitungsfunktionen haben hier ihren Ort. Hierzu sind auch weitere Tätigkeiten wie der Küster-/Kirchner-/Mesner-Dienst zu rechnen.
- das Amt der Bildung und Erziehung: Erzieherinnen, Religionslehrkräfte und -pädagoginnen, Gemeindepädagoginnen und Erwachsenenbildner haben vorrangig die Bildungsdimension im Blick.
- das Amt der Diakonie und der Seelsorge: Diakone, Diakoninnen, Pflegeberufe, ÄrztInnen, SozialpädagogInnen, TheologInnen u. v. a. realisieren die Kommunikation des Evangeliums primär in der Dimension des helfenden Dienstes am Nächsten.

Bewusst wird hier zwischen *Ämtern* in der Kirche und den diesen Ämtern zugeordneten kirchlichen *Berufen* bzw. ehrenamtlichem Engagement in diesen Ämtern unterschieden. Die Ämter repräsentieren grundlegende Handlungsvollzüge des kirchlichen Auftrags und sind als Institutionen auf Dauer gestellt. Wer »Amtsträger« ist, bringt seine Qualifikationen und Kompetenzen beruflich oder ehrenamtlich in einen Amtsbereich ein und erhält mit der Amtsübergabe die offizielle Beauftragung, also das *Mandat* zu diesem Dienst. Dabei stehen die Amtsbereiche (Ämter) in der Regel verschiedenen Berufsgruppen offen.

Diese kirchlichen Berufe sind heute nur in Bezogenheit aufeinander zu verstehen und zu entwickeln. So formulierten bereits 1970 Dieter Aschenbrenner und Gottfried Buttler:

> »Das Pfarramt ist heute nicht mehr denkbar als Ein-Mann-System mit untergeordneten *Helfern*, sondern nur als differenzierte Dienstgemeinschaft, das heißt in der Gestalt und mit der Arbeitsweise einer Gruppe. Alle am Dienst der Kirche beteiligten Mitarbeiter sind Angehörige des Pfarramtes. [...] Voraussetzung für die gleiche Bewertung ist die Bezogenheit aller Funktionen auf die gemeinsame Aufgabe.«[69]

Diese alte Idee der pastoralen Teams, in denen verschiedene Berufsgruppen gleichberechtigt vor Ort und in regionalen Räumen miteinander in »Fachbereichen« der Gemeindearbeit zusammenwirken, hat ihre Zukunft immer noch vor sich.[70]

Das Festhalten an der Vorstellung, eine einzige zentrale Amts-Rolle (der Pfarrer/die Pfarrerin) könne alle wesentlichen kirchlichen Vollzüge professionell beherrschen und garantieren, ist wenig realistisch und überdies theologisch im Blick

---

[69] Dieter Aschenbrenner/Gottfried Buttler, Die Kirche braucht andere Mitarbeiter. Vom Universaldilettanten zum Spezialisten. Analysen, Thesen und Materialien zum Berufsbild und zur Ausbildung des kirchlichen Mitarbeiters im Gemeindedienst, Stuttgart 1970, 50.
[70] Vgl. Lindner, Dienstort Kirche (s. Anm. 10), 476.

auf das Priestertum aller Getauften problematisch. Die Anhäufung notwendiger Kompetenzen in den Leitbildern zum Pfarrberuf[71] nimmt denn auch surreale Züge an. Schon innerhalb des Pfarrberufs bedarf es einer »Profilierung und Differenzierung jenseits des generalistische(n) Paradigmas«[72]. Es kann aber gerade nicht ausreichen, sich nur auf die Pfarrerrolle zu konzentrieren, wie dies in manchen Reformprozessen der letzten Zeit geschah. Denn wirkliche Entlastung für den Theologenberuf und Klärung der Zuständigkeiten vor Ort kann es nur geben, wenn neben der Binnendifferenzierung des Pfarrberufs auch die anderen Beruflichkeiten mit bedacht werden. Es liegt nahe, die als wesentliche Grundaufgaben der Kirche erkannten Handlungsvollzüge nicht gegeneinander auszuspielen, sondern »auf unterschiedliche Pfarrpersonen zu verteilen und dabei auch die anderen kirchlichen Berufsgruppen sowie Ehrenamtliche einzubeziehen«[73]. In diese Richtung zielt etwa der Reformprozess der ELKB »Miteinander der Berufsgruppen«[74].

Die Profilierung der einzelnen Berufsgruppen und Tätigkeiten in der Kirche hat von den erworbenen und zugeteilten Kompetenzen her zu erfolgen. Der Versuch, durch dogmatisch-normative amtstheologische Aufwertungen bestimmte Berufsgruppen auf Kosten anderer dem Pfarramt gleichzuordnen,[75] ist wenig zielführend und fußt in der Regel auf nicht-reformatorischen amtstheologischen Grundlagen, nämlich der Vorstellung, es gebe drei durch die Schrift vorgegebene Weihestufen bzw. eine biblische Zwei- oder Drei-Ämterlehre: Diakon, Priester, Bischof.

4 Zum Kompetenzprofil des theologischen Berufs

Der Kompetenzbegriff ist schillernd und daher zu präzisieren. In ihm verbinden sich a) Vorstellungen von Mandat und Lizenz (also die Zuschreibung eines Auf-

---

[71] Etwa des Verbandes der Vereine evangelischer Pfarrerinnen und Pfarrer e.V.: VERBAND DER VEREINE EVANGELISCHER PFARRERINNEN UND PFARRER E. V, Pfarrerinnen und Pfarrer in der Gemeinde Leitbild mit Erläuterungen und Konsequenzen, 2002, http://www.pfarrerverband.de/download/pfarrerverband_leitbild.pdf (letzter Zugriff am 08.01.2019).

[72] UTA POHL-PATALONG, Vielfältige Kommunikation des Evangeliums. Das »Eigentliche« des Pfarrberufs in der Vielfalt der Handlungsfelder, in: Praktische Theologie 33 (2009), 25–31, 30.

[73] POHL-PATALONG, Vielfältige Kommunikation (s. Anm. 72), 30.

[74] Der Prozess dauerte von 2017–2019; vgl. EVANGELISCH-LUTHERISCHE KIRCHE IN BAYERN, Rummelsberger Impulse. Symposion vom 12.–13. Januar 2018 in Rummelsberg im Rahmen des Prozesses »Miteinander der kirchlichen Berufsgruppen«, 2018, https://www.berufsgruppen-miteinander.de/rummelsberger-impulse (letzter Zugriff am 09.12.2018).

[75] Wie es im Diakonatsprozess in Württemberg anfänglich zu spüren war, der zunächst lediglich zwei Ämter der Kirche: Pfarr- und Diakonenamt zugestehen wollte; vgl. NOLLER/EIDT/SCHMIDT, Diakonat (s. Anm. 24); anders dann NOLLER, Diakonat und Kirchenreform (s. Anm. 24); FRANK ZEEB, Das eine Amt und die ihm zugeordneten Dienste, in: WERNER BAUR u. a. (Hrsg.), Diakonat für die Kirche der Zukunft (Diakonat – Theoriekonzepte und Praxisentwicklung 1), Stuttgart 2016, 160-170.

trags/Zuständigkeit), die Qualifikation einer Person (Fähigkeiten und Fertigkeiten, die zur Erledigung einer Aufgabe nötig sind) und das sich aus diesen Fertigkeiten ergebende Produkt (= Performanz)[76]. Pastorale Kompetenz zielt auf einen »Konnex zwischen Theorie und Praxis bzw. Denken und Handeln.«[77] Es geht um einen »kommunikativen Austausch zwischen theologisch-wissenschaftlicher Welt*betrachtung* und theologisch fundierter alltäglicher Welt*bewältigung.*«[78]

Die Differenzierung und Profilierung der kirchlichen Berufe lässt sich nicht entlang von Handlungsfeldern (Gottesdienst, Bildungsvollzüge etc.) vornehmen, sondern nur von den spezifischen professionellen Kompetenzen (die wiederum auf Grundaufgaben bzw. Ämter der Kirche bezogen sind), die die Berufsgruppen unterscheiden, sich aber auf gleiche Handlungsfelder beziehen können (so sind etwa fast alle kirchlichen Berufsgruppen auch für den Gottesdienst mit zuständig – und sollen dies auch sein!).

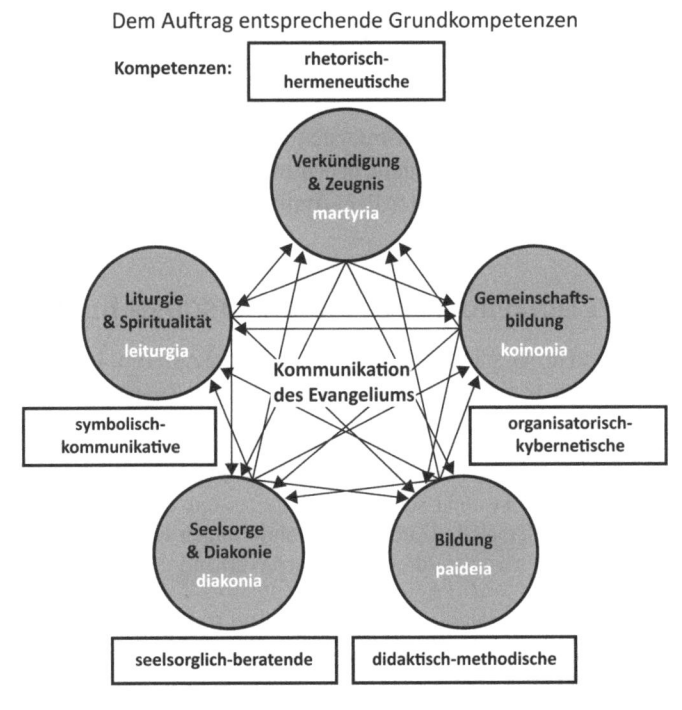

Dem Auftrag entsprechende Grundkompetenzen

Kompetenzen:
- rhetorisch-hermeneutische
- Verkündigung & Zeugnis – martyria
- Liturgie & Spiritualität – leiturgia
- Gemeinschaftsbildung – koinonia
- Kommunikation des Evangeliums
- symbolisch-kommunikative
- organisatorisch-kybernetische
- Seelsorge & Diakonie – diakonia
- Bildung – paideia
- seelsorglich-beratende
- didaktisch-methodische

Mit Eberhard Hauschildt u. a. sehe ich das Proprium des theologischen Pfarrdienstes in der hermeneutischen Aufgabe, das Evangelium an der Grenze zwischen Binnenwelt der Kirche und Gesellschaft in der Verantwortung gegenüber der Geschichte des Christentums und der biblischen Tradition öffentlich zu verkündigen, auszulegen und zugleich in den Zusammenhang der Gesamtkirche zu stellen[79] –

---

[76] Vgl. PLIETH, Kompetenz (s. Anm. 4), 352f.
[77] PLIETH, Kompetenz (s. Anm. 4), 358.
[78] PLIETH, Kompetenz (s. Anm. 4), 359.
[79] Vgl. HAUSCHILDT, Allgemeines Priestertum (s. Anm. 12), 404–406.

und so möchte ich mit Jan Hermelink hinzufügen: symbolisch zu inszenieren.[80] Mit Ulrike Wagner-Rau ist der Dienst der TheologInnen insbesondere als Dienst auf der Schwelle zu bestimmen, auf der Schwelle zwischen kirchlichem Binnenraum und sonstiger Welt und an den biographischen Schwellen des Lebens.[81] »Der Pfarrer und die Pfarrerin sind Spezialisten für die theologische Deutung der Wirklichkeit und die Förderung einer christlichen Religionskultur.«[82] Hier die Kommunikation des Evangeliums hermeneutisch verantwortet einbringen zu können, ist primäre Aufgabe der TheologInnen.

Differenzieren lässt sich diese pastorale Kompetenz als *fachliche, personale* und *soziale Kompetenz*.[83] Wobei die personale Kompetenz (inkl. Peformanz) diejenigen Fähigkeiten und Fertigkeiten meint, »die zur Selbstwahrnehmung, Selbstbewußtheit und -annahme sowie zur Selbstorganisation benötigt werden«[84], während die soziale Kompetenz die Fähigkeiten und Fertigkeiten umfasst, »die eine angemessene Wahrnehmung menschlicher Situationen sowie der von ihnen betroffenen Individuen zustande kommen lassen.«[85]

Während bei den Pfarrerinnen und Pfarrern durch ihren Ausbildungsweg primär die Kompetenzen der Amtsbereiche *martyria, leiturgia* und *diakonia* (allerdings nur fürs Handlungsfeld Seelsorge) und nur ansatzweise in der *paideia* ausgebildet sind, sind es beispielsweise bei den für das gemeindepädagogische Feld an Fachhochschulen und Fachschulen ausgebildeten Fachkräften vorrangig die Kompetenzen aus den Bereichen *paideia* und *koinonia*, bei Doppelqualifikation (d. h. zusätzlichem B. A. in Sozialarbeit) auch die diakonischen Kompetenzen. Sie sind die Fachleute für die religiösen (Fort-)Bildungsprozesse Ehrenamtlicher und Multiplikatoren für die Arbeit mit Gruppen in Parochien oder an anderen kirchlichen und diakonischen Orten. Solche gemeindepädagogischen Kompetenzen ermöglichen es, »auch außerhalb fest definierter Rituale für die dauerhafte Bewältigung des Alltags Gelegenheiten zu biografischer Selbstreflexion, Austausch und Gespräch, Unterstützung und Begleitung«[86] anzubieten und das informelle wie non-formale Lernen als BildungsbegleiterInnen zu fördern.

Dass es der Leitungskräfte und der Leitungskompetenz in Gemeinde und Kirche bedarf, und sie zur Koinonia-Dimension unverzichtbar dazu gehört, ist weithin Konsens. Auffällig ist allerdings, dass in einigen empirischen Befragungen der Pfarrerschaft die befragten PfarrerInnen (im Pfarrberufsbildprozess der ELKB

---

[80] Vgl. HERMELINK, Kirche leiten (s. Anm. 15), 14, 17f., 33 u. ö.
[81] Vgl. ULRIKE WAGNER-RAU, Begrenzen und Öffnen. Perspektiven für das Pfarramt in einer gastfreundlichen Kirche, in: Pastoraltheologie 93 (2004), 450–465; DERS., Auf der Schwelle (s. Anm. 15).
[82] WAGNER-RAU, Pastoraltheologie (s. Anm. 16), 107f.
[83] PLIETH, Kompetenz (s. Anm. 4), 362.
[84] PLIETH, Kompetenz (s. Anm. 4), 362f.
[85] PLIETH, Kompetenz (s. Anm. 4), 363.
[86] NICOLE PIROTH, Gemeindepädagogen und Pfarrer. Zwei Berufsbilder in der Perspektive von Gemeindegliedern, in: Praxis Gemeindepädagogik 58.3 (2005), 9–13, 11.

etwa) das Leiten gerade nicht prioritär zu ihren Hauptaufgaben rechnen.[87] An dieser Diskrepanz muss gearbeitet werden – auch theoretisch. Leiten gehört dazu[88] – auch im Miteinander der Berufsgruppen. Insofern bedarf es auch in den Aus- und Fortbildungsvollzügen der Entwicklung von Leitungskompetenz.

Inwieweit die Aufgabe der Integration von Gemeinde und Kirche, also das eigentlich episkopale »Pfarramt« der Einheit, ausschließlich Theologen zukommen sollte, wird kontrovers diskutiert. M. E. könnten durchaus auch andere Berufsgruppen (wie es faktisch im Fall der ordinierten Gemeindepädagogen in Mitteldeutschland geschieht) in diese Rolle einrücken, wenn sie für diese Funktion als kompetent ausgewiesen sind.

Auch wenn – wie Thomas Schlag sehr deutlich unterstreicht – das Kompetenzdenken in der Gefahr steht, zu enge curriculare Qualifikationsstränge zu schaffen, die dann auf die je neuen und vielfältigen Herausforderungen des Pfarrberufs ggf. nicht sachgemäß vorbereiten und ggf. eine problematische »Überstrukturierung« bewirken, sind doch auch die hilfreichen Klärungen der Berufsrolle (auch und gerade im Miteinander und Gegenüber zu Ehrenamtlichen und anderen Berufsgruppen) durch die Orientierung an Kompetenzerwartungen zu beachten. Mit Schlag geht es auch mir in der Aus- und Fortbildung kirchlicher Berufe um echte Bildungsprozesse »im Dienst des freien Erwerbs und Gebrauchs individueller Mündigkeit sowie der eigenständigen Fähigkeit zur theologischen Urteilsbildung des pastoralen Nachwuchses«. Und wie er sehe ich es so, dass im Rahmen der Ausbildung »Kompetenzmodelle hier bestenfalls Prüfsteine für die je individuelle Entwicklung – man könnte gar von pastoraler Identitätsentwicklung sprechen – und Professionalität sein [können].«[89]

Und dennoch: Ich halte die Frage danach, welche Dispositionen in den akademischen Aus- und Fortbildungsphasen zur Arbeit im beruflichen Handlungsfeld erworben wurden und wie die kirchlichen Mandate sich darauf beziehen, für eine nicht nur legitime, sondern auch produktive Frage der Pastoraltheologie. Daher ist immer wieder kritisch nachzufragen: Sind die fachlich-*professionellen Kompetenzen* mit dem Schwerpunkt der *theologisch-hermeneutischen* Kompetenzen, sind die notwendigen *personalen, kommunikativen* und *spirituellen* Kompetenzen in der ersten wie zweiten Ausbildungsphase wirklich entwickelt worden? Hat die kritische Beschäftigung mit der eigenen religiösen Prägung, haben Distanzierungsprozesse zu bisherigen Gewissheiten durch die Begegnung mit vielfältigen theologischen Positionierungen, durch den Diskurs mit KommilitonInnen und Dozierenden wirklich stattgefunden?

---

[87] Im Unterschied zu den befragten Kirchenvorstandsmitgliedern; vgl. STEFAN ARK NITSCHE, Berufsbild: Pfarrerin, Pfarrer. Pfarrer und Pfarrerin sein in verschiedenen Kontexten. Die Erträge des Prozesses (Nov 2015), in: Sonderausgabe der nachrichten aus der ELKB 12 (2015), 8.

[88] Vgl. HERMELINK, Kirche leiten (s. Anm. 15).

[89] THOMAS SCHLAG, Welche Ausbildung braucht das Pfarramt? Eine bildungstheoretische Vergewisserung in den Wellenbewegungen der Kompetenzorientierung, in: Pastoraltheologie 106 (2017), 50–58, 58.

Wenn pastorale Leitung nicht primär als administrative Leitung (die delegierbar ist und stärker delegiert werden sollte) verstanden wird, sondern als geistliche Leitung, ganz im Sinne Friedrich Schleiermachers, dann verbinden sich theologisch-fachliche, spirituelle und kommunikative Kompetenzen zur kybernetischen Kompetenz. Es ist deshalb m. E. zu kurz gedacht, wenn die Ausbildung der kybernetischen Kompetenz vorwiegend der zweiten Ausbildungsphase oder späteren Fortbildungen zugeordnet wird, so wichtig dies alles ist.

In jedem Fall muss in der theologischen Ausbildung (wie auch in derjenigen anderer kirchlich-beruflicher Ausbildungsgänge) viel stärker die Team- und Kooperationsfähigkeit ausgebildet werden. Im Blick auf das Berufsfeld hält Ulrike Wagner-Rau fest: »Man braucht die anderen: Kollegen und Kolleginnen, haupt- und ehrenamtliche Mitarbeitende, engagierte Menschen vor Ort – auch jenseits der kirchengemeindlichen Grenzen.«[90] Die Fähigkeit zum Miteinander muss eingeübt werden – auch bereits in der ersten Ausbildungsphase.

5 Kooperation & Konkurrenz – Konsequenzen für die Ausbildung

Wenn die pastorale Identität aller kirchlichen Berufsgruppen nur sinnvoll im Wissen um das Miteinander der Berufsgruppen in der Kirche entwickelt werden kann, müsste das weitreichende Konsequenzen für das Theologiestudium haben.

Einerseits muss sichergestellt werden, dass die hermeneutische Zentralkompetenz, die dem theologischen Beruf zukommt, auch wirklich in ihrer Breite erworben wird.

Dazu gehören viel stärker als bisher Bausteine zum Verstehen der gegenwärtigen Gesellschaft und Kultur. Nur teilweise angeboten (und leider auch nur teilweise von Studierenden rezipiert) sind ja Angebote zur Förderung der kirchen- und religionssoziologischen und kulturellen wie spirituellen *Wahrnehmungskompetenz* – ich rechne sie mit zur theologisch-hermeneutischen Kompetenz, weil Hermeneutik nicht allein auf Textauslegung, sondern auf Wirklichkeitswahrnehmung und -auslegung insgesamt zu beziehen ist –, also z. B. religionssoziologische Seminare zur Religiosität in Deutschland, Seminare zur jeweils aktuellen Kirchenmitgliedschaftsuntersuchung der EKD, zu Religion in Kunst und Medien etc. Der Blick auf die religiöse differenzierte Gesellschaft muss und kann bereits an der Hochschule eingeübt werden! Dazu gehört auch der interreligiöse Dialog und die Wahrnehmung fremder Religiosität. Insgesamt bedeutet dies, dass die Religionswissenschaft (inkl. Religionssoziologie und Religionspsychologie) als sechstes Hauptfach der Theologie unbedingt ausgebaut werden muss.

Zum zweiten ist die Fähigkeit zur *Kooperation* und *Teamfähigkeit* bereits im Studium einzuüben. »Mir fällt auf, wie sehr bereits die Struktur des Theologiestudiums die Studierenden zu EinzelkämpferInnen erzieht. Im Unterschied zu man-

---

[90] Ulrike Wagner-Rau, Wichter und unwichtiger zugleich: Pfarrberuf und religiöser Wandel, in: Pastoraltheologie 105 (2016), 169–184, 181.

chen anderen Studiengängen gibt es relativ wenig Projektarbeit [...]. Kooperation wird im Studium wenig eingeübt.«[91] Und auch in der pastoralen Praxis nimmt die Teamfähigkeit keineswegs automatisch zu. »Die *Bereitschaft zur Teamarbeit*, von der jüngeren Generation durchaus gewünscht, scheint im Laufe der Tätigkeit abzunehmen.«[92] Kooperation und Teamarbeit sind also bewusst zu suchen und zu trainieren. Dabei ist keiner naiv harmonistischen Vorstellung von Kooperation das Wort zu reden. Wo es verschiedene Kompetenzen gibt, die zusammenarbeiten sollen, entstehen auch Konkurrenzen. Es käme darauf an, besonnen die eigenen Stärken wie Schwächen wahrnehmen zu können und ins produktive Spiel der Kräfte und Begabungen einzubringen. Ziel ist »eine gebändigte, begrenzte und in diesem Sinne konstruktive Konkurrenz.«[93] Zur Leitungsfähigkeit gehört heute notwendig dazu, die Charismen der Anderen zu würdigen und zu fördern. »Leiten bedeutet: eine Alpha-Rolle zwar einzunehmen, aber nicht um andere klein zu machen, sondern um sie groß werden zu lassen. Leiten heißt: sein eigenes Profil erkennen zu geben, nicht aber, es absolut zu setzen. Leiten heißt: Teamfähigkeit zu entwickeln.«[94]

Zum dritten gehört die *Beschäftigung mit der Vielfalt kirchlicher Berufe* und ihren Eigenarten bereits in das Studium selbst hinein: Einerseits inhaltlich in alle ekklesiologischen und amtstheologischen Lehrveranstaltungen; Pastoraltheologie sollte m. E. nur mehr als Theorie kirchlicher Berufe betrieben werden. Auch in der Kirchengeschichte gehören die geschichtlichen Entwicklungsstränge der anderen Berufsgruppen mit in die Kirchengeschichtsdarstellungen hinein (z. B. die Entwicklung des Kirchenmusikerstandes). Und auch in den praktisch-theologischen Examina sollte das Thema stärker präsent sein! Neben der explizit inhaltlichen Beschäftigung mit der Vielfalt kirchlicher Dienste und Berufe sind kooperative Module zu entwickeln, wo Studierende verschiedener kirchlicher Berufe aufeinander treffen:

- als gemeinsames Basismodul zu Fragen der Kirchenkunde und des kirchlichen Auftrags zu Beginn des Studiums;
- als Baustein der Auswertungsseminare zu den Gemeindepraktika, die teils auch berufsübergreifend abgehalten werden könnten;
- als Vertiefungsmodul im Hauptstudium, wo etwa Seminare zum Thema »Jugendtheologie« oder »Kybernetik« regelmäßig berufsübergreifend angeboten werden sollten;
- in der zweiten und dritten Ausbildungsphase durch verstärkte Berufsgruppenübergreifende Ausbildungsmodule (etwa in Gemeindepädagogik und Kybernetik, was manchen Orts auch bereits so institutionalisiert ist).

---

[91] MICHAEL KLESSMANN, Konkurrenz und Kooperation im Pfarramt, in: Pastoraltheologie 90 (2001), 368–383, 380.
[92] WAGNER-RAU, Pastoraltheologie (s. Anm. 16), 112.
[93] KLESSMANN, Konkurrenz (s. Anm. 91), 383.
[94] SCHNEIDER/LEHNERT, Berufen (s. Anm. 16), 102.

Ausdrücklich soll hier darauf verwiesen werden, diese Vorschläge nicht einseitig im Sinne einer reinen Praxis-Begegnung in Handlungsfeldern misszuverstehen. Die notwendige Fähigkeit zur Kooperation und zur Teamarbeit bedarf gerade auch des vertieften gemeinsamen konzeptionellen und damit auch theoretischen Arbeitens. »Nicht einfach mehr Praxis im Studium orientiert das theologische Studium auf die Praxis, sondern nur die in die Reflexivität der Theologie eingelassene Wahrnehmung religiöser Praxis dient der praktischen Bildung.«[95] Gerade in Zeiten intensivierter Reformbedarfe benötigen PfarrerInnen »konzeptionelles Denken im weiten Horizont«[96], das nicht nur die individuellen Biographie- und Berufserfahrungen verlängert.

Je mehr die Reflexion der eigenen beruflichen Identität sich dabei gleichzeitig auf die Berufsprofile auch anderer kirchlicher Berufsgruppen und auf die Rolle von Ehrenamtlichen bezieht und sie konzeptionell integriert, umso leichter wird es zukünftig fallen, das eigene Profil zu schärfen und zu einer geklärten je eigenen pastoralen Identität zu finden.

---

[95] BIRGIT WEYEL, Pfarrberuf, in: WILHELM GRÄB/BIRGIT WEYEL (Hrsg.), Handbuch Praktische Theologie, Gütersloh 2007, 639–649, 648.
[96] WAGNER-RAU, Pastoraltheologie (s. Anm. 16), 112.

TIEFENAUFKLÄRUNG UND (PROTO-)THEOLOGIE

Konsequenzen für das Theologiestudium

Stephan Mikusch

1 EINLEITUNG

Die These dieses Beitrages ist, dass das Theologiestudium als *Sinnentwurf*[1] in seiner anthropologischen Tiefe, wie Thomas Rentsch sie expliziert, verstanden werden muss. Dazu sollen zuerst Grundzüge der Anthropologie Thomas Rentschs skizziert werden. Zweitens soll ein Blick auf die Theologie als »positive Wissenschaft« geworfen werden, um Schleiermachers anthropologische Annahmen hinter der Theologie zu beleuchten. Schließlich leiten die philosophisch-theologischen Einsichten Thomas Rentschs zu abschließenden Thesen zum Theologiestudium über.

2 GRUNDZÜGE DER ANTHROPOLOGIE THOMAS RENTSCHS

2.1 Negativität

Negativität lässt sich im Programm Thomas Rentschs in zwei Dimensionen unterscheiden. Zuerst ist damit ein methodisches Moment bezeichnet, was sich sehr gut an seinem Buch *Gott*[2] zeigen lässt: Das erste Kapitel widmet sich der expliziten Darlegung, wie *nicht* von Gott geredet werden soll, um dann im zweiten Kapitel die *Prototheologie* – theologisch gesprochen: die Fundamentaltheologie – darzustellen. Dabei geht es nicht allein darum, Defizite der Tradition ans Licht zu bringen, sondern vielmehr auch deren Wahrheitsmomente herauszuarbeiten, zu konservieren und dann schließlich für die positive Explikation fruchtbar zu machen.

---

[1] Dabei handelt es sich um einen zentralen Begriff der Philosophie Thomas Rentschs. In diesem Sinne, wie ich ihn unter 2.3 ab Seite 52 genauer vorstelle, ist er in diesem Aufsatz gebraucht.

[2] THOMAS RENTSCH, Gott (Grundthemen Philosophie), Berlin/New York 2005, 8: »Diese negativ-kritische Methode hat die Funktion, bereits formal und aus sinnkritischer Perspektive den Status der Rede von Gott wie auch der damit verwobenen Praxis von grundlegenden Missverständnissen freizuhalten.«

Die zweite Funktion ist programmatisch und mit einem Grundgedanken seiner Philosophie verbunden:

»Um das Urphänomen der *lebensweltlichen, dialektischen Sinnkonstitution* zu erreichen und zu erhellen und um die mit ihm verbundenen Einzelphänomene in ihrer inneren Komplexität genau zu erfassen, ist der Blick auf das Negative zentral und unverzichtbar [...]. Kant fragt: Was kann ich wissen? Was soll ich tun? Was darf ich hoffen? Was ist der Mensch? Betrachtet man die kritische Transzendentalphilosophie näher, so lässt sie sich viel besser als Versuch der Beantwortung der folgenden Fragen verstehen: Was kann ich definitiv *nicht* wissen? Was kann und soll ich *nicht* tun? Was ist der Mensch jedenfalls *nicht*? Das Hauptwerk heißt nicht ›Die reine Vernunft‹, sondern bekanntlich ›Kritik der reinen Vernunft‹.«[3]

Bei *Negativität* handelt es sich also um einen anthropologischen Grundbegriff, der einen vertieften Blick auf den Menschen ermöglicht, indem eben nicht mehr gefragt wird, was der Mensch in seinem Wesen ist, sondern *Menschsein* aus negativer Perspektive untersucht wird. »Die Negativität, die hier gemeint ist, ist prinzipieller Natur. Sie betrifft und konstituiert (*ex negativo*) alle menschlichen Handlungsmöglichkeiten.«[4] Die Frage oder das Grundanliegen der Philosophie ist eben nicht die Frage: »Was ist der Mensch?«, sondern die Frage nach der Möglichkeit einer menschlichen Welt; damit bewegen wir uns mit der Untersuchung nach der *Konstitution der Moralität* in der Ethik.[5] Es wird aber auch die *praktische Dimension* schon deutlich, auf die hin Rentschs Anthropologie grundgelegt ist. Es handelt sich eben nicht um eine rein vorhandenheitsontologische Frage, sondern um eine konkret praktische, geradezu lebensrelevante Frage.[6]

Wenn Negativität die menschlichen Handlungsmöglichkeiten konstituiert, so ist nun nach den Unmöglichkeiten menschlichen Handelns zu fragen. Dabei lassen sich pragmatische Unmöglichkeiten (dass man eine Sprache nicht beherrscht) von unbedingten oder absoluten Unmöglichkeiten (dass man nicht an zwei Orten zugleich sein kann) unterscheiden. In diesem Sinne lassen sich drei Negativitäts- oder Unmöglichkeitsbedingungen aufzeigen:[7]

1. Der *Satz von der Grundlosigkeit unseres Handelns*. Es geht nicht darum, dass jedes menschliche Handeln im Grunde Willkür ist, sondern dass man hinter sein Handeln letztlich nicht zurückgehen kann: *dass* wir handeln können, ist unerklärbar. »Es lässt sich kein vorhandener, vergegenständlichbarer ›Grund‹ unseres Handelns feststellen, keine positivierbare Basis, auch kein ›Kern des Ich‹.«[8]

---

[3] THOMAS RENTSCH, Negativität und dialektische Sinnkonstitution, in: EMIL ANGEHRN/ JOACHIM KÜCHENHOFF (Hrsg.), Die Arbeit des Negativen. Negativität als philosophisch-psychoanalytisches Problem, Weilerswist 2014, 61–77, 64.
[4] RENTSCH, Negativität und dialektische Sinnkonstitution (s. Anm. 3), 66.
[5] Vgl. THOMAS RENTSCH, Die Konstitution der Moralität. Transzendentale Anthropologie und praktische Philosophie, Frankfurt a. M. 1990, 60–65.
[6] Außerdem ist zu betonen, dass die eingangs erwähnte Unterscheidung hier nur der Darstellung dient, sie lässt sich im Programm Rentschs nicht konsequent durchhalten.
[7] Vgl. RENTSCH, Negativität und dialektische Sinnkonstitution (s. Anm. 3), 66–69.
[8] RENTSCH, Negativität und dialektische Sinnkonstitution (s. Anm. 3), 67.

2. Der *Satz von der Unmöglichkeit, die einzigartige Ganzheit unseres Lebens zu vergegenständlichen*. Hiermit ist die grundsätzliche Entzogenheit meiner selbst gemeint, *individuum est ineffabile*. »Die einzigartige Ganzheit jedes Augenblicks der Gegenwart ist unfassbar, unvorstellbar. *Dass* die Welt meine Welt ist – in jedem unsagbaren Augenblick –, gehört zum Sinn unseres Menschseins. Aber diese Dimension ist durch nichts in der Welt charakterisierbar, und auch durch nichts außerhalb der Welt.«[9] Selbst das Wort »Ich« ist schon eine Entfremdung von mir selbst.
3. Die *sinnkonstitutive Entzogenheit der Mitmenschen bzw. die interexistentielle Unverfügbarkeit*. Hiermit wird zunächst einer subjektivistischen Engführung des Verständnisses von Negativität Einhalt geboten. *Dass* wir uns auf andere Menschen verlassen können, ist konstitutiv für gemeinsame Praxis. Dieser Grundsatz »[...] lässt sich auch als Satz von der Unmöglichkeit der technischen Sicherung interpersonaler Verhältnisse formulieren.«[10]

Diese Unmöglichkeiten sind nun allerdings konstitutiv für die Eröffnung von Sinnpotentialen und Horizonten überhaupt. Erst die Unmöglichkeit etwas in seiner Ganzheit zu fassen, ermöglicht etwas überhaupt zu fassen, überhaupt Erfahrungen zu machen. Rentsch verdeutlicht dies am Beispiel einer Photographie zweier Kinder, die am Meer mit einem Ball spielen: »Wir *verstehen* die Szene in ihrer augenblicklichen Erstarrung nur, weil wir sie nach ›hinten‹ in die Vergangenheit und nach ›vorne‹ in die Zukunft *prinzipiell verlängern*, d. h. ergänzen können.«[11]

> »Die Nicht-Festgelegtheit der Wiederholungsmöglichkeit weist als Basisphänomen auf eine *negative Anthropologie der Freiheit*, die letztlich von der Unbestimmtheit unseres Wesens handelt: von der Unmöglichkeit einer positiven Wesensbestimmung des Menschen.«[12]

Wenn man dieser Grundlegung folgt, so lässt sich schon jetzt im Blick auf das Theologiestudium – wenn es denn fundamental mit dem Menschsein zusammenhängt – festhalten, dass es *prinzipiell* nicht auf *die eine Idealform* reduzierbar ist. Vielmehr ist man darauf angewiesen aufzuzeigen, was genau der Nährboden ist, in dem das, was im Rahmen dieses Sammelbandes als »pastorale Identität« bezeichnet wird, wachsen kann. Vorausgesetzt ist dabei, dass es für bestimmte Menschen tatsächlich fundamental zum Menschsein dazugehört, ebendiese Identität zu haben, besser: sie zu *sein*. Weiterhin lässt sich auf dem Hintergrund von Thomas Rentsch dieser Gedanke so verallgemeinern, dass *jede* Identität in ihrer unaussprechlichen Ganzheit nicht auf den Begriff gebracht werden kann. Das gilt es nun auszuführen.

---

[9] Rentsch, Negativität und dialektische Sinnkonstitution (s. Anm. 3), 68.
[10] Rentsch, Negativität und dialektische Sinnkonstitution (s. Anm. 3), 69.
[11] Thomas Rentsch, Kommunikative Interexistentiale und praktische Weltkonstitution, in: Dietfried Gerhardus/Silke M. Kledzik (Hrsg.), Schöpferisches Handeln (Studia Philosophica et Historica 16), Frankfurt a. M. 1991, 35–44, 36.
[12] Rentsch, Negativität und dialektische Sinnkonstitution (s. Anm. 3), 73.

2.2 Interexistentialität

Im Grunde meint Interexistentialität die Konstitutionsbedingungen des Menschen, allerdings – in Abgrenzung zu Heidegger – nicht die des einzelnen (isolierten) Subjektes. »›Wirklichkeit‹ [...] ist näherhin als eine *kommunikative, transzendentale und praktische Lebensform der Menschen* zu analysieren und zu verstehen.«[13] Dementsprechend hat die Interexistenz den Primat vor der (individuellen) Existenz; einfach ausgedrückt: das je individuelle Leben, die je individuell erlebte Situation lässt sich nur von einer vorhergehenden Gesamtsituation heraus verstehen. In Anlehnung an Heidegger formuliert Rentsch drei Interexistentiale:

1. Die *Welt*, in der wir leben, ist allen subjektiven Äußerungen und intersubjektiven Handlungszusammenhängen in ihr vorausliegend. »*Die apriorische Situationalität ist interexistentiell verfaßt.*«[14]
2. Das *gemeinsame Leben* geht je meinem Leben als Interexistential voraus, da ich erst im Leben mit Anderen meine eigenen Sinnentwürfe entwerfen und verstehen lerne.
3. Zuletzt die *Sprache*, in der sich mir je meine Lebenssituationen erschließen. »Primär ist der Zugang zu mir selbst interexistentiell grammatisch konstituiert.«[15]

Will man also ›den‹ Menschen verstehen, so ist zu beachten, dass man ihn nicht isoliert – gleichsam auf dem Reißbrett entworfen – in die Zusammenhänge menschlicher, gemeinschaftlicher Praxis einordnen kann. Gleichzeitig gilt, dass wir, auch wenn wir den Menschen in seinen interexistentiellen Bezügen verstehen, ihn nicht wiederum zum isolierten Einzelsubjekt stilisieren dürfen. »Insofern ist die Rede von einer subjektiven Praxis eine *contradictio in adiecto*. [...] *Praxis ist überhaupt nur möglich, wenn mehrere Handelnde das Gleiche tun.*«[16] Zum Menschsein gehört Praxis, Praxis wiederum setzt eine Gemeinschaft voraus, in der Praxis überhaupt möglich ist. Man könnte auch sagen, der Mensch der Anthropologie ist immer ein *jemand*, der in konkrete gemeinschaftliche Praxis eingebettet ist, niemals ein *vorhandenheitsontologisches Ding*, das in gewisse Praktiken einzuordnen ist oder gar sich einzuordnen hat.

> »Das isolierte *ich* muß mit Verben gesättigt werden, ohne die es stumm und tot dasteht. Mit den Verben reicht das *ich* in die *öffentlich situativ erschlossene Handlungswelt des gemeinsamen Lebens*, in die Interexistenz, in die es als von jedem verwendbares Wort ohnehin gehört. Nicht isoliert, sondern *nur* in den Lebensvollzügen des alltäglichen Existierens hat es Sinn.«[17]

Schließlich gilt es zu betonen, dass es sich bei Interexistentialen eben nicht um Eigenschaften von Subjekten handelt, sondern um »[...] Grundzüge des gemeinsa-

---

[13] RENTSCH, Konstitution der Moralität (s. Anm. 5), 155.
[14] RENTSCH, Konstitution der Moralität (s. Anm. 5), 156.
[15] RENTSCH, Konstitution der Moralität (s. Anm. 5), 157.
[16] RENTSCH, Konstitution der Moralität (s. Anm. 5), 159.
[17] RENTSCH, Konstitution der Moralität (s. Anm. 5), 160.

men Lebens, und als solche benennen sie zwischenmenschliche Beziehungen.«[18] Auf den Punkt gebracht wird dies mit dem Begriff der *wechselseitigen Konstitution*.

> »Die wechselseitige Konstitution muss so begriffen werden, daß wir Menschen werden (im Sinne der Konstitution einer menschlichen Welt, nicht lediglich genetisch), *indem wir in die kommunikative Realität einer gemeinsamen Welt eintreten*. In dieser kommunikativen Realität lernen wir uns selbst kennen. *Vor* und außerhalb der kommunikativen Realität von ›uns‹ zu reden, hat gar keinen Sinn. [...] Ich finde etwas über mich selbst heraus, indem ich etwas tue – in der öffentlichen Handlungswelt. Ich muß dazu Interexistentiale praktizieren, sie aktualisieren, das heißt: *nicht* Eigenschaften meiner selbst, sondern Grundzüge des gemeinsamen Lebens.«[19]

Zu diesen Interexistentialen[20] zählt Rentsch u. a. ökonomische (tauschen und handeln), pädagogische (lehren und lernen) aber auch religiöse Interexistentiale (meditative und kongregative). Für unsere Überlegungen zu pastoraler Identität stellt sich zunächst einmal die Frage nach ihrer Einordnung in die Interexistentialität. Es ließe sich tatsächlich überlegen, inwiefern sich das ordinierte Amt als Interexistential reformulieren ließe. Immerhin repräsentiert die ordinierte Amtsperson qua Amt auch die Evangelische Kirche und ist damit nicht nur (liturgisch/organisatorisch) handelnd innerhalb einer religiösen Gemeinschaft tätig, sondern über diese religiöse Gemeinschaft hinaus als Amtsperson sicht- und ansprechbar. Dieser Beitrag soll sich allerdings der ebenso spannenden Schnittstelle von Universität und Kirche widmen.

Für die pastorale Identität ist zunächst festzuhalten, dass sie kommunikativ, das bedeutet, als *Praxis* begriffen werden muss. Sie kann nicht etwas sein, was man *hat* oder einmal sich *erarbeitet* hat. Ob sie jetzt primär dem pädagogischen Interexistential (Ausbildung) oder dem religiösen (Blick auf liturgische Tätigkeit) zuzuordnen ist, erscheint an dieser Stelle zweitrangig – mir scheint, dass man sie gerade nicht einer bestimmten menschlichen Lebensform zu- und beiordnen kann, macht zwar einerseits die Schwierigkeit dieser Thematik aus, deutet andererseits aber darauf hin, dass wir es hier tatsächlich mit einer Grundform menschlichen Lebens zu tun haben. Die Frage, die sich hier schon andeutet und die es im nächsten Abschnitt zu präzisieren gilt, lautet: wie lässt sich theologische Ausbildung so strukturieren, dass in ihr pastorale Identität sich ausbilden kann?

---

[18] RENTSCH, Konstitution der Moralität (s. Anm. 5), 160. Die Kürze dieses Beitrages verhindert leider, sich in der Länge und Genauigkeit mit der Rentschen Philosophie auseinanderzusetzen, die sie verdient. Hier nur ein Hinweis, um ein naheliegendes Missverständnis auszuschließen, auf das Rentsch selbst eingeht: Interexistentialität wäre grundlegend missverstanden, wenn die Reihenfolge ›Subjekt konstituiert (Um-)Welt‹ einfach umgekehrt würde, sodass die (Um-)Welt das Subjekt konstituiert. »Schließlich verbirgt sich in der bloßen Umkehrung der Konstitutionsrichtung auch ein *regressus in infinitum*: Woher bezieht das jeweilige ›du‹ seine Verfassung? Als selbst ein ›ich‹ betrachtet, setzt es wiederum ein ›du‹ voraus« (164). Hier kommt zum Tragen, was Rentsch unter »Gleichurspünglichkeit« fasst (vgl. 94–101).

[19] RENTSCH, Konstitution der Moralität (s. Anm. 5), 164.

[20] Für die Liste der Beispiele vgl. RENTSCH, Konstitution der Moralität (s. Anm. 5), 165.

2.3 Sinn

Bei der Frage nach Sinn geht es nicht um *den* Sinn des Lebens, sondern vielmehr um »[...] die entscheidende *Grundform menschlicher Weltorientierung*.«[21] Von daher spricht Rentsch in diesem Zusammenhang von ›praktischen Sinnentwürfen‹. Schon bei den Überlegungen zur Interexistentialität klang an, was hier nun noch einmal explizit werden muss: dass menschliches Leben im Prozess, d. h. praktisch verstanden werden muss. Denn keine menschliche Handlung kann ohne ihren situativen Sinnhorizont gedacht werden. »Dieser Horizont ist dem Handeln nicht äußerlich, gleichsam wie eine es umkleidende Hülle, sondern gehört *als jeweilige Erfüllungsrichtung* zum Handeln untrennbar dazu.«[22] Um noch einmal das Beispiel der spielenden Kinder zu gebrauchen: erst im Horizont der Erfüllungsgestalten (das eine Kind hat den Ball gerade geworfen, das andere will ihn jetzt fangen) lässt sich die Photographie verstehen. Erst in dieser Ganzheit lassen sich Situationen überhaupt verstehen. Was Rentsch die *primäre Welt*[23] nennt, nämlich die konkrete Lebenswelt, die aller Theoriebildung vorausgeht, lässt sich ohne minimale, ganze Sinnentwürfe nicht verstehen.

> »Der Grundsatz: ›Wir können die primäre Welt nicht verlassen‹ präzisiert sich so zu einem *hermeneutischen Holismus der Sinnentwürfe und Erfüllungsgestalten*. Hinter sie gelangen wir nicht zurück. Außerhalb ihrer können wir weder ein Ereignis der Geschichte noch ein Ereignis unserer eigenen Biographie verstehen. [...] *Stets zeigen sich in der primären Welt elementare Sinngestalten minimaler Komplexität*. Und: *Gerade aufgrund* dieser Minimalbedingung der Sinnkonstitution vermögen sich neben gelungenen Gestalten insbesondere auch *verzerrte* und *beschädigte* Gestalten zu zeigen.«[24]

Will man also *sinnvoll* über pastorale Identität nachdenken, so hat man es mit einem fundamental *hermeneutischen* Problem zu tun, das sich weder rein empirisch noch durch reine Theoriebildung lösen lässt, indem ein bestimmter *Idealtypus* einer Amtsperson entworfen wird. Die *Untrennbarkeit* von Sinnentwurf und seiner Erfüllungsgestalt – klassisch: die Untrennbarkeit von »Sein« und »Sollen« – ist für Sinnentwürfe überhaupt konstitutiv. So verstehe ich auch das Fazit von Regionalbischof Stefan Ark Nitsche:

> »Jede, jeder [...] ist durch die Taufe in die Wahrnehmung des Auftrags Jesu gerufen, egal an welchem Ort in der Kirche und in der Gesellschaft, egal in welchem kirchlichen (oder auch nicht kirchlichen) Beruf. Diese Wahrnehmung hat unterschiedliche Dimensionen in je unterschiedlichen Gewichtungen, und sie realisiert sich dann im jeweiligen kirchlichen Beruf oder vereinbarten Ehrenamt in unterschiedlichen Grundaufgaben – ebenfalls mit unterschiedlichen Gewichtungen und selten exklusiv.«[25]

---

[21] Rentsch, Konstitution der Moralität (s. Anm. 5), 115.
[22] Rentsch, Konstitution der Moralität (s. Anm. 5), 115.
[23] Vgl. Rentsch, Konstitution der Moralität (s. Anm. 5), 60–65, bes. 62.
[24] Rentsch, Konstitution der Moralität (s. Anm. 5), 117. Nebenbei liegt hier auch die Begründung menschlicher Fehlbarkeit und der Fragilität menschlicher Sinnentwürfe. Sie lassen sich nur von der Sinnerfüllung, die aus bestimmten Gründen eben nicht eingetreten ist, denken.
[25] Stefan Ark Nitsche, Rummelsberger Impulse. Symposion vom 12.–13. Januar 2018 in Rummelsberg im Rahmen des Prozesses »Miteinander der kirchlichen Berufs-

Oder, näher an Rentsch formuliert: das Ziel kann eben nicht sein, *einen bestimmten Sinnentwurf zur Norm menschlicher Praxis zu machen.* Aus dem Fazit geht außerdem hervor, dass selbst wenn man sich auf ein Proprium bestimmter technischer oder instrumenteller Vollzüge einigen könnte (dem Pfarramt fallen diese Aufgaben zu, der Kirchenmusik andere ...), so ist dies ja eben nicht völlig deckungsgleich mit der »Wahrnehmung des Auftrags Jesu«. Mit Rentsch gesprochen: »Denn, und dies ist die entscheidende Feststellung, *den bloß technischen und lediglich instrumentellen Vollzügen gehen die menschlichen Sinnentwürfe, sie ermöglichend, praktisch voraus.*«[26] Kurzum: pastorale Identität lässt sich nicht über die (pastorale) Tätigkeit *definieren.*

Ein weiteres Konstituens ist für die hier angestellten Überlegungen unerlässlich. Die Untrennbarkeit von Entwurf und Erfüllung »[...] ist derart, *daß in der Regel keine Unklarheit über die mögliche Erfüllungsgestalt besteht.*«[27] Daraus ist ersichtlich, dass jede Tätigkeit, besser: jeder Sinnentwurf, vom Einkaufen bis zu den großen Lebensfragen, jeweils mit einer bestimmten Vorstellung ihres Ziels und damit ihres Inhalts verbunden ist. Von daher kann man geradezu tautologisch festhalten, dass es so viele pastorale Identitäten gibt, wie es eben Pfarrerinnen und Pfarrer gibt. Zugespitzt: darin liegt die Dignität und auch die Freiheit einer jeden Amtsperson diese Identität auszufüllen und leben. Rentsch geht noch weiter: »*Daß der Mensch selbst als Sinnentwurf existiert und das praktische Vorwissen möglicher Erfüllungsgestalten für ihn orientierungskonstitutiv ist, das ist auch die Möglichkeitsbedingung der Erfahrung von Entfremdung und Entbehrung.*«[28]

Das bisher Gesagte lässt sich so zusammenfassen: wir haben es bei der Frage nach pastoraler Identität mit einem *bestimmten* Sinnentwurf zu tun. Gleichzeitig lässt sich dieser Sinnentwurf nicht verallgemeinern, weil hiermit fundamental das Menschsein betroffen ist. Würde pastorale Identität nur die technisch-instrumentellen Abläufe pastoraler Praxis bezeichnen – das wäre etwa im Blick auf die Wortverkündigung und die Verwaltung der Sakramente denkbar – hätten wir ein anderes Problem, oder vielleicht auch keines: dann wäre die Frage vielmehr, wie auf bestimmte Prozesse hin ausgebildet werden soll. Was muss jemand können, um das Abendmahl richtig einzusetzen? Kurzum: wir hätten ein *instrumentell-technisches Problem*, das allerdings leicht zu lösen wäre. Rechte Sakramentsverwaltung hieße dann die Sakramente liturgisch korrekt einzusetzen. *Prima vista* braucht es dazu keine vertiefte theologische Kenntnis. Reine Lehre ließe sich durch von der Kirchenleitung autorisierten Lesepredigten verwirklichen.

---

gruppen«, Fazit des Projektleiters Stefan Ark Nitsche, 82f., 2018, https://www.berufsgruppen-miteinander.de/system/files/dateien/rummelsberger_impulse.pdf (letzter Zugriff am 22.03.2019), 82.

[26] RENTSCH, Konstitution der Moralität (s. Anm. 5), 119.
[27] RENTSCH, Konstitution der Moralität (s. Anm. 5), 127. Rentsch zählt insgesamt sechs Konstituentien, die sich gebündelt auf Seite 129 nachlesen lassen.
[28] RENTSCH, Konstitution der Moralität (s. Anm. 5), 127f. Dass sämtliche Sinnentwürfe nicht gleichwertig nebeneinander stehen, es größere und kleinere gibt, betont Rentsch auch (vgl. bes. 123–125), das soll aber hier nicht weiter ins Gewicht fallen.

Aber der Pfarrbildprozess der ELKB zeigt ja gerade, dass pfarramtliche Tätigkeit sich eben nicht in diesen beiden Bereichen erschließt. Die eben gezeichnete Karikatur stößt schon deshalb an ihre Grenzen, weil sie suggeriert, dass die Reinheit der Evangeliumsverkündigung und das rechte Verwalten der Sakramente (CA 7) institutionell und instrumentell abgesichert werden könnten.[29] *Individuum est ineffabile* gilt ja nicht nur für die Pfarrperson, sondern auch für jedes Gemeindeglied. Von dort her bekommt die Frage nach pastoraler Identität ja erst ihre Virulenz: Wie werde ich in meiner theologischen Verantwortung und Kompetenz dem gerecht, was CA 7 »*recte docetur, et recte administrantur*« nennt? Wie kann ich ohne diese Identität ein Seelsorgegespräch führen? Wie eine Predigt vor einer je und je wieder neu individuellen Gemeinde halten? Wie einen Traugottesdienst feiern? Ohne das, was ›pastorale Identität‹ heißt, kann es keinen Pfarrberuf geben und die Bildung einer solchen Identität ist mithin eine genuin theologische und unerlässliche Aufgabe.

Aber wie sieht diese Identität aus? Im Anschluss an Thomas Rentsch können an dieser Stelle schon zwei Antworten gegeben werden: wenn pastorale Identität als *Norm auf dem Reißbrett definiert* wird, ist sie nicht nur im wahrsten Sinne des Wortes unmenschlich, sondern nimmt der Pfarrperson auch die je individuelle Würde, den Pfarrberuf als Sinnentwurf zu leben. Zweitens lässt sich pastorale Identität zwar nicht inhaltlich fixieren, wohl aber ist eine *strukturelle* Annäherung an sie möglich, wenn das Theologiestudium als Sinnentwurf verstanden wird. Das soll im kommenden Abschnitt vorbereitet werden.

3 Enzyklopädische Überlegungen

3.1 Positive Wissenschaft

Mit dem viel zitierten Diktum, dass Theologie eine »positive Wissenschaft« sei, beginnt Schleiermacher seine Ausführungen in der zweiten Auflage der *Kurzen Darstellung des Theologischen Studiums*:

> »Die Theologie in dem Sinne, in welchem das Wort hier immer genommen wird, ist eine positive Wissenschaft, deren Theile zu einem Ganzen nur verbunden sind durch ihre gemeinsame Beziehung auf eine bestimmte Glaubensweise, d. h. eine bestimmte Gestaltung des Gottesbewußtseins; die der christlichen also durch die Beziehung auf das Christenthum.«[30]

Hier ist nicht der Ort, um die enzyklopädischen Überlegungen Schleiermachers nachzuzeichnen und nach den einzelnen Disziplinen der Theologie zu fragen – namentlich der philosophischen, praktischen sowie der historischen Theologie

---

[29] Vgl. dazu den Beitrag von Wolfgang Schoberth in diesem Band, bes. 21f.
[30] Friedrich Daniel Ernst Schleiermacher, Kurze Darstellung des theologischen Studiums zum Behuf einleitender Vorlesungen, in: Ders.: Kritische Gesamtausgabe. Abt. 1, Schriften und Entwürfe, Bd. 6.: Universitätsschriften; Herakleitos; Kurze Darstellung des theologischen Studiums, hrsg. v. Dirk Schmid, Berlin 1998, 320–446, 325.

als die Begründung der praktischen und Bewährung der philosophischen.[31] Vielmehr sollen die *anthropologischen Grundannahmen* Schleiermachers beleuchtet werden, denn die Positivität der Theologie lässt sich nur anthropologisch verstehen, sind die Teile der Theologie doch zu einem Ganzen nur verbunden durch »eine bestimmte Gestaltung des Gottesbewußtseins«. Dass es sich um bestimmte Arbeitsweisen oder Fähigkeiten handelt, wird ja explizit ausgeschlossen:

> »Dieselben Kenntnisse, wenn sie ohne Beziehung auf das Kirchenregiment erworben und besessen werden, hören auf theologische zu sein, und fallen jede der Wissenschaft anheim, der sie ihrem Inhalte nach angehören.«[32]

Um der anthropologischen Grundlegung nachzuspüren, ist ein Blick in die §§3–6 der zweiten Auflage der *Glaubenslehre*[33] erhellend.

> »Das Gemeinsame aller noch so verschiedenen Äußerungen der Frömmigkeit, wodurch diese sich zugleich von allen anderen Gefühlen unterscheidet, also das sich selbst gleich Wesen der Frömmigkeit, ist dieses, daß wir uns unserer selbst als schlechthin abhängig, oder, was dasselbe sagen will, als in Beziehung mit Gott bewußt sind.«[34]

So der Leitsatz für den vierten Paragraphen, in dem der des dritten noch anklingt, ist doch die Frömmigkeit selbst weder Wissen noch Tun, sondern eine *Bestimmtheit des Gefühls oder des unmittelbaren Selbstbewusstseins*. Es ist diese Frömmigkeit, die die Basis aller kirchlichen Gemeinschaften ausmacht.[35] Spannend ist nun nicht, *dass* das unmittelbare Selbstbewusstsein gestimmt ist, sondern *wie* im Rahmen des Gefühls schlechthinniger Abhängigkeit.

Schleiermacher entwickelt dieses Gefühl der schlechthinnigen Abhängigkeit, also dem Bewusstsein einer Gottesbeziehung, aus einer Betrachtung des menschlichen Bewusstseins: Dabei unterscheidet er zwei Elemente des zeitlichen Bewusstseins, die Selbstempfänglichkeit und die Selbsttätigkeit. Schleiermacher beschließt diesen Gedanken: »Zu diesen Sätzen kann die Zustimmung unbedingt gefordert werden, und keiner wird sie versagen, der einiger Selbstbeobachtung fähig ist, und Interesse an dem eigentlichen Gegenstand unserer Untersuchung finden kann.«[36] Das ist mehr als eine süffisante Bemerkung; der Anspruch, den Schleiermacher an diesen Gedanken legt, ist eben nicht nur der der allgemeinen Verständlichkeit, sondern, damit einhergehend, auch der der allgemeinen Gültigkeit: Jeder, der guten Willens und vernünftig ist, sollte diesen Sätzen zustimmen können. Es ist insofern nicht überraschend, dass am Beginn der Glaubenslehre grundlegende anthropologische Gedanken entfaltet werden.

---

[31] Vgl. Schleiermacher, Darstellung (s. Anm. 30), 335f.
[32] Schleiermacher, Darstellung (s. Anm. 30), 328.
[33] Friedrich Daniel Ernst Schleiermacher, Der christliche Glaube, in: Ders.: Kritische Gesamtausgabe. Abt. 1, Schriften und Entwürfe, Bd. 13. Der christliche Glaube nach den Grundsätzen der evangelischen Kirche im Zusammenhange dargestellt, Teilbd. 1, hrsg. v. Dirk Schmid, Berlin 2003, 14–47.
[34] Schleiermacher, CG^2 (s. Anm. 33), 23.
[35] Vgl. Schleiermacher, CG^2 (s. Anm. 33), 15.
[36] Schleiermacher, CG^2 (s. Anm. 33), 25.

Wo nun die Selbstempfänglichkeit affiziert wird, fühlen wir uns abhängig, wo die Selbsttätigkeit überwiegt, spricht Schleiermacher von Freiheit. Abhängigkeit und Freiheit zeichnen somit nicht nur das Selbstbewusstsein aus, sondern beschreiben beide Pole, zwischen denen wir uns – ganz alltäglich – in der Welt bewegen. Wirft mir jemand einen Ball zu, lässt sich das Zusammenspiel von Abhängigkeit und Freiheit gut verstehen. Dass ich den Ball sehe, wie er auf mich zufliegt, also die Wirkung des Balls auf mich, betrifft den Bereich der Abhängigkeit; dass ich den Ball fange, ihm ausweiche oder nichts tue – denn nichts tun ist auch ein Tun – wäre die Wirkung der Freiheit.

In einem nächsten Schritt weitet Schleiermacher diesen Gedanken aus, indem er den im Bewusstsein von Abhängigkeit und Freiheit mitgesetzten Anderen zu einem Gesamtselbstbewustein denkt, das sich durch die Wechselwirkung des Subjekts mit Anderen auszeichnet. Schleiermacher verlässt damit die individuelle Ebene und verallgemeinert seinen Gedanken:

> »Demnach ist unser Selbstbewußtsein als Bewußtsein unseres Seins in der Welt oder unseres Zusammenseins mit der Welt, eine Reihe von geteiltem Freiheitsgefühl und Abhängigkeitsgefühl; schlechthinniges Abhängigkeitsgefühl aber, d. h. ohne ein auf dasselbe Mitbestimmende bezügliches Freiheitsgefühl, oder schlechthinniges Freiheitsgefühl, d. h. ohne ein auf dasselbe Mitbestimmende bezügliches Abhängigkeitsgefühl gibt es in diesem ganzen Gebiete nicht.«[37]

Auf beiden Ebenen, der individuellen und der der Weltgemeinschaft, ist solch ein schlechthinniges Abhängigkeitsgefühl *in* der Welt schlechterdings unmöglich; gleiches gilt für ein schlechthinniges Freiheitsgefühl. Einfach gesagt: Niemand, weder ein Individuum noch eine Weltgemeinschaft, kann reagieren ohne zu agieren, oder agieren ohne zu reagieren.

Dabei lassen sich schlechthinnige Freiheit und Abhängigkeit noch einmal unterscheiden. Schlechthinnige Freiheit ist deshalb für einen Menschen unmöglich, weil seine Freiheit, also seine Selbsttätigkeit immer auf etwas hin ausgerichtet werden muss. Wenn ich etwas auf etwas hin tue, kann ich nicht schlechthin frei sein, da das Ziel, auf das hin ich etwas tue, mich nicht nur vorher affiziert haben, sondern auch meinem Tun eine Richtung gegeben haben muss. Diese Einschränkung gilt für die schlechthinnige Abhängigkeit nur, sofern sie von einem Gegenstand in der Welt ausgeht; geht sie allerdings von Gott aus, gilt diese Einschränkung nicht.

> »Wenn aber schlechthinnige Abhängigkeit und Beziehung zu Gott [...] gleichgestellt wird: so ist dies so zu verstehen, daß eben das in diesem Selbstbewußtsein mitgesetzte *Woher* unseres empfänglichen und selbsttätigen Daseins durch den Ausdruck Gott bezeichnet werden soll, und dieses für uns die wahrhaft ursprüngliche Bedeutung desselben ist. Hierbei ist nur zuerst noch aus dem vorigen zu erinnern, daß dieses Woher nicht die ist in dem Sinne der Gesamtheit des zeitlichen Seins, und noch weniger irgendein einzelner Teil derselben.«[38]

Mit dem Ausdruck »Gott« ist das Gefühl der schlechthinnigen Abhängigkeit in Worte gefasst, es ist die grundlegende Beziehung, die alle Beziehungen in sich

---

[37] SCHLEIERMACHER, CG² (s. Anm. 33), 26.
[38] SCHLEIERMACHER, CG² (s. Anm. 33), 28f.

schließt. Will man also von einer ursprünglichen Offenbarung reden – und hierbei hat man es in der Tat, paradox ausgedrückt, mit einer Form *natürlicher Offenbarungstheologie* zu tun –, »[...] so wird immer eben dieses damit gemeint sein, daß dem Menschen [...] auch das zum Gottesbewußtsein werdende unmittelbare Selbstbewußtsein [...] gegeben ist.«[39] Damit ist der Mensch nicht einfach nur als Offenbarungsempfänger beschrieben, sondern damit ist ihm auch eine Perspektive aufgezeigt. Schlechthinnige Abhängigkeit ist rein punktuell nicht zu verstehen, was am sechsten Paragraphen besonders deutlich werden wird. Hier begnügt sich Schleiermacher erst einmal mit dem Hinweis: »In welchem Maß nun während des zeitlichen Verlaufs einer Persönlichkeit dieses wirklich vorkommt, in eben dem schreiben wir dem Einzelnen Frömmigkeit zu.«[40]

> »Das fromme Selbstbewußtsein wird wie jedes wesentliche Element der menschlichen Natur in seiner Entwicklung notwendig auch Gemeinschaft, und zwar einerseits ungleichmäßig fließende, andrerseits bestimmt begrenzte, d. h. Kirche.«[41]

So der Leitsatz zum sechsten Paragraphen. Darin fasst Schleiermacher zuerst den fünften gut zusammen: »Wenn das schlechthinnige Abhängigkeitsgefühl, wie es sich als Gottesbewußtsein ausspricht, die höchste Stufe des unmittelbaren Selbstbewußtseins ist: so ist es auch ein der menschlichen Natur wesentliches Element.«[42] Hiermit ist der Schritt von der Beziehung des Menschen zu Gott, die offenbarungstheologisch kontingent sein könnte, zu einer Veranlagung der menschlichen Natur schließlich vollzogen. Anders gesagt ist offenbarungstheologisch nun die Pointe, dass in der menschlichen Natur aufscheint, was seit je in ihr angelegt ist.

Die Differenzierung zwischen ungleichmäßig fließender und bestimmt begrenzter Gemeinschaft ergibt sich nun aus den jeweils persönlichen Neigungen der Menschen: »[...] so haben auch eines jeden fromme Erregungen mehr Verwandtschaft mit denen der einen als mit denen der andern, und die Gemeinschaft des frommen Gefühls geht ihm also leichter vonstatten mit jenen als diesen.«[43] Am Bild der Familie verdeutlicht Schleiermacher, was er sich unter einer begrenzten Gemeinschaft vorstellt. So wie Familienmitglieder durch Gemeinsamkeiten wie Sprache, Sitten, etc. verbunden und für Fremde damit nach außen abgeschlossen sind, so gilt dies auch für religiöse Gemeinschaften:

> »Jede solche relativ abgeschlossene fromme Gemeinschaft, welche einen innerhalb bestimmter Grenzen sich immer erneuernden Umlauf des frommen Selbstbewußtseins und eine innerhalb derselben geordnete und gegliederte Fortpflanzung der frommen Erregungen bildet, so daß irgendwie zu bestimmter Anerkennung gebracht werden kann, welcher Einzelne dazugehört und welcher nicht, bezeichnen wir durch den Ausdruck *Kirche*.«[44]

---

[39] SCHLEIERMACHER, CG² (s. Anm. 33), 30.
[40] SCHLEIERMACHER, CG² (s. Anm. 33), 30.
[41] SCHLEIERMACHER, CG² (s. Anm. 33), 41.
[42] SCHLEIERMACHER, CG² (s. Anm. 33), 41.
[43] SCHLEIERMACHER, CG² (s. Anm. 33), 43.
[44] SCHLEIERMACHER, CG² (s. Anm. 33), 45.

Nach dieser kurzen Darstellung wird klar, warum die anthropologische Dimension unerlässlich ist, wenn über die Theologie als »positive Wissenschaft« gesprochen wird. Ihre Positivität erlangt sie dadurch, dass sie auf eine bestimmte Gestaltung des Gottesbewusstseins bezogen ist und wesentlich auf das Kirchenregiment[45] abzielen muss. Beides, die Gestaltung des Gottesbewusstseins und die Kirche selbst, müssen eine anthropologische Wurzel haben, sonst müsste man die Theologie anders untermauern oder eben ihre Positivität in Frage stellen.

Von den zu Beginn angestellten Überlegungen aus ist diese anthropologische Grundlegung des Theologiestudiums zu kritisieren. Grundsätzlich ist der Ansatz Schleiermachers zu würdigen. Es ist gut, wenn nach der anthropologischen Dimension des Theologiestudiums gefragt wird, will man als Begründung für eine akademische Theologie ein theologisches Argument anführen und nicht einfach auf die Existenz alter Staatskirchenverträge verweisen.

Das grundlegende Problem der Schleiermacherschen anthropologischen Konzeptualisierung des Gefühls der schlechthinnigen Abhängigkeit für die gegenwärtige Theologie liegt in ihrem Ausgang von einem ungeklärten Begriff von Subjektivität. Hier gilt es an die Interexistentiale der Welt, des gemeinsamen Lebens und der Sprache zu erinnern, wie Rentsch sie formuliert. Das macht die Überlegungen Schleiermachers keineswegs wertlos, aber sie bieten damit eben keinen *Anfangspunkt* für ein theologisches Programm. Bevor vom Individuum überhaupt *gesprochen* werden kann, sind eben schon Welt, Gemeinschaft und Sprache vorausgesetzt. Aufgrund der anfangs skizzierten Einsichten Thomas Rentschs ist einsichtig, dass Schleiermachers anthropologischen Voraussetzungen nicht einfach als evident vorausgesetzt werden können. Würden diese Voraussetzungen dann nicht für alle Menschen zu allen Zeiten gelten? Auch hier wäre mit Thomas Rentsch von einem vorhandenheitsontologischen *Ding* zu sprechen, nur eben nicht mehr von einem Subjekt, sondern von der menschlichen Natur. Damit wäre das Problem verlagert, aber nicht gelöst.[46]

Gleichzeitig wackelt damit die Positivität der Kirche. Warum können Kirchen nicht einfach nur – in ihrer Existenz überhaupt, nicht ihrer jeweiligen konkreten Ausgestaltung – kontingente historische Erscheinungen sein? Wenn es auch zu allen Zeiten eine Kirche gegeben haben mag, ist damit noch nicht ausgeschlossen, dass es keine Zeit geben *kann*, in der es keine Kirche gibt. Mit dem Rekurs auf die menschliche Natur wäre das unmöglich. Aber auch hier möchte ich Schlei-

---

[45] Das zu diskutieren, was genau Schleiermacher mit »Kirchenregiment« (vgl. etwa HANS-JOACHIM BIRKNER, Schleiermachers »Kurze Darstellung« als theologisches Reformprogramm, in: HELGE HULTBERG u. a. [Hrsg.], Schleiermacher in besonderem Hinblick auf seine Wirkungsgeschichte in Dänemark. Vorträge des Kolloquiums am 19. und 20. November 1984, Kopenhagen/München 1986, 59–81) bezeichnet, würden den Rahmen dieses Aufsatzes sprengen. Hier geht es erst einmal um die grundlegende Einsicht, dass Theologiestudium und Kirche fundamental aufeinander bezogen sind.

[46] Gerade an dieser Zuspitzung erkennt man die fundamentale Verbindung, die Thomas Rentsch zwischen Anthropologie und Ethik sieht; nicht umsonst heißt eines seiner Hauptwerke *Die Konstitution der Moralität*.

ermacher in dem Punkt Recht geben, dass Theologie, resp. das Theologiestudium, keine Einübung in eine Arkandisziplin sein soll. Dass sie es mit Techniken und Arbeitsweisen der jeweiligen Nachbardisziplinen zu tun hat, ist schlicht unerlässlich. Auch das ist schließlich eine Folge der anthropologischen Grundlegung Schleiermachers, die es zu konservieren gilt: dass nämlich das Theologiestudium prinzipiell für alle Menschen offen steht. Wenn allerdings das Kirchesein und damit das Theologiestudium – denn ohne das Ziel des Kirchenregiments kein *Theologie*studium – an einer Bestimmung der menschlichen Natur hängt, so ist dieser Ansatz revisionsbedürftig.

3.3 Tiefenaufklärung

Wie Thomas Rentsch den Begriff der »Tiefenaufklärung« entwickelt, lässt sich enzyklopädisch weiterarbeiten. Dabei gilt es freilich zu beachten, dass Rentsch dies für eine genuin philosophische Theologie entfaltet, die nicht eins zu eins auf eine evangelische Theologie umgemünzt werden kann. Dennoch vermag die Ausarbeitung der Rentschen Anthropologie eine Struktur vorzuzeichnen, die für die evangelische Theologie fruchtbar gemacht werden kann. Grundsätzlich gilt:

> »Aufklärung und absolute Transzendenz (Gottes) sind unlöslich verklammert; [...] Aufklärung muss die negative Theologie des Absoluten sinnkriterial festhalten und praktisch transformieren, und dies hat sie in ihren besten Kernbestrebungen auch getan.«[47]

Rentsch unterscheidet zwischen einer oberflächlichen Aufklärung und einer Tiefenaufklärung. Die oberflächliche Aufklärung orientiert sich vor allem an der technischen Machbarkeit resp. Umsetzbarkeit, ihr Merkmal ist die instrumentelle Vernunft. Aufklärung ist sie deshalb, weil die Technik, die sie hervorbringt, immer besser und subtiler wird, der Fortschrittsgedanke zeichnet sie aus. Dies gilt nicht nur für den Bereich der Naturwissenschaft und Technik, sonder auch in gewisser Weise für die Geschichtswissenschaft und die Ethik. Dabei ist wichtig zu betonen, dass diese Form der Aufklärung für Rentsch nicht einseitig negativ besetzt ist. Im Gegenteil, ohne sie wären wir nicht in der Lage, unseren Alltag überhaupt und immer besser zu bewältigen. Problematisch wird Aufklärung erst dann, wenn sie dabei stehen bleibt.

> »Die skizzierte naive, oberflächliche Form von Aufklärung gehört sicher zu jeder vernünftigen menschlichen Lebenspraxis. Sie liegt uns nahe. Ohne sie könnten wir unseren Alltag überhaupt nicht bewältigen und doch steckt in ihr auf ganz verdeckte, in ihrer Harmlosigkeit verborgene Weise eine mehrfache Gefahr. In ihr angelegt sind nämlich Illusionen der Machbarkeit, Illusionen der Verfügbarkeit, der Selbsttransparenz und Selbsterkenntnis, die in aller scheinbaren Harmlosigkeit den Keim von Usurpation und Entfremdung, von Totali-

---

[47] THOMAS RENTSCH, Die Entdeckung der Unverfügbarkeit. Zum Zusammenhang von Negativität und Sinnkonstitution im Horizont der biblischen Überlieferung, in: MARTIN FRÜHAUF/WERNER LÖSER SJ (Hrsg.), Biblische Aufklärung – die Entdeckung einer Tradition, Sechstes Sankt Georgener Symposion – getragen von der Stiftung Hochschule Sankt Georgen in Verbindung mit dem Fachbereich Katholische Theologie and der Johann Wolfgang Goethe-Universität in Frankfurt am Main 10./11. Oktober 2003, Frankfurt a. M. 2005, 53–64, 53.

tarismus und Irrationalismus in sich tragen, sowohl individuell wie sozial, sowohl wissenschaftlich wie politisch und religiös.«[48]

Vielmehr ist eine Aufklärung der Aufklärung nötig, um die transpragmatischen Sinnbedingungen, d. h. die, die jenseits der technisch-instrumentellen Machbarkeit liegen, von Vernunft und menschlicher Praxis überhaupt einsichtig zu machen. »Die oberflächliche Aufklärung verfehlt auf grundsätzliche Weise die Begrenztheit und Bedingtheit des Menschen und seiner Praxis, sie überschätzt die Möglichkeiten der Vernunft und Selbsterkenntnis, kurz: sie denkt Wissenschaft wie auch Gott falsch.«[49] Die These Rentschs ist nun, dass solche Aufklärungspotentiale in der religiösen Tradition ausfindig gemacht werden können. Aus Rentschs insgesamt fünf Beispielen scheint das erste – gerade im Bezug auf eine anthropologische Frage – das beste für diesen Aufsatz zu sein: die Schöpfung.

> »Zu den unverfügbaren, transpragmatischen Sinnbedingungen all unserer Vernunft und Praxis gehört zunächst fundamental das, was die Bibel Geschöpflichkeit, Kreatürlichkeit nennt. Die grundlegende praktische Einsicht, die sich hier philosophisch reformulieren lässt, ist die Einsicht, *dass wir uns nicht selbst geschaffen, gemacht, hergestellt haben*, sondern dass wir – bei allen wissenschaftlichen Erklärungsmöglichkeiten – auf letztlich unerklärliche Weise da sind. Und dies ist eine unaufhebbare Differenz.«[50]

Diese holistische Perspektive auf die menschliche Existenz ist letztlich auch die Begründung für die Kritik des cartesianischen Subjekts, für das vorhandenheitsontologische Ding, wie schon oben angeführt: »Dreihundert Jahre lang feierte man Descartes und mythisierte ihn zum Gründungsvater von Neuzeit und Aufklärung. Dreihundert Jahre brauchte die Philosophie, um mit Heidegger, Wittgenstein und der Phänomenologie aus der erkenntnistheoretischen Sackgasse der atomistischen Subjekttheorie wieder herauszukommen.«[51] Das Problem macht Rentsch als die »Sackgasse der atomistischen Subjekttheorie« aus, letztlich trifft dieses Subjektverständnis auch noch Schleiermacher, eine Sackgasse, in die eine biblische Vorstellung von Schöpfung nicht gerät. Denn unabhängig von dem technischen Fortschritt, den die Menschheit noch machen mag, wird unerklärlich bleiben, *dass* ein Universum existiert, *dass* es eine Sprache gibt, *dass* ich in Gemeinschaft mit Anderen lebe. Die Bibel nun als pseudo- oder protowissenschaftliche Erklärung dafür herzunehmen ist nicht im Sinne Rentschs. Sondern biblische Schöpfungstheologie – unabhängig von den jeweils exegetisch zu beachtenden theologischen Differenzen innerhalb der Bibel – verschafft dem Menschen, auch dem heutigen Menschen, einen tieferen Einblick in dieses *Dass* und gibt ihm eine Sprache an die Hand.

> »Indem die religiöse Aufklärung auf praktische Einsichten in die unverfügbaren, all unser Handeln transzendierenden Sinnbedingungen humaner Existenz hinweist und auf die-

---

[48] THOMAS RENTSCH, Der moderne Wissenschaftsbetrieb und die alte Gottesfrage, in: DERS.: Transzendenz und Negativität. Religionsphilosophische und ästhetische Studien, Berlin/New York 2011, 326–340, 330f.
[49] RENTSCH, Wissenschaftsbetrieb und Gottesfrage (s. Anm. 48), 332.
[50] RENTSCH, Wissenschaftsbetrieb und Gottesfrage (s. Anm. 48), 333f.
[51] RENTSCH, Wissenschaftsbetrieb und Gottesfrage (s. Anm. 48), 334.

sen insistiert, trägt sie zur tiefen Aufklärung und damit indirekt zur Kritik oberflächlicher Vernunft- und Aufklärungskonzeptionen bei. Sie trägt z. B. auch zur Kritik des Zur-Ware-Werdens des Lebens bei, die in der Form der Patentierung von Genen vorangetrieben wird. Das gilt für die gesamte menschliche Handlungssituation und ihr Verständnis. Während die oberflächliche Aufklärung durchsichtig über sich selbst verfügende, autonome Einzelsubjekte in diesen Subjekten transparenten Handlungssituationen mit dem Überblick über die Folgen ansetzt, Subjekte, deren wissenschaftliche und technische Erkenntnisfähigkeiten und Handlungsmöglichkeiten zur pragmatischen Weltbewältigung in der Lage sind, geht die Vernunftkritik religiöser Aufklärung weiter; sie antizipiert schon die mit der naiven Vernunftkonzeption implizierten Enttäuschungen und Desillusionierungen.«[52]

3.4 Prototheologie

Damit muss außerdem noch ein kurzes Schlaglicht auf das theologische Programm Rentschs geworfen werden, das er in seinem Buch *Gott* entfaltet, um die anthropologischen Konsequenzen deutlich zu machen. Rentsch beendet die Vorklärung seiner Prämissen, bevor er zum Inhalt der von ihm sogenannten *Prototheologie* schreitet: »Es muss sich schließlich zeigen lassen, dass ein geklärtes Gottesverständnis nicht zu einem entfremdeten, falschen menschlichen Selbstverständnis führt, sondern dass im Gegenteil *Gotteserkenntnis und wahre Selbsterkenntnis zusammengehören.*«[53]

Rentsch nennt drei Aspekte von Transzendenz, die ontologisch-kosmologische, die der Sprache und die anthropologisch-praktische Transzendenz. Hier wird nun (proto-)theologisch entfaltet, was schon in der früheren Philosophie Rentschs unter dem Begriff »Unmöglichkeiten« und »Interexistentiale« formuliert wurde. Nun wird dies allerdings positiv-theologisch weiter expliziert, was an dieser Stelle kurz am ontologisch-kosmologischen Transzendenzaspekt gezeigt werden soll. »Der Aspekt ist ›immer da‹, aber nie selbst eigens für sich sichtbar. *Er bildet einen Grund allen möglichen und allen wirklichen Seins.*«[54] Nun entfaltet Rentsch seine Schöpfungstheologie, auch mit den – für Theologen – einschlägig bekannten Begriffen. *Dass* etwas ist und nicht nichts, ist eine Differenz, die wir nicht hintergehen können. Dass der Sinngrund, der sich in der ontologisch-kosmologischen Differenz zeigt, selbst unhintergehbar, aber immer »da« ist, auch wenn er nicht vergegenständlicht werden kann; das ist die andere Dimension, die es schöpfungstheologisch zu bedenken gilt. Hier ist ein dynamischer Prozess angesprochen, der die Struktur der Transzendenz kennzeichnet. »Unserer Analyse entspricht es, wenn nicht nur von einer *Schöpfung aus Nichts* (creatio ex nihilo) die Rede ist, sondern

---

[52] RENTSCH, Wissenschaftsbetrieb und Gottesfrage (s. Anm. 48), 336.
[53] RENTSCH, Gott (s. Anm. 2), 58. Es sei an dieser Stelle nur angemerkt, dass dieses zweite Kapitel, also die eigentlich theologische Darstellung im engeren Sinne, folgendermaßen betitelt ist: »Welchen Sinn hat es, von Gott zu reden? Grundzüge einer philosophischen Theologie (Prototheologie)« (48) und mit einem Heideggerzitat beginnt. Dies, und dass es ausgerechnet drei Transzendenzaspekte sind, die im Folgenden kurz angeführt werden, dürfte kein Zufall sein, kann hier aber nicht näher ausgeführt werden.
[54] RENTSCH, Gott (s. Anm. 2), 60.

ebenso von einer *permanenten Schöpfung* (creatio continua).«[55] Eben weil dieser Vorgang der Schöpfung letztlich unerklärlich ist, spricht Rentsch in Anlehnung zu Wittgenstein von einem authentischen Wunder:

> »*Dass* Seiendes ist, das hat keine noch irgend von uns zu eruierende ›Funktion‹, *dass* die Welt überhaupt geworden ist und ständig wird, entspringt wohl kaum unseren Entfremdungserfahrungen oder illusionären Projektionen. Kurz: *ein Wunder im strengen Sinne ist schlechterdings nicht erklärbar und hat überhaupt keine Funktion.*«[56]

Das (proto-)theologische Programm soll an dieser Stelle nicht weiter verfolgt werden, es sollte aber deutlich geworden sein, dass die theologische Reflexion zu einem vertieften Selbstverständnis führt. Dem ist weiter nachzugehen, besonders im Verhältnis zur evangelischen Theologie. Rentsch unterscheidet die philosophische Theologie dezidiert von Theologien einzelner Religionsgemeinschaften. Religion bedeutet im Sprachgebrauch Thomas Rentschs eine »konkrete Lebensform und Lebenspraxis.«[57] Eine konkrete, religiöse Theologie hätte demnach die Aufgabe, die jeweilige konkrete Lebensform zu reflektieren. Beides hätte die Aufgabe, Begehbarmachung resp. Aufklärung über Transzendenz zu sein.[58] Die wesentliche Unterscheidung bringt Rentsch so auf den Punkt:

> »Während Philosophie die Unverfügbarkeit, die Entzogenheit der Sinnbedingungen als deren allerdings für sie konstitutive, nicht wegzudenkende Negativität rekonstruiert, spricht an dieser Stelle die christliche Religion von Geheimnis, Wunder und Gnade. Die philosophische Reflexion kann den *Ort* dieser Rede klären; sie kann auch die Grammatik dieser Rede zu klären versuchen. Aber sie kann auf die *lebenspraktische Konkretion dieser Rede* in Verkündigung und Existenz, in den meditativen und gemeinschaftlichen Lebensformen nur hinweisen als auf eine Realität sui generis, die für sich selbst sorgen muss.«[59]

Die einfache Übertragung der Einsichten Rentschs auf die evangelische Theologie wäre also philosophisch-theologisch unangemessen. Vielmehr will die philosophisch-theologische Reflexion einen Ort der Rede von Gott klären, eine Struktur anzeigen, die sich theologische Reflexion nutzbar machen muss. Die theologische Leistung ist somit die einer *Übertragung* philosophisch-theologischer Einsichten auf den Bereich evangelischer Theologie. Diese Übertragung soll nun im abschließenden Abschnitt thesenartig angedeutet werden, indem die dargestellten anthropologischen Einsichten auf das Theologiestudium angewandt werden.

---

[55] RENTSCH, Gott (s. Anm. 2), 61.
[56] RENTSCH, Gott (s. Anm. 2), 63.
[57] RENTSCH, Wissenschaftsbetrieb und Gottesfrage (s. Anm. 48), 339.
[58] Vgl. RENTSCH, Gott (s. Anm. 2), 94–108.
[59] RENTSCH, Wissenschaftsbetrieb und Gottesfrage (s. Anm. 48), 339f.

4 Konsequenzen für das Theologiestudium

1. *Das Theologiestudium darf nicht einseitig verzweckt werden, sondern muss als Sinnentwurf verstanden werden.*

Aus den bisherigen Reflexionen geht hervor, dass ein rein technisches theologisches Verständnis anthropologisch unangemessen ist, ob nun in einer wie auch immer vorher definierten theologischen Leistungsfähigkeit von zukünftigen Pfarrpersonen oder im reinen Lernen und Anwenden von Methoden. Das macht weder die Erwartungen von Kirchenleitungen, die bestimmte Anforderungen an Pfarrpersonen haben, noch die Methodenlehre des Studiums selbst irrelevant. Nur im Bezug auf die Tiefenaufklärung darf es *nicht das einzige Ziel* des Theologiestudiums sein. Das bedeutet auch nicht, dass in jeder Lehrveranstaltung in jeder Sitzung explizit die Praxisrelevanz thematisiert werden muss – allein schon im Wort »Praxisrelevanz« zeigt sich ihr von der Praxis abgekoppelter, rein theoretischer und funktionaler Charakter.

Wird das Theologiestudium als Sinnentwurf verstanden, so ist dem Rechnung zu tragen. Schleiermacher hat ja grundsätzlich nicht Unrecht, wenn er den anthropologischen Charakter und das genuin Theologische des Theologiestudiums stark macht, das sich nicht in der Arbeitsweise der jeweiligen Fächer, sondern im Kirchenregiment zeigt. Nur die Gottesbeziehung von vornherein in der menschlichen Natur zu verorten und sie damit eben nur bedingt zum Gegenstand zu machen, ist der Nachteil dieses Ansatzes; und dies zu vermeiden der große Gewinn der Philosophie Thomas Rentschs.

> »Wir sind *Lebewesen singulärer Totalität*, einmaliger Ganzheit. Unser je individuelles Leben ist eine einmalige Ganzheit. Aber diese Ganzheit ist kein statischer, räumlich zu objektivierender ›Käfig‹ der Identität, sondern ein dynamischer Prozess des Werdens zu sich selbst, der selbst in jeder Situation weit über sich hinausweist in die Welt und in die kommunikative gemeinsame Praxis.«[60]

Deshalb ist es entscheidend, dass Rentsch die Grundfrage der Philosophie nicht kantisch fasst (»Was ist der Mensch?«), sondern nach dem Mensch*sein*, nach der Möglichkeit einer menschlichen Welt, fragt. Diese menschliche Welt ist weder etwas dem Menschen Äußerliches, das es zu erstreben gilt; noch ist es etwas im Menschen Angelegtes, kein vorhandenheitsontologisches Ding. Die menschliche Welt umfasst vielmehr die jeweiligen interexistential konstituierten Individuen in ihrem Werden zu sich selbst. Dieser »dynamische Prozess« ereignet sich so, dass bestimmte Sinnentwürfe bestimmter Menschen entworfen werden. Diese – ob nun klein(st)en oder groß angelegten – Sinnentwürfe selbst wiederum ereignen sich in einem bestimmten Horizont, etwa im Horizont eines Hochschulstudiums. Diese Spannung zwischen dem Werden zu sich selbst und den Ansprüchen eines akademischen Studiums, die an den jeweiligen Menschen herangetragen werden, gilt es fruchtbar zu machen.

---

[60] Rentsch, Gott (s. Anm. 2), 82.

2. *Dieser Sinnentwurf lässt sich in einer modulstrukturierten Ordnung nur bedingt angemessen ausdrücken.*

Das Problem einer modulstrukturierten Ordnung ist ihr regulativer Charakter. Wenn das Theologiestudium als Sinnentwurf verstanden werden soll, dann müssen darin Freiräume geschaffen werden, um dieses Werden zu sich selbst zu ermöglichen. Nicht nur die Kirche, sondern auch die Lehrenden an der Universität sollten es begrüßen, wenn Theologiestudierende nicht einfach auf eine Tätigkeit abgerichtet werden.

3. *Eine Bepunktung von Studienleistungen, die am Zeitaufwand gemessen wird, ist weder ontologisch noch anthropologisch sinnvoll. Die Bepunktung sollte sich an der vormodularisierten Ordnung orientieren.*

Die Bepunktung von Studienleistungen ist ein Problem. Eine studentische Arbeitswoche hat 40 Stunden, ein Leistungspunkt entspricht 30 Arbeitsstunden.[61] Dass diese Bepunktung ontologisch verstanden wird, würde ja implizieren, dass jedes Seminar die gleiche Menge an Vorbereitungszeit hätte bei gleicher Bepunktung und dass das Verfassen einer Seminararbeit eine exakte Stundenzahl erfordern würde, die wiederum bei gleicher Bepunktung gleich wäre. Aber selbst als Richtschnur ist es unangemessen. Dass ich als Dozent eine Übung so konzipiere, dass sie vom Arbeitsaufwand grundsätzlich vorbereitet werden kann, liegt ja nicht zuletzt in meinem Interesse, wenn ich mir eine engagierte Diskussion wünsche. Aber selbst als Richtschnur kann ich nicht einschätzen, wer welchen Text in welcher Geschwindigkeit und Gründlichkeit liest. Gleiche Bepunktung von Basismodulen bedeutet ja nicht gleicher Arbeitsaufwand, vielleicht braucht jemand für das Basismodul AT einfach länger als für KG, weil das Hebräische Schwierigkeiten bereitet.

Anthropologisch wird es den Studierenden im Rahmen eines Sinnentwurfes deswegen nicht gerecht, weil die Bepunktung – wenn auch nur als Richtlinie verstanden – einen Ablauf impliziert. Es lässt sich ein Durchschnitt an Punkten errechnen, der pro Semester bei Regelstudienzeit absolviert werden muss. Freilich ist das keine Vorgabe, dennoch entsteht so ein Maß. Der Wahlbereich ist somit auch zur Pflicht geworden, auch wenn er der je individuellen Vertiefung dienen soll. Damit wird die Selbstwerdung eben wieder zur Pflicht, und damit zur Technik, um das Studium zu absolvieren; das, was im anthropologischen Fokus die größte

---

[61] Vgl. Empfehlungen der Gemischten Kommission/Fachkommission I für den Studiengang Evangelische Theologie (Pfarramt, Diplom und Magister Theologiae), in: MICHAEL BEINTKER/MICHAEL WÖLLER (Hrsg.), Theologische Ausbildung in der EKD. Dokumente und Texte aus der Arbeit der Gemischten Kommission für die Reform des Theologiestudiums/Fachkommission I (Pfarramt, Diplom und Magister Theologiae 2005–2013), Leipzig 2014, 69–76, 69, Fn. 1: »Bei den Angaben zu den Leistungspunkten (LP) und Semesterwochenstunden (SWS) wird ein durchschnittlicher Wert von 1,5 Leistungspunkten pro SWS zugrundegelegt. Bei höherer Arbeitsbelastung kann sich der Umfang der Leistungspunkte erhöhen. Pro Leistungspunkt wird ein studentischer Arbeitsaufwand von 30 Arbeitsstunden veranschlagt. Die studentische Arbeitswoche umfasst 40 (Zeit-)Stunden.«

Freiheit sein soll, wird um dieser Freiheit willen reguliert. Sie suggeriert außerdem, dass Selbstwerdung Feierabend macht. Wer 40 Stunden die Woche arbeitet, hat den Rest der Woche frei. Eine Lebensform lässt sich nicht pausieren.

Dass man auf die Bepunktung verzichten kann, halte ich für illusorisch. Aber einen, wenn auch utopischen Vorschlag, möchte ich machen. Zumindest im Hauptstudium sollte man die Bepunktung unterwandern, indem man die für das Hauptstudium vorgesehene Punktzahl auf die Pflichtmodule aufteilt, die es äquivalent schon in vormodularisierter Zeit gab und den Wahlbereich abschafft, um den Studierenden so die Freiheit zum Eigenstudium zu verschaffen. Das erfordert nicht, die verbliebenen Pflichtmodule so auszugestalten, dass sie mehr Zeit einnähmen, sondern lediglich die Umverteilung der für das Hauptstudium vorgesehenen Gesamtpunktzahl auf die verbliebenen Module. Diese Umverteilung sollte nicht mit der Dignität der einzelnen Disziplinen verwechselt werden. Es macht die Praktische Theologie nicht besser als das Neue Testament, wenn im Rahmen des Hauptstudiums das homiletische sowie das religionspädagogische Hauptseminar »gegen« ein neutestamentliches Hauptseminar stünden. Dass die Bepunktung mit der Qualität des jeweiligen Faches zusammenhängt, müsste doch erst explizit gemacht werden. *Dass* zwei praktisch-theologische Hauptseminare beispielsweise mit jeweils 10 Punkten und ein neutestamentliches Hauptseminar mit 10 Punkten im Hauptstudium Pflicht sind, suggeriert doch nicht, dass das Neue Testament *an sich* weniger Wert hat. Hier läge meines Erachtens ein Fehlschluss vom Sein auf das Sollen vor, wenn man den Punkten im Vorfeld einen Wert zuspricht, den sie selbst weder haben noch haben sollen.

4. *Im Theologiestudium muss institutionell ein Raum für Eigenstudium geschaffen werden.*

Wäre die eben vorgeschlagene, wenn auch utopische, Neuordnung des Hauptstudiums eine Möglichkeit, diese These in die Tat umzusetzen, gibt es noch eine andere. Im Rahmen des Theologiestudiums sollte es die Möglichkeit geben, das Eigenstudium zu institutionalisieren, ohne die Prüfungslast der Studierenden zu erhöhen. Konkret würde das so aussehen, dass mit einem Professor oder einer Professorin ein Studienziel vereinbart wird. Dies kann etwa eine Lektüre oder die Bearbeitung eines Problems über die Vorlesungszeit oder die vorlesungsfreie Zeit sein. Abschließend wird in einem lockeren Gespräch, keiner mündlichen Prüfung, darüber gesprochen. Die Alternative besteht zur Zeit darin, nach einer auf dem Papier festgeschriebenen 40-stündigen Arbeitswoche, Moltmann, Barth, die BHS oder das NTG in die Hand zu nehmen. In der derzeitig geltenden Arbeitslogik könnte ich allerdings nicht sagen, wofür.

Spirituelle Identität
Gestaltete Glaubenspraxis als pastoraler Referenzrahmen

Alexander Proksch

*Prof. Dr. Martin Nicol zum Abschied
aus dem akademischen Lehramt*

In unserer Gegenwartskultur wandeln sich Vorstellungen über Religion und Kirche grundlegend. Dessen ungeachtet genießen Pfarrerinnen und Pfarrer weiterhin einen Ruf als spirituelle Ansprechpartner inner- und außerhalb kirchlicher Kreise. Dieser Aspekt des pastoralen Außenbildes in der Öffentlichkeit ist nicht neu, er ist berechtigt und sollte auch nicht überraschend sein für eine religiöse Berufsform. Dabei treten heute allerdings essentiell andere Anforderungen auf. Unsere Gesellschaft ist weltanschaulich pluraler geworden, nicht nur mit Blick auf die Vielfalt traditioneller Religionen in Europa. Besonders in heiklen Momenten im pastoralen Alltag tritt diese spirituelle Diversität zutage. Vorstellungen von christlicher Frömmigkeit werden durchgerüttelt, wenn in unseren Tagen Klinikseelsorger Äußerungen über allmächtige Schutzengel an einem Krankenbett hören oder auf Traueranzeigen für kirchliche Beerdigungen esoterische Lichtgebete prangen.[1] Aus der traditionell normierten Frömmigkeitslehre sind solche Vorstellungen schon lange ausgewandert. Zurzeit treten religiöse Äußerungen vielfach als spirituelle Semantik auf, ein christlicher Gottesbezug ist nicht mehr überall zwingend für ein erfülltes Glaubensleben nötig. Als »spirituell« sind Formen daher treffender zu signieren, wenn sie nicht mehr ausschließlich christlich oder überhaupt theistische Sinndeutungen voraussetzen. Dieser Prozess durchzieht unsere Gesellschaft, er macht selbst vor Kirchengemeinden nicht Halt, schon gar nicht vor der beruflichen Praxis kirchlicher Amtsträger. Unverkennbar zeigt sich das Phänomen spätmoderner Spiritualität »nicht nur außerhalb der Kirche und an ihren Rändern, sondern ist inzwischen längst in die Kirchen eingewandert. Gerade in seelsorglichen Gesprächen begegnet häufig ein spiritueller Synkretismus«[2]. Im

---

[1] Vgl. zur religiösen Dispersion in der Trauerkultur Thomas Beelitz, Wenn ich trauere, bin ich dann schon religiös?, in: Wege zum Menschen 70 (2018), 429–447.

[2] Michael Klessmann, Seelsorge. Begleitung, Begegnung, Lebensdeutung im Horizont des christlichen Glaubens. Ein Lehrbuch, 5., überarbeitete und aktualisierte Auflage, Neukirchen-Vluyn 2015, 19.

geschützten Raum der Seelsorge ist das schon altbekannt, im öffentlichen Leben einer Kirchengemeinde ist die Vielfalt allgegenwärtig. Bittet eine Kirchenvorsteherin um Räumlichkeiten im Gemeindehaus für einen Kurs zum Kundalini-Yoga, ist das längst kein abseitiger Einzelfall mehr. Reizvolle Formen und Übungen für Körper und Geist sind gefragt, die dem innerlichen Glauben eine äußere Gestalt zu geben vermögen. Religiöse oder gar konfessionelle Grenzen spielen dabei selten noch eine normierende Rolle. Fernöstliche Leibübungen versieht man mit einem christlichen Vorzeichen[3] oder praktiziert Ignatianische Exerzitien selbstverständlich in evangelischen Bildungshäusern.[4] Dahinter steht ein aufkeimendes Interesse an eingeübter, methodisch praktizierter und körperlich erfahrbarer Spiritualität, von der sich Menschen erhoffen, dass sie ihrer Glaubenswelt mehr Fülle und Konkretion zu verleiht.[5] Im evangelischem Raum hatte man dabei viel zu lernen, zu wirkmächtig blieb über Jahrhunderte hinweg die kognitive Einseitigkeit evangelischer Frömmigkeit und man bevorzugte eine ungeformte, innerlich fixierte Dimension religiöser Lebensvollzüge. Bis vor wenigen Jahrzehnten mussten evangelische Theologen noch eine »Not der Gestaltlosigkeit unseres Glaubens«[6] konstatieren.

Manches Desiderat ist seitdem verschwunden, wenngleich die Pflege und Einübung gestalteter Gottesbeziehung jenseits kognitiv dominierter Glaubensausdrücke noch nicht in die Tiefenschichten evangelischer Frömmigkeit integriert wurde. Blieben früher Vorstöße in Gestaltungsfragen des Glaubens weithin auf den liturgischen Bereich beschränkt, wurden kritisch beäugt oder konnten sich allenfalls in kleineren geistlichen Gemeinschaften entfalten, ist heute die Lust nach leibhaften wie auch sinnesfreudigen Gestaltelementen in der Mitte der Kirche angekommen. Experimentelle Variationen auf dem Gebiet der Spiritualität drohen mancherorts gar wieder aus den Kirchen auszuwandern oder mitunter als Konkurrenz zu profilierten Formen des christlichen Glaubens anzuwachsen. Auf diese Entwicklungen hat das Selbstbild pastoraler Amtspersonen zu reagieren. An einem religiösen Professionsberuf wie dem des Pfarrers entscheidet es sich schließlich, wie eindrücklich eine Rückbindung individueller Erfahrungen an christliche Deutungsmuster vollzogen werden kann. Die Vielschichtigkeit persönlicher Erlebnisse wie die undifferenzierte Sinnsuche mancher Gesprächspartner erfordert vom pastoralen Gegenüber eine theologisch abgesicherte Eindeutigkeit in geistlichen Fragen und ei-

---

[3] Beispielhaft findet sich dafür gegenwärtig die Form eines »Christuszentrierten Yogas«. Vgl. etwa MARKUS THOMM, Spiritualität mit Leib und Seele. Yoga für Christen, Koblenz 2005; CLEMENS BITTLINGER/SIGRID ECKART, Jesus und Yoga. Eine Spurensuche, Kiel 2015.

[4] Vgl. GERHARD MÜNDERLEIN (Hrsg.), Aufmerksame Wege. Erfahrungen evangelischer Christen mit den Exerzitien des Ignatius von Loyola, München 1999.

[5] Vgl. THOMAS HIRSCH-HÜFFEL, Zwischen Event und Übung. Gottesdienst im großen Wandel kirchlichen Lebens, in: Deutsches Pfarrerblatt 118 (2018), 524–528, 526.

[6] MARTIN NICOL, Spiritualität als Lernelement christlichen Glaubens, in: GERHARD BESIER/GISELA FÄHNDRICH (Hrsg.), Kirche in der Gegenwart des Geistes. Glaube und Lernen im Konfirmandenunterricht. Arbeiten zum Konfirmandenunterricht, Band 2, Hannover 1986, 61–72, 61.

nen unverkrampften Umgang mit seiner eigenen geistlichen Erkennbarkeit. Das geistliche Profil eines Pfarrers ist im Gegensatz zu dem anderer Christen keine ausschließlich private Angelegenheit, ist doch pastorale Frömmigkeit schon mit Blick auf den amtlichen Wirkungskreis eine öffentlich dargestellte und gelebte Frömmigkeit.

Im Ringen nach angemessenen Ausdrucksformen eines transparent gelebten Christseins wird das Personal der Kirche in Zeiten des »Megatrends Spiritualität«[7] verstärkt herausgefordert. Durch ihre theologische Ausbildung, ihre Verpflichtung auf eine geistlich grundierte Lebensform und ihre kirchliche Funktion ist und bleibt der Pfarrer repräsentativ Haftpunkt für spirituelle Suchbewegungen und hat sich die Pfarrerin kommunikativ aus ihrem heraus eigenen spirituellen Selbstverständnis zu Frömmigkeitsstilen verschiedener Couleur in Beziehung zu setzen. Oder pointiert formuliert: Die Rolle des pastoralen Amtes besteht heute in einer gestaltenden Reflexion sowie gestaltenden Zielführung religiöser Praxis.[8]

Das »geistliche« Amt

Das pastorale Amt ist ein »alter Beruf mit modernen Anforderungen.«[9] Diskussionen um die Zukunft des pastoralen Dienstes in evangelischen Kirchen sollten daher nicht nur organisationsstrukturelle oder besoldungsrechtliche Fragen in den Blick nehmen. Solche Debatten werden mitunter ausschweifend geführt, lenken den Blick hingegen nur auf nachrangige Voraussetzungen für einen religiös beschriebenen Beruf. Zunächst sind die klassischen Funktionen des Pfarrberufs und die Anforderungen an diesen Dienst in volkskirchlichen Aufgabenfeldern zu aktualisieren. Dabei hat die Suche nach zukunftsfähigen Pfarrprofilen eine grundlegende Bestimmung des Pfarramtes für die Gegenwart zu reformulieren: Der Pfarrberuf ist ein »geistliches Amt«. Dies ist keine abgegriffene Wendung einer längst vergangenen Standesgesellschaft, in der die Geistlichen neben anderen Funktionseliten in Kleidung, Umgang und Sprache vom Gros des Volkes abgehoben waren. Eine »geistliche« Dimension des Amtes wird – jedenfalls in evangelischer Tradition – nicht durch die Inkorporation in einen exklusiven Gnadenstand begründet. Vielmehr beruht sie auf der amtlichen Verantwortung *coram deo*, einer Bezogenheit auf sakramentale Handlungen und auf einer aus der Funktion explizierten Lebensführung. Dies garantieren kirchliche Normen. Kirchenrechtlich niedergelegt lautet nämlich das Solitär des ordinierten Amts:

---

[7] SABINE HERMISSON, »Megatrend Spiritualität« in der theologischen Ausbildung? Ein einleitender Überblick, in: SABINE HERMISSON/MARTIN ROTHGANGEL (Hrsg.), Theologische Ausbildung und Spiritualität, Bd. 16 (Wiener Forum für Theologie und Religionswissenschaft), Wien 2016, 11–23.

[8] Vgl. ALBRECHT GRÖZINGER, Praktische Theologie und Ästhetik. Ein Beitrag zur Grundlegung der Praktischen Theologie, München 1991, 210.

[9] MANFRED JOSUTTIS, Die Einführung in das Leben. Pastoraltheologie zwischen Phänomenologie und Spiritualität, Gütersloh 1996, 11.

»Die Ordinierten sind durch die Ordination verpflichtet, das anvertraute Amt im Gehorsam gegen den dreieinigen Gott in Treue zu führen, das Evangelium von Jesus Christus, wie es in der Heiligen Schrift gegeben und im Bekenntnis ihrer Kirche bezeugt ist, rein zu lehren, die Sakramente ihrer Einsetzung gemäß zu verwalten, ihren Dienst nach den Ordnungen ihrer Kirche auszuüben, das Beichtgeheimnis und die seelsorgliche Schweigepflicht zu wahren und sich in ihrer Amts- und Lebensführung so zu verhalten, dass die glaubwürdige Ausübung des Amtes nicht beeinträchtigt wird.«[10]

Das ordinationsgebundene »*ministerium ecclesiasticum*« ist aus dem zu formen, was durch die Ordination geboten ist. Die liturgischen Formulare für eine pastorale Beauftragung sind in dieser Hinsicht recht eindeutig: »Die Heilige Schrift ist Quelle und Richtschnur deines Auftrags. Das Bekenntnis der Kirche und das Gespräch mit den Schwestern und Brüdern werden dich im Glauben stärken und dir helfen, das Wort Gottes heute recht zu verkünden«[11], verspricht der lange Vorhalt den Ordinanden in der gültigen Agende für die beiden gliedkirchlichen Zusammenschlüsse innerhalb der Evangelischen Kirche in Deutschland. Konträr zu verwaltenden Diensten oder diakonischen Beauftragten fordert diese spezifische Amtsbestimmung eine geistlich gefärbte Lebensführung.[12] Überdies betont sie eine Verlässlichkeit in der Ausübung der übertragenen Funktion. »[A]nders als von einem beliebigen Kirchenmitglied kann eine evangelische Christin von ihrem Pfarrer begründet und sicher erwarten, daß er sich zuständig fühlt für ihre geistlichen Fragen«[13], formuliert Isolde Karle die professionelle Ansprechbarkeit von Pfarrpersonen. Dieses hohe Gut der amtlichen Repräsentanz wird allerdings für die Mehrheit der Kirchenmitglieder nicht mehr zwingend durch die Residenzpflicht in Parochialgemeinden, sondern mehrheitlich den persönlichen Kontakt bei Kasualien und während kirchlicher Angebote sozialer Form gewährleistet.[14] Besonders bei diesen intensiven und punktuellen Begegnungen bestätigt sich die Bedeutung eines geistlich in fortwährender Verantwortung genommenen Gegenübers zur Gemeinde.

---

[10] EVANGELISCHE KIRCHE IN DEUTSCHLAND, Pfarrdienstgesetz der EKD vom 10. November 2010, https://www.kirchenrecht-ekd.de/document/14992#s47000013 (letzter Zugriff am 29.04.2019), §3 (2).

[11] UNION EVANGELISCHER KIRCHEN, Ordnung des kirchlichen Lebens der Evangelischen Kirche der Union, 2016, https://www.kirchenrecht-uek.de/pdf/11097.pdf (letzter Zugriff am 29.04.2019), 46.

[12] Unverkennbar wird die Bereitschaft im Ordinationsformular abgefragt: »Bist du bereit, dich selbst im Glauben stärken zu lassen durch tägliches Beten und das Lesen der Heiligen Schrift, deine Kenntnisse zu vertiefen und für dich Seelsorge in Anspruch zu nehmen?« (UNION EVANGELISCHER KIRCHEN, Ordnung des kirchlichen Lebens der Evangelischen Kirche der Union [s. Anm. 11], 48).

[13] ISOLDE KARLE, Pastorale Kompetenz, in: Pastoraltheologie 89 (2000), 508–523, 510.

[14] Vgl. FELIX ROLEDER/BIRGIT WEYEL, Vernetzte Kirchengemeinde. Analysen zur Netzwerkerhebung der V. Kirchenmitgliedschaftsuntersuchung der EKD, Leipzig 2019, 176.

Es gilt weiterhin ein in der empirischen Kirchentheorie geflügeltes Wort: »Auf den Pfarrer kommt es an«[15]. In den Augen der Öffentlichkeit genießen zuvörderst pastorale Amtsträger ein Vertrauen als »Religionskundige, die in einer multireligiösen Gesellschaft vermittelnd und bildend wirken können.«[16] Warum das nur auf das Pfarramt zutreffen soll und nicht zumindest funktionell gedacht auch auf andere Berufe und Gruppen in der Kirche, ist ein berechtigter Einwand. Eigentlich steht ein Fokus auf das pastorale Personal der Kirche in einer gewissen Spannung zur dispers gedachten Aufteilung kirchlicher Amtsaufgaben. Nicht grundlos spießt schon vor vier Jahrzehnten Rudolf Bohren mit der Analogie zum Orchester diese Pfarrerzentrierung polemisch, aber wohlgezielt auf:

> »Der Pfarrer dirigiert, spielt die erste Geige und singt Solo. Der Chor dient höchstens zur musikalischen Untermalung. Der Laie ist für den Pfarrer da. Er wird zum Handlanger des Pfarrers degradiert, [...] darf der Laie nur Mitarbeiter sein, darf er gleichsam nur die Blätter auf dem Notenpult umlegen und etwa einmal die Triangel spielen«[17]

Die gleiche Rüge könnte heute genauso wieder ein reformierter Theologe erteilen. Zwar erlaubt man sich in Zeiten drohender Abbrüche im theologischen Nachwuchs manche Paradigmen in der kirchlichen Arbeitsteilung kontrovers zu diskutieren und lebt schon längst in Kirchengemeinden das Miteinander der Dienste und ehrenamtlicher Helfer in einem wertschätzenden Umgang auf Augenhöhe. Doch laufen empirisch erfassbare Erwartungen an innerkirchlichen Reformvorstellungen vorbei: Sowohl in der Kommunikation mit Kirchenmitgliedern als auch im gesamtgesellschaftlichen Einfluss scheint das positive Erscheinungsbild der Institution Kirche weiter signifikant an den Kontakt mit Inhaberinnen und Inhabern eines Pfarramtes gebunden zu sein.[18] Trotzdem lassen Anfragen an die Funktion der Pfarrperson sowie der in Strukturprozessen subkutan mitlaufende Vorwurf der Ersetzbarkeit durch andere Berufsgruppen manche Inhaber und Inhaberinnen von Pfarrstellen in ihrer Rolle unsicher werden.[19] Das ist aktuell besonders

---

[15] INGRID LUKATIS/WOLFGANG LUKATIS, Auf den Pfarrer kommt es an ...? Pfarrer und Pfarrerinnen als Schlüsselpersonen in der Volkskirche, in: JOACHIM MATTHES (Hrsg.), Fremde Heimat Kirche – Erkundungsgänge. Beiträge und Kommentare zur dritten EKD-Untersuchung über Kirchenmitgliedschaft, Gütersloh 2000, 186–232.

[16] ULRIKE WAGNER-RAU, Wichter und unwichtiger zugleich: Pfarrberuf und religiöser Wandel, in: Pastoraltheologie 105 (2016), 169–184, 184.

[17] RUDOLF BOHREN, Dem Worte folgen. Predigt und Gemeinde, München/Hamburg 1969, 157f.

[18] ALEXANDRA EIMTERBÄUMER, Pfarrer/innen. Außen- und Innenansichten, in: JAN HERMELINK/THORSTEN LATZEL (Hrsg.), Kirche empirisch. Ein Werkbuch zur vierten EKD-Erhebung über Kirchenmitgliedschaft und zu anderen empirischen Studien, Gütersloh 2008, 375–394, 377.

[19] Manfred Josuttis sieht darin gar den Quell einer Verzweiflung am Beruf: »Wenn heute der Vollzug der pastoralen Handlungen andauernd verknüpft wird mit der Frage nach der pastoralen Identität, dann manifestiert sich darin nicht einfach die Lust an der permanenten Selbstbespiegelung, dann zeigt sich darin vielmehr eine gravierende Unsicherheit.« (JOSUTTIS, Einführung in das Leben [s. Anm. 9], 12).

nachvollziehbar angesichts der kurzen Pausen zwischen einer Vielzahl an solchen Kirchenreformen, aber unzuträglich in den Auswirkungen.

Eine angemessene Profilierung des pastoralen Amtes wird nicht einen Anspruch meiden, der sich Pfarrerinnen und Pfarrern in neuem Kleide aufdrängt. Heute existiert eine Pfarrperson vielerorts als »personales Relikt von Religion.«[20] Sie profiliert sich in der Öffentlichkeit als spirituelle Anlaufstelle und verfügt über Deutungsangebote für geistliche Anfragen, also über die zeitgenössisch so genannte »spirituelle Kompetenz«.[21] Die anerkannte Rolle als geistlicher Ansprechpartner verdankt sich eben auch der Professionalität des Pfarrberufs, durch die sich selbst distanzierte Kirchenmitglieder in ihren religiösen Fragestellungen an Pfarrer zu wenden wissen und nicht unbedingt nur durch persönliche Bindungen an die Pfarrperson.[22] Wie man mit spirituellen Bedürfnissen umgeht, die sich bewusst oder unbewusst einer traditionsbewährten Form entledigen, und welche Formen religiöser Praxis jenseits von esoterischem Kitsch oder spirituell legitimierter Konsumorientierung für eine christlich orientierte Lebensführung angemessen erscheinen, hat in Kirchengemeinden von einem theologisch gebildeten Personal verantwortet zu bleiben. Dies bleibt primär Funktion von Kirche, wenn sie sich weiterhin öffentlichkeitsrelevant bewegen und als religiöse Instanz akzeptiert werden will.[23] Da eben öffentliches Wirken immer von öffentlichen Personen verantwortet wird, hängt letztlich die Verantwortung der institutionell verfassten Kirche weiterhin an ihren Schlüsselfiguren: Den Inhaberinnen und Inhabern eines Amts der öffentlichen Wortverkündigung und Sakramentsverwaltung gemäß Artikel V des Augsburger Bekenntnisses.

IDENTITÄT IN DER ÖFFENTLICHKEIT

Gelebter Glaube konkretisiert sich beim Einzelnen immer in zwei Dimensionen. Meistens individuell ausgestaltet bleibt die Selbstbesinnung, zur Vergewisserung verlässt der Einzelne dann seinen privaten Raum und gibt sich hinein in die Sozialität religiösen Lebens. »Ist die Religion einmal, so muß sie nothwendig auch gesellig sein«[24], schrieb einst Friedrich Schleiermacher und durchdachte das faktisch erfahrbare Christentum im sozialen Gefüge: »Schnittstellen« von kirchlichen

---

[20] MANFRED JOSUTTIS, Der Pfarrer ist anders. Aspekte einer zeitgenössischen Pastoraltheologie, München 1982, 196.

[21] Vgl. dazu das einschlägige Werk von SABINE HERMISSON, Spirituelle Kompetenz. Eine qualitativ-empirische Studie zu Spiritualität in der Ausbildung zum Pfarrberuf, Göttingen 2016.

[22] Vgl. ROLEDER/WEYEL, Vernetzte Kirchengemeinde (s. Anm. 14), 180.

[23] Vgl. BERND OBERDORFER, Geistliche Identität und weltlicher Einfluss. Stellung und Macht der christlichen Kirchen in Deutschland: Geschichtliche Beobachtungen, gegenwärtige Perspektiven, in: BERND OBERDORFER/PETER WALDMANN (Hrsg.), Machtfaktor Religion. Formen religiöser Einflussnahme auf Politik und Gesellschaft, Köln/Wien 2012, 43–57, 57.

[24] FRIEDRICH SCHLEIERMACHER, Über die Religion. Reden an die Gebildeten unter ihren Verächtern, in: DERS.: Kritische Gesamtausgabe. Abt. 1, Schriften und Entwürfe, Bd.

Vollzügen mit außerkirchlicher Geselligkeit fanden mithin Widerhall in Denkmustern seiner Liturgik.[25] Sozial gefasst zeigt sich Spiritualität im Gottesdienst. Er ist schlechthin der traditionelle Ort öffentlicher Spiritualität. Hier agieren der Pfarrer oder die Pfarrerin als geistliche Amtsperson, hier übt der Amtsträger die ihm übertragene Vollmacht *coram publico* aus. Jene Interaktion zwischen Pfarrperson und Gemeinde in der Liturgie ist dynamisch und mitunter ambivalent, weil hier ein hoher Grad an spürbarer Präsenz erreicht ist. Individuelle Züge der Pfarrpersonen werden hier im Gehen, in der Mimik, in Sprache und in der Aufregung des Moments sichtbar, die Kompetenz des akademisch gebildeten Theologen hat sich hier in aller Tiefe und in Situationen der subjektiven Beanspruchung zu bewähren.

Unter Druck kann das öffentliche Gebet des Pfarrers in letzter Konsequenz zur Anfechtung werden. Die empfundene Sammlung vor Gott verlangt vom Grundgestus eines Beters entschlossene Zuwendung. Gerade in der geduldigen Betrachtung im Gebet droht dem ordinierten Liturgen die Gefahr eigener Grenzerfahrungen, »sichtbar und eingestanden werden gegebenenfalls [...] das erfahrene Missverhältnis zwischen der eigenen Kraft und der Schwere der Herausforderungen und Widerstände, denen sich das Leben der Gemeinde als ganzer oder auch die Amtstätigkeit in der Gemeinde ausgesetzt findet. Dem Beter kann gewiss werden, das Amt verlassen zu müssen.«[26] Die Gefahr des Scheiterns und des Ungenügens verdichtet sich unausweichlich in der Anforderung einer Gottesbegegnung.

Mit dem sensiblen Fühler eines Dichters erfasst Christian Lehnert diese Anfechtung innerhalb des gottesdienstlichen Geschehens:

> »Mehrstimmigkeit, innere Spannungen und die Verflechtung von Zeitebenen, aber vor allem die szenische Grundkonstellation von Chor und einem Einzelnen, der sich je sprechend und singend aus der Menge löst und handelt, zeigen die Verwandtschaft mit der griechischen Tragödie. Der Priester changiert in seiner Funktion als Chorführer, der eine kollektive Identität darstellt und kanalisiert, und dem einen allein, der sich einer bedrohlichen Masse gegenübersieht, sei es als Verkündiger mit Wagemut, als prophetische Stimme, sei es als Sühnebock, den Hunderte Augen zum Altar treiben.«[27]

Die dramaturgische Gegenüberstellung im Vergleich mit dem antiken Theater ist nicht abwegig, erkannten doch schon katholische Liturgiker im 20. Jahrhundert mit Blick auf die hellenistische Theaterkultur »echt antike Züge der Liturgie«.[28] Rollen im liturgischen Geschehen sind nicht allein der Vorführung in Analogie zu einem Schauspiel geschuldet. Seit es in Folge der Aufklärung und des Pietis-

---

2: Schriften aus der Berliner Zeit 1796–1799, hrsg. v. GÜNTER MECKENSTOCK, Berlin/New York 1984, 185–326, 267.

[25] Vgl. MARTIN NICOL, Art. »Geselligkeit, II. Praktisch-theologisch«, in: RGG[4] (2000), 824–825, 824.

[26] EILERT HERMS, Die Spiritualität des ordinierten Amtes, in: PETER ZIMMERLING (Hrsg.), Handbuch Evangelische Spiritualität, Band 2: Theologie, Göttingen 2018, 485–509, 508.

[27] CHRISTIAN LEHNERT, Der Gott in einer Nuß. Fliegende Blätter von Kult und Gebet, Berlin [3]2017, 153.

[28] ODO CASEL, Altchristlicher Kult und Antike, in: Jahrbuch für Liturgiewissenschaft 3 (1923), 1–17, 13.

mus zu einer »Zuspitzung pastoraltheologischer Konzepte auf die Persönlichkeit des Pfarrers«[29] kam, entwickelte sich die Frage nach Authentizität wie auch der Glaubwürdigkeit des Individuums in der liturgischen Rolle. Die Person hinter dem Amt steht im Blickpunkt des gemeindlichen Interesses. Dadurch gesellt sich zur pastoralen Anfechtung auch ein autoritatives Moment im liturgischen Handeln: Das liturgische Wirken ist der zentrale Schauplatz pastoraler Funktionalität. Hier folgt das Amt seinem bekenntnisnormierten Auftrag. Die Person des Pfarrers übt vor der Versammlung der Gläubigen den liturgischen und verkündigenden Dienst aus, den die Gemeinde an ihn delegierte. Pfarrerinnen und Pfarrer sind exemplarische Beter, als »Vorbeter«[30] geben sie der gemeindlichen Versammlung Worte vor, ohne aber ihre Zugehörigkeit und Gleichrangigkeit aufzugeben.

Die Hauptrolle in diesem liturgischen Ensemble ist dabei für alle Anwesenden sinnfällig gekennzeichnet. Die Präsenz der Akteure wird inszeniert, die Körper der liturgisch Agierenden werden nach traditionellen Konventionen gestaltet, zumindest in Äußerlichkeiten. Durch ihre Uniformität und Unverkennbarkeit mit außerkultischen Textilien sticht die Kleidung des pastoralen Amts hervor. Das Anziehen des Talars kann vor diesem Hintergrund einem von mehreren »Akten des Identifizierens«[31] des geistlichen Amtsträgers mit seiner amtlichen Funktion dienen. Die Person »schlüpft« in ihre Rolle, ihre alltägliche Kleidung ist für die Dauer ihres Dienstes verhüllt. Im deutschsprachigen Christentum schreiben fast durchgängig alle Konfessionen ihren Amtsträgern eine gesonderte Gewandung vor. Sie bestimmt in der gottesdienstlichen Feier ihre Rollen und gewährt die Visibilität amtlicher Autorität im kirchlichen Kontext.[32] Öffentlich getragene Sonderkleidung zur kultischen Feier markiert dabei nicht nur die Rollen und Funktionen innerhalb der Versammlung. Das textile Äußere grenzt sakrale Handlungen wie Handelnde von der alltäglichen Welt ab. Sie verschafft einer Kultgemeinde eine sinnlich wahrnehmbare Atmosphäre anderer Qualität. Kleidung »verweist sowohl auf eine soziale wie transzendentale Ordnung.«[33]

Äußere Parameter konstituieren das Erscheinungsbild einer Pfarrperson, in Wahrnehmungsprozessen unserer Gegenwart sind diese kaum zu unterschätzen. Dem hat die innere Glaubenshaltung des Pfarrers zu entsprechen, soll es sich nicht nur um ein Schauspiel im eigentlichen Sinne handeln. »Seine Frömmigkeit muß unbedingt natürlich sein, ganz echt, niemals aufgeputzt«[34], forderte einst in die-

---

[29] URSULA ROTH, Die Theatralität des Gottesdienstes, Bd. 18 (Praktische Theologie und Kultur), Gütersloh 2006, 187.

[30] Vgl. MICHAEL MEYER-BLANCK, Das Gebet, Tübingen 2019, 50.

[31] THOMAS KABEL, Handbuch Liturgische Präsenz. Zur praktischen Inszenierung des Gottesdienstes, Band 1, Gütersloh 2002, 265.

[32] Vgl. ALEXANDER PROKSCH, Art. »Amtskleidung, Amtstracht – Evangelisch«, in: Lexikon für Kirchen- und Religionsrecht, hg. von Heribert Hallermann, Thomas Meckel u. a. (2019), 134, 134.

[33] JAQUELINE GRIGO, Religiöse Kleidung. Vestimentäre Praxis zwischen Identität und Differenz, Bielefeld 2015, 48.

[34] MARTIN SCHIAN, Der evangelische Pfarrer der Gegenwart wie er sein soll, 2., neubearbeitete Auflage, Leipzig 1920, 34.

sem Zusammenhang Martin Schian in einer pluraler werdenden Gesellschaft für ein authentisches Auftreten ein. Auf eine liturgische Zuspitzung bringen es mit einer ähnlichen Stoßrichtung die Hinweise aus den »Richtlinien für den liturgischen Dienst des Pfarrers in der Evang.-Luth. Kirche in Bayern« der Nachkriegszeit:

> »Auf dem schmalen Grat zwischen auflösender Unordnung und gesetzlicher Erstarrung bewegt sich die Ordnung des Gottesdienstes und damit der liturgische Dienst des Pfarrers. [...] Alte gefestigte Formen mit immer neuem Leben zu durchdringen, ist vom Worte Gottes her und nach den Anregungen der Agende und des Cantionale unserer Kirche durchaus möglich und wird einem innerlich lebendigen Pfarrer stetes Anliegen sein. [...] Nur wo traditionelle Formen immer wieder neu durchdacht werden und wo von innerster Verantwortung durchdrungene Pfarrer sich zu neuer Achtung vor unserer gottesdienstlichen Ordnung rufen lassen, wird auch die Gemeinde vor stumpfer Gleichgültigkeit gegenüber der Liturgie bewahrt und in den Segen einer liturgischen Ordnung hineingezogen. Das Verständnis für die Liturgie in der Gemeinde hängt sehr stark von dem Ernst und der Treue ab, mit der der Liturg seinen Dienst tut. Die Gemeinde hat unbewußt ein scharfes Empfinden für alles, was nur gewohnheitsmäßig und traditionell geschieht.«[35]

Geistliche Verankerung und äußere Ausdrucksformen sind nicht aufzutrennen. Phrasenhafte Worte und vorgebliche Gesten überzeugen nicht. Ein Gottesdienst erfordert damals wie heute ein Gespür für die Wirkmacht biblischer Worte. Es brauchte also schon damals mehr als nur die Fertigkeit, vorgefertigte Predigten abzulesen oder peinlich genau die Elemente der Agende zu befolgen. Die Glaubwürdigkeit des Pfarrers ist angefragt, die spirituelle Kraft der im christlichen Kultbuch kondensierten Gotteswirklichkeit immer wieder neu zum Leuchten zu bringen.[36] Virulent mag in diesem Zusammenhang eine mäßig inspirierte Feier dann erscheinen, wenn man ihr die potentielle Dynamik des liturgischen Aufbaus und in Sonderheit der Predigt entgegen hält: »Bewegung [ist] das Kennzeichen der biblischen Texte. Zugleich ist das ganze Leben Bewegung, und Bewegung ist auch das, was die Liturgie kennzeichnet. Wenn die Predigt dem Leben selbst, den biblischen Vorgaben und ihrem gottesdienstlichen Kontext gerecht werden will, tut sie gut daran, sich ihrerseits in Bewegung setzen zu lassen.«[37] Das verlangt ein Wechselspiel zwischen dem Bibelwort und seinen Rezipienten. Die interaktive Kommunikation biblischer Inhalte hängt von der Deutungskompetenz des Auslegers ab, die Liturgin braucht die in der biblischen Überlieferung gespeicherte Gotteserfahrung.

Gestalte Spiritualität ist also ein fortlaufender Prozess an Überprüfung überlieferter Formen und subjektiver Aneignung. Von entleerten Vorstellungen und abgenutzten Sprachmustern in Gottesdiensten sollte man sich befreien, wenn sie sich nicht mehr als kompatibel zu ihrer ursprünglichen Funktion in der Litur-

---

[35] Richtlinien für den liturgischen Dienst des Pfarrers in der Evang.-Luth. Kirche in Bayern. Beilage zum Amtsblatt Nr. 10 (Amtsblatt für die Evangelisch-Lutherische Kirche in Bayern vom 31.5.1948), 2.

[36] Vgl. dazu MARTIN NICOL, Kult um die Bibel und Kultur des Lesens, in: RUDOLF FREIBURG/MARKUS MAY/ROLAND SPILLER (Hrsg.), Kultbücher, Würzburg 2004, 1–13.

[37] MARTIN NICOL, Gestaltete Bewegung. Zur Dramaturgie von Gottesdienst und Predigt, in: JÖRG NEIJENHUIS (Hrsg.), Liturgie lernen und lehren. Aufsätze zur Liturgiedidaktik, Bd. 6 (Beiträge zu Liturgie und Spiritualität Band), Leipzig 2001, 151–163, 162.

gie erweisen. Das bedeutet freilich nicht, alles Unverständliche mit gutgemeintem Elan im Ablauf zu tilgen. Eine theologisch gebildete Persönlichkeit setzt mehr daran, mit wachem Blick Gestaltformen in der gottesdienstlichen Kommunikation zu durchdenken und ihren Sinn neu für sich und andere zu erschließen.

Spiritualität in der Gegenwartskultur

Pastorale Amtspersonen erleben sich am deutlichsten innerhalb einer gottesdienstlichen Feier als Kommunikatoren einer »spirituellen Organisation«.[38] Zugleich verkörpern sie mit ihrer Präsenz im öffentlichen Raum, in ihrem Auftrag und mit ihren persönlichen Überzeugungen eine geschichtlich ausgeprägte Form geistlichen Lebens. Die Angehörigen der Berufsgruppe repräsentieren die »Kirche« und vermitteln damit in der Wahrnehmung Kirchenferner gewollt oder ungewollt eine durch Traditionen geprägte Frömmigkeit. Der Eindruck täuscht nicht. Eine Konstitutive dieser Vorprägungen ist die Schriftbezogenheit.[39] Diese war jedoch in ihren konkreten Praktiken von jeher divers, der Spiritualität in den evangelischen Kirchen stand sogar nie nur eine Form an. Frömmigkeitstypen – besonders in der Gemeinschaft der Ordinierten – formierten sich von Anfang an plural, wenngleich sie stets in ihrer Schriftgebundenheit ein durchgängiges Korrektiv fanden. »Christliche Spiritualität« in diesem Kontext ist daher eine passende Wortschöpfung, weil sie gerade nicht in der Bedeutung umfassend zu konturieren ist. Genau diese Unschärfe erweist sich heute als große Stärke: »Spirituelle« Fragen und Sehnsüchte erfassen alle Formen, die sich kontemporär in volkskirchlichen Gemeinden widerspiegeln – selbst wenn sie zeitweilig nicht die Beziehung zu einem personalen Gott thematisieren. Mit einem zu weiten Spiritualitätsbegriff erhöht sich freilich die Gefahr einer »Entkonkretisierung der Religion«.[40] Spirituelle Bewegungen zeigen sich dahingehend selbst oft als Synkretismus und verstehen sich ohne Traditionsbezug und geschlossenes Weltbild in der Selbstwahrnehmung bisweilen nicht als religiöse Bewegung.

Bildet zwar evangelisches Glaubensleben oberflächlich betrachtet analog dazu eine Überzahl an spirituellen Variationen aus, war es darin tendenziell stets von einer evangeliumsgemäßen Verankerung in den einzelnen spirituellen Suchbewegungen charakterisiert. Damit ist für das Profil einer christlich grundierten Spiritualität bis in unsere Zeit ein Wegmarker gesetzt. Nicole Grochowina verweist an diesem Punkt auf eine »doppelte Bewegung«, in der sich Freiräume für eine Pluriformität evangelisch verstandener Frömmigkeit ergeben. Während etwa die Fokussierung auf das Wort Gottes eine Stoßrichtung vorgibt, finden innerliche Erfahrungswerte im Glaubensleben dennoch Beachtung. Konkret sieht sie in der Würdigung einer Trias von biblischen Zeugnis, einer christologischen Grundrichtung

---

[38] HERBERT LINDNER/ROLAND HERPICH, Kirche am Ort und in der Region. Grundlagen, Instrumente und Beispiele einer Kirchkreisentwicklung, Stuttgart 2010, 20.
[39] Vgl. GERHARD RUHBACH, Theologie und Spiritualität, Beiträge zur Gestaltwerdung des christlichen Glaubens, Göttingen 1987, 126.
[40] ISOLDE KARLE, Kirche im Reformstress, Gütersloh 2010, 54.

und dem Konnex von Gottes Heilshandeln und persönlichem Glauben hilfreiche Leuchtmarken zur Orientierung unter der postmodernen Klaviatur neuer Spiritualitätsformen. Zudem kann evangelische Glaubenspraxis noch heute von Luthers Ideen zur Freiheit des Gewissens wie auch von der Aufwertung der Individuums profitieren.[41] War bis vor wenigen Jahrzehnten evangelische Frömmigkeit, besonders unter volkskirchlichen Pfarrern, noch unbestritten und langlebig mit einer bibelorientierten Frömmigkeitspraxis gleichgesetzt, differenzieren sich Stilbildungen heute schneller und kurzlebiger aus. Empirische Untersuchungen in Gemeinden stützen den Eindruck. Für die Mehrheit der ehrenamtlich Tätigen in den evangelischen Landeskirchen bekunden Umfragen zwar weiterhin eine hohe Relevanz ihrer individuellen Spiritualität. Wenn zugleich aber die Konfessionsbindung und kirchlich-traditionelle Frömmigkeitspraxis stetig abnimmt, ist dem Verständnis von »Spiritualität« im kirchlichen Leben ein Umbruch vorgespurt. Ein Beispiel bietet die bayerische Landeskirche mit einer neueren Umfrage: Für 59,9% der befragten Ehrenamtlichen spielt ihre Religiosität eine starke bis sehr starke Rolle in ihrem ehrenamtlichen Engagement.[42] Die Resonanz auf konkrete Angebote dagegen liegt deutlich unter diesen Zahlen. Eine Diskrepanz zwischen individuell praktizierter Suche nach Sinn und Wahrheit und kirchlicher Gestaltgebung ist festzustellen. Gerade deswegen sind Freiwillige in ihrer spirituellen Erfahrungssuche ernst zu nehmen. Konfessionell gebundenen wie auch jeder Kirchlichkeit fernstehenden Menschen die entsprechenden Vergewisserungsbedürfnisse zu geben, bleibt eine dringliche Aufgabe des kirchlichen Amts.[43] Nicht zu vergessen ist hierbei, dass sich die Kirche mit ihrer Botschaft in der religiösen Kultur nunmehr einer Vielzahl von weiteren Lebensdeutungen beiordnen muss. Das verlorene Deutungsmonopol bekennen nun selbst offizielle landeskirchliche Texte. Die Denkschrift des Rates der EKD »Religiöse Orientierung gewinnen. Evangelischer Religionsunterricht als Beitrag zu einer pluralitätsfähigen Schule« von 2014 nimmt exemplarisch an der Schule eine religiöse und weltanschauliche Vielfalt in der Allgemeinheit wahr, die sich »aufgrund von Migrationseffekten mit vielfältigen Nationalitäten, zunehmenden Kulturunterschieden im Sinne der Multikulturalität und Multire-

---

[41] Vgl. Sr. NICOLE GROCHOWINA, Störfaktor oder Korrektiv? Neue Spiritualitäten in evangelischer Perspektive, in: MARGIT ECKHOLT/ROMAN A. SIEBENROCK/VERENA WODTKE-WERNER (Hrsg.), Die große Sinnsuche. Ausdrucksformen und Räume heutiger Spiritualität, Ostfildern ²2018, 209–219, 215.

[42] AMT FÜR GEMEINDEDIENST, Ergebnisse der Befragung in den Kirchengemeinden, in: ULRICH JAKUBEK (Hrsg.), Ehrenamt sichtbar machen. Evaluation der Ehrenamtlichkeit in der ELKB und deren Konsequenzen, Nürnberg 2015, 105–140, 133.

[43] Eingebettet in das Konzept der »geistlichen Erneuerung« der Kirche und durch Aufnahme von Eph 4,11f. spricht Michael Herbst der Pfarrerschaft diese Anforderung zu: »So heißt die neue Rolle des Pfarrers: der Pfarrer für die Heiligen, für die Mitarbeiter; die Mitarbeiter für die Gemeinde. Die Mitarbeiter anzuleiten, ihnen Formen der Spiritualität zu zeigen, ihre Charismen zu fördern und zu pflegen, das ist die Aufgabe der Pfarrer.« (MICHAEL HERBST, Grundentscheidungen im Gemeindeaufbau. Die Berufung zum normalen Leben des Christen in der Gemeinde, in: RUDOLF WETH [Hrsg.], Diskussion zur »Theologie des Gemeindeaufbaus«, Neukirchen-Vluyn 1986, 89–100, 94).

ligiosität« und in einem »Nebeneinander religiöser und nicht-religiöser Überzeugungen«[44] akut im gesellschaftlichen Zusammenleben äußert. Daneben sieht die »Ordnung des kirchlichen Lebens für die Evangelischen Kirche der Union« in ihrer Fassung aus dem Jahr 2016 die religiöse und weltanschauliche Pluralität als »Kennzeichen unserer Zeit«.[45] Derlei Eingeständnisse setzen Kräfte frei, markieren aber auch Unklarheiten im Umgang mit anderen Sinndeutungssystemen und sollte den Umgang mit neuen Ausdrucksformen heutiger Spiritualität wie auch mit eigenen geistlichen Verwurzelungen auf die Agenda theologischer Reflexion setzen.[46]

Nötig wäre an dieser Stelle eine aktualisierte Schärfung der unter »Spiritualität« erfassten Phänomene in der Postmoderne und all ihrer verwandten Lebensstile. Eine rein terminologische Klärung erhellt an dieser Stelle wenig die empirische Gemengelage. Unter dem inflationär gebrauchten »Containerbegriff«[47] *Spiritualität* als dem »Leitbegriff postmoderner Religiosität«[48] firmieren nämlich allerlei synkretistische Bewegungen, esoterisch geprägte Formen, Psychokulte, magisch-okkulte Praktiken, mystische oder meditative Traditionen fernöstlicher Religionen oder Suchbewegungen nach Ganzheitlichkeit und Bewusstseinserweiterung mit oder ohne Transzendenzbezug. Eine erfahrungsbasierte Religiosität hat in unserer, von Seiten der Soziologie symptomatisch titulierten »Erlebnisgesellschaft«[49] Einzug gehalten, deren Individuen sich nicht mehr über ein verbindliches Glaubenswissen ihre Identität konstituieren, sondern über das »subjek-

---

[44] RAT DER EVANGELISCHEN KIRCHE IN DEUTSCHLAND, Religiöse Orientierung gewinnen. Evangelischer Religionsunterricht als Beitrag zu einer pluralitätsfähigen Schule, 2014, https://www.ekd.de/ekd_de/ds_doc/20141106_denkschrift_evangelischer_religionsunterricht.pdf (letzter Zugriff am 29. 04. 2019), 15.

[45] Nach Rdnr. 25 dieses Kirchengesetzes verdichtet sich diese Gegenwartsanalyse und verorten sich damit die unierten Landeskirchen selbst in ein Nebeneinander vielgestaltiger Sinndeutungssysteme: »Auch in einer offenen Gesellschaft, in der Kirchenzugehörigkeit keine Selbstverständlichkeit mehr ist, suchen die Menschen weiter Vergewisserung, Sinnstiftung und Gemeinschaft. Allerdings erwarten viele hierzu die Hilfe nicht mehr von den Kirchen. Sie orientieren sich an den vielfältigen Angeboten weltanschaulicher, religiöser oder esoterischer Strömungen oder einfach an Medien und Werbung.« (UNION EVANGELISCHER KIRCHEN, Ordnung des kirchlichen Lebens der Evangelischen Kirche der Union [s. Anm. 11], 90).

[46] Vgl. zur Vorstellung einer praktisch-theologischen Reflexionsperspektive das Petitum von BERND SCHRÖDER, Fides quaerens expressionem. Frömmigkeit als Thema der Praktischen Theologie, in: International Journal of Practical Theology 6 (2002), 169–197, 169–197.

[47] Vgl. HEINZ STREIB, Abgelehnte Religion. Spiritualität – und die Frage nach der verlorenen Dimension, in: Deutsches Pfarrerblatt 116 (2016), 626–629, 626.

[48] ULRICH H. J. KÖRTNER, Wiederkehr der Religion? Das Christentum zwischen neuer Spiritualität und Gottvergessenheit, Gütersloh 2006, 17.

[49] GERHARD SCHULZE, Die Erlebnisgesellschaft. Kultursoziologie der Gegenwart, Frankfurt a. M. 1992.

tiv, emotional geprägte religiöse Erlebnis«.[50] Die Vielzahl schwer wahrnehmbarer Spielarten hängt einerseits mit der Kurzlebigkeit einer Identifikation des Subjekts mit einer religiösen, weltanschaulichen oder affektiv erlebten Praxis zusammen. Eine lebenslange Verbindlichkeit weisen die wenigsten Gemeinschaftsformate auf, große Glaubensinstitutionen oder wenigstens institutionalisierte Körperschaften sucht man vergebens. Impulse auf dem spirituellen Markt ergeben Wellenbewegungen, die nach wenigen Jahren wieder abebben. Bekanntes Beispiel ist die vor einigen Jahrzehnten in Deutschland aufkommende Zen-Bewegung, deren Ausläufer heute keine Breitenwirkung mehr erkennen lassen. Eine andere Herausforderung für eine exakte Erhebung spiritueller Bedürfnisse kann man andererseits in der Unzulänglichkeit bisheriger Fachtermini feststellen. Spiritualität mit dem theologisch fest eingebürgerten Begriff der »Religion« zu identifizieren, greift zu kurz. Die meisten spirituellen Bewegungen wollen nicht analog zu Religionen ein weltanschaulich geschlossenes Wirklichkeitsverständnis bieten. Sie wollen zudem selten ethische Normen für individuelles oder gar überindividuelles Handeln geben und schon gar nicht klare Glaubenssätze postulieren.

Dieser tiefgreifende Wandel und anhaltende Veränderungen in der nahen Zukunft erfordern dringlicher denn je eine in der kirchlich-theologischen Ausbildung eingeübte Verbindung von »reflektierter persönlicher wie fremder Spiritualität«[51], durch Erfahrungen erprobte spirituelle Haltung und einen Austausch mit anderen geistlichen Wegen. Pfarrerinnen und Pfarrer sind in einer Welt des unbegrenzten Informationsflusses geradezu verpflichtet und hoffentlich durch das Theologiestudium angeregt, Wechselwirkungen zwischen christlichen Kernstücken und anderen lesbaren Anhaltspunkten in der Rezeption »intra et extra muros ecclesiae« nachzuspüren.[52] Mit welchem Selbstverständnis sich das vollziehen kann, skizziert ein Ansatz aus der Liturgiewissenschaft, der die Anforderungen einer liturgischen Hermeneutik bedenkt:

> »Meister der Verknüpfung sehen es als ihre Aufgabe, implizite Verknüpfungen der Tradition zu entfalten, behutsam Fäden ins bestehende Gewebe einzuziehen, anderen in bestehenden ›Text‹ – ›Geweben‹ Orientierung zu geben. Und vieles mehr. Als Liturginnen und Liturgen sind wir nicht Gottesdenker, nicht Heilsbringer, nicht Geheimniskrämer. Wir sind Meister der Verknüpfung. In extremen Situationen mögen wir auch einmal zu Seiltänzern werden, in luftiger Höhe und über den Köpfen der anderen. Im Normalfall aber befinden wir uns auf dem Boden. Mit den anderen. Was wir ihnen voraus haben, ist nicht ein Mehr an Gottesgeheimnis, sondern sehr nüchtern, ein Mehr an Verknüpfungswissen.«[53]

---

[50] Peter Zimmerling, Spirituelle Sehnsüchte heute – Die Wiederkehr der Religion, in: Michael Utsch (Hrsg.), Wenn die Seele Sinn sucht. Herausforderung für Psychotherapie und Seelsorge, Neukirchen-Vluyn 2000, 16–34, 16–34.

[51] Klaus Raschzok, Überlegungen zu einer umfassenden Reform der Ausbildung zum evangelischen Pfarrberuf, in: Hanns Kerner/Johannes Rehm/Hans-Martin Weiss (Hrsg.), Das geistliche Amt im Wandel. Entwicklungen und Perspektiven, Leipzig 2018, 53–75, 55.

[52] Vgl. Alexander Deeg, Pastor legens. Das Rabbinat als Impulsgeber für ein Leitbild evangelischen Pfarramts, in: Pastoraltheologie 93 (2004), 411–427, 425.

[53] Martin Nicol, Weg im Geheimnis. Plädoyer für den Evangelischen Gottesdienst, 3., erweiterte Aufl., Göttingen 2010, 293.

Solche Klarstellungen dämpfen an dieser Stelle überzogene Erwartungen, wie sie mancherorts an den Berufsstand herangetragen werden. Das Anwachsen des Aufgabenprofils durch die Erwartung, die Pfarrerschaft müsse in einer Vielzahl gruppenspezifischer Angebote und Formate bedarfsgerecht volkskirchliche Intervalle abdecken können, erweist sich als selbst produzierte Belastung. Im Gegenteil sollte man einsehen, dass Pfarrer durch ihr anspruchsvolles Studium und durch eine eigentümliche Lebensform mit unersetzbaren Kompetenzen ihre Tätigkeit erledigen. Etwa durch das Aufzeigen kontextueller Bezüge in der Lebensdeutung ihrer Mitmenschen erweisen sie sich als findige »Meister der Verknüpfung«: Sie schreiben – sprachlich und theologisch geschult – einzelne Biografien in einen christlich gebotenen Sinnhorizont ein. Bestenfalls erreichen sie in der Verknüpfungsarbeit mit der christlichen Tradition, dass sich konturlose Sinnsuche vertieft und Gestalt gewinnt. Orientierende Kriterien für diese Lebenshermeneutik sind aktuell noch eine Seltenheit. Praktisch-theologische Überlegungen haben dieses Deutehandeln wieder verstärkt wahrzunehmen und der Kirchenleitung in gegenwärtigen Transformationsprozessen als bedenkenswerten Rahmen nahe zu bringen.[54] Das ist essentiell für das aktuelle Zeitgeschehen und eine Rückschau in die Vergangenheit zeigt dienliche Ansätze dazu auf.

IDENTITÄTSBILDUNG ALS GESTALTUNGSAUFGABE

Ein »Verknüpfungswissen« in geistlichen Fragestellungen hat sich langsam auszubilden. Dafür braucht es unterstützende Impulsgeber. Ein Mühen darum zieht sich durch die christliche Geschichte. In der Alten Kirche steht das Lesen der Bibel am Anfang theologischer Betätigung. Aus dem Studium der Bibel folgt laut des hermeneutischen Werks Augustins »De doctrina Christiana« das Predigen und schließlich das Beten, das man nur zum Teil erlernen kann. Evagrius Pontikus sprach von einem bedeutsamen asketischen Anteil in der christlichen Bildung, weil man erst seinen Geist in eine Haltung der Beständigkeit und Herzensruhe einüben muss.[55] Die seelische Stärkung durch geistliche Übungswege betonte die Reformation neu.

---

[54] Vgl. dazu exemplarisch die wissenschaftstheoretische Grundlegung von MANFRED SEITZ, Die Aufgabe der Praktischen Theologie, in: EBERHARD JÜNGEL/KARL RAHNER/MANFRED SEITZ (Hrsg.), Die Praktische Theologie zwischen Wissenschaft und Praxis, München 1968, 65–80. In einer Zeit gesellschaftlicher Umwälzungen wies dabei schon vor Jahrzehnten der Erlanger Theologe Manfred Seitz auf diese Reflexionsaufgabe der Praktischen Theologie hin, wenn er für die Kirche das Erfordernis »eines wissenschaftlichen Nachdenkens über Theologie und Praxis des geistlichen Lebens in der heutigen Zeit [sieht]. Sie kann die Sammlung, Sichtung von Glaubenserfahrungen, Frömmigkeitstypen und künftigen Gestaltungen nicht dem Zufall, bestimmten kirchlichen Gruppen und einer sich stark verbreitenden unwissenschaftlichen Literatur überlassen.« (80).

[55] Vgl. GREGOR EMMENEGGER, Spiritualität und akademisches Studium in der Alten Kirche, in: WALTER DÜRR/STEFAN WENGER (Hrsg.), Theologische Bildung und Spiritualität. Wie akademische Theologie kirchliche Praxis inspirieren kann, Bd. 65 (Studia Oecumenica Friburgensia), Münster 2015, 105–112, 111.

Ein wenig bekanntes Dokument aus dem Jahr 1536 erhellt die Ansicht der Wittenberger Reformatoren. Im Gespräch mit Gesandten des Königs von England erörterte man den Nutzen eines geistlichen Lebens in verbindlicher Gemeinschaft. In den später als »Wittenberger Artikel« gedruckten Thesen bekräftigt Luther mit seinen Mitstreitern das Interesse an geformter geistlicher Bemühung:

> »Non enim satis est, iuventutem, quae admovenda est olim ecclesiae gubernaculis, literas discere, sed etiam disciplina quadam et piis exercitiis assuefacienda est ad amorem ceremoniarum et pietatem, nam qui non sunt tali diligentia assuefacti, plerumque magis sunt prophani quam expedit.«[56]

Nicht nur in diesen Worten zeigt sich die reformatorische Grundhaltung, geistige Bildung und geistliches Leben nicht miteinander in Konkurrenz treten zu lassen. Wissenschaftliche Ausbildung sollte im Gegenteil die eigene Frömmigkeit der angehenden Prediger befruchten. *Vice versa* bedeutet dies: Spirituelle Aktivität dient dazu, den Blick auf die Transzendenzbezogenheit theologischen Strebens zu lenken. Dass die gottesdienstliche Zusammenkunft besonders betont wird, ist nicht überraschend. Die Novität reformatorischer Liturgie bestand darin, die kultische Feier der Christengemeinde streng dialogisch zu deuten. Das Gespräch mit Gott und sein Offenbarungshandeln an der Menschheit gestalten eine Form *sui generis* aus. In der liturgischen Versammlung zeigt sich die Kirche erst als Leib Christi, in der inszenatorisch gebundenen Feier betet, singt und hört der Gläubige nicht allein. Alle tragen zum kommunikativen Geschehen bei, das gestalthaft die persönliche Frömmigkeit anzusprechen vermag.

Das Wiederholen von vorgefertigten Übungen allein, seien sie kollektiv oder individuell, bildet allerdings noch keine pastorale Identität aus. Die Verantwortung für eine eigene, wissenschaftlich reflektierte Theologie ist individuelle Leistung und das Produkt einer besonderen geistlichen Produktivität. Der Theologe, fordert Friedrich Schleiermacher, »soll im Bilden einer eignen Ueberzeugung begriffen sein.«[57] Die Auseinandersetzung zwischen christlichen Glaubensaussagen und einem individuell erschlossenen Sinnhorizont ist in der Ausbildungsphase vorzunehmen. Ein solcher Aneignungsprozess zeitigt die spirituelle Lebenspraxis. Um glaubwürdig seinem Glauben Ausdruck verleihen zu können, bedarf es eines

---

[56] »Denn es ist nicht genug, dass die Jugend, die dereinst zur Leitung der Kirche berufen wird, sich wissenschaftliche Bildung aneignet, sondern sie muss auch durch eine bestimmte Bildung und fromme Übungen zur Liebe zu den gottesdienstlichen Formen und zur Frömmigkeit gewöhnt werden, denn solche, die nicht mit Fleiß eine solche empfangen haben, werden der Welt mehr zugewandter sein als es zuträglich ist.« (Übersetzung A. Proksch) Zit. nach: Die Wittenberger Artikel von 1536 (Artikel der Cristlichen Lahr, von welchen die Legatten aus Engelland mit dem Herrn Doctor Martino gehandelt anno 1536), lat. und dt. zum ersten Male hg. von G. Mentz (Quellenschriften zur Geschichte des Protestantismus zum Gebrauch in akademischen Übungen 2), Leipzig 1905, 70.

[57] FRIEDRICH DANIEL ERNST SCHLEIERMACHER, Kurze Darstellung des theologischen Studiums zum Behuf einleitender Vorlesungen, in: DERS.: Kritische Gesamtausgabe. Abt. 1, Schriften und Entwürfe, Bd. 6.: Universitätsschriften; Herakleitos; Kurze Darstellung des theologischen Studiums, hrsg. v. DIRK SCHMID, Berlin 1998, 320–446, 403.

eigenen Standpunktes – auf die persönliche Situation wie auch auf die Rahmenbedingungen für ein selbstbestimmtes Handeln im Amt appliziert. Denn im alltäglichen Geschäft mangelt es an Zeit für eigentlich notwendige Reflexionsschleifen der eigenen geistlichen Tätigkeit. Ein Großteil muss dann *prima vista* vollzogen werden, dafür lohnt sich die vorherige Selbstvergewisserung im theologischen Studium.

Im 20. Jahrhundert richteten die Liturgischen Bewegungen ihr Interesse auf eine gestaltete Spiritualität und wirkten mit ihren Impulsen vielerorts auf die Pfarrerschaft nachfolgender Generationen ein. Eine konturierte Position dieser Bewegung findet sich im Denken des Praktischen Theologen Wilhelm Stählin (1883–1975). Er verwies wieder auf die Aufgabe der Kirche, Amtsträger dauerhaft in spirituelle Aufgaben des Amtes einzuweisen: »Ein Leben im Gebet will gelernt und geübt sein. Darum gehört die Einübung im Gebet der Kirche und die feste Eingewöhnung in der Ordnung des Gebetes zu der unentbehrlichen Zurüstung des geistlichen Amtes.«[58] Nicht nur das privat gesprochene Gebet ihrer Pfarrer hat für die Kirche von Interesse zu sein, besonders die öffentlich gelebte Spiritualität steht im Fokus. Vor allem im liturgischen Agieren der Amtsträger zeigt sich die geistliche Bestimmung des Pfarrdienstes, die pastorale Lebensführung gewinnt in seiner Sozialität eine kommunikative Wirkmacht.[59]

In den letzten Jahren schenkt man dem Spezifikum der pastoralen Bildung mehr Aufmerksamkeit. Für das geistliche Amt, das eben in die Lebensform der Amtsperson hineinwirkt, braucht es nun einmal andere Kompetenzen als für andere professionalisierte Berufe. Daher insistiert Michael Meyer-Blanck, dass in der Pfarramtsausbildung eine wissenschaftlich vermittelte »geistliche Bildung« vollzogen werden soll. Das allein leiste eine akademisch fundierte und an den wissenschaftlichen Diskurs zurückgebundene Ausbildung des kirchlichen Personals und schütze vor einem verhängnisvollen Abgleiten in subjektive Beliebigkeit. Denn »[ü]ber das eigene geistliche Leben muss der geistliche Berufsträger auskunftsfähig sein, um wiederum andere in geistlichen Bildungsprozessen begleiten, fördern und anleiten zu können«[60]; andererseits fehle der klassische reflexive Moment evangelischer Theologie mit einer Grundausrichtung individueller Praxis an der

---

[58] WILHELM STÄHLIN, Die Zurüstung zum Geistlichen Amt als Lebensfrage der Kirche, in: ADOLF KÖBERLE (Hrsg.), Symbolon. II. Erkenntnisse und Betrachtungen, Stuttgart 1963, 197–219, 208.

[59] Stählin wollte aber nicht einer Überhöhung des pastoralen Standes das Wort reden. Immer wieder tauchen in Stählins Werk Einwände gegen eine exklusive Gleichsetzung pastoraler mit geistlicher Lebensführung auf, so auch hier: »[Es] gibt der geistliche Charakter dieses Amtes keineswegs ein Recht, die Träger dieses Amtes als ›Geistliche‹ zu bezeichnen. Wann wird die fragwürdige Gewohnheit in unserer Kirche endlich aufhören, von Pfarrern als den ›Herren Geistlichen‹ [...] zu reden, als ob alle Pfarrer geistliche Menschen und als ob nicht sehr viele Nicht-Pfarrer echte Träger des geistlichen Lebens in der Kirche wären?« (STÄHLIN, Zurüstung [s. Anm. 58], 198).

[60] MICHAEL MEYER-BLANCK, Geistliche Bildung. Wie lernen Pfarrerinnen und Pfarrer das öffentliche Gebet?, in: DERS.: Agenda. Zur Theorie liturgischen Handelns, Tübingen 2013, 296–306, 299.

Heiligen Schrift. Die reformatorisch gestellten Weichen zum gebildeten Pfarrerideal verharren nicht in der theoretischen Auseinandersetzung mit dem christlichen Traditionsgut. Vielmehr hängt sich noch ein persönlicher Erschließungsprozess an. Die natürliche Kontinuität der beiden Phasen bleibt eine Erwartung an die pastorale Ausbildung, wenn Michael Wöller als Ziel für die pastorale Identitätswerdung angibt: »eine gebildete persönliche Identität, damit die Person, die im Seminar Literarkritik betreibt und die im Kämmerlein die Tageslosung meditiert – und später im Talar auf der Kanzel steht – ein und dieselbe ist.«[61]

MEDITATION ALS EXEMPLARISCHE GESTALTWERDUNG

In den letzten Jahrzehnten erstarkte das Interesse an meditativen Formen. Eine Wiederentdeckung leibfokussierter Glaubensformen ist zu beobachten und prägt Debatten in Theologie und Kirche. Im Gleichschritt dazu erwacht in einer globalisiert denkenden Gesellschaft der Eifer, Traditionslinien jenseits europäischer und christlicher Sinnsysteme in die eigene Glaubensbiografie integrieren zu wollen. Übungen aus der indischen Tradition des Yoga oder aus dem Zen-Buddhismus wenden sich der leiblich als auch geistig empfundenen Existenz des Menschen zu. Dabei ist zu beobachten: Die Faszination fernöstlicher Spiritualitätsformen beförderte paradoxerweise eine Wiederentdeckung alter christlicher Kontemplationsformen, etwa des orthodoxen Herzensgebets, oder motivierte zu schier unüberschaubaren Programmen spiritueller Angebote in einzelnen Kirchengemeinden, kirchlichen Einkehrhäusern oder evangelischen Kommunitäten. Ursprüngliche christliche Meditation teilt sich nun den Platz mit exotischen Übungsformen oder nachträglich christlich gedeuteten Formen. Die Faszination dieser geistlichen Ausdrucksform liegt darin, dass in meditativen Übungen die Trennung zwischen individueller und öffentlicher Sphäre verschwimmt. Meditation kann zwar gemeinschaftlich praktiziert werden, muss aber nicht zwingend öffentlich sein. Mehrheitlich ist sie auf die private, sogar intime Sphäre religiöser Erfahrung beschränkt. Dies ist ein grundlegender Unterschied zur gottesdienstlicher Feier. Anders als ein Gottesdienst ist sie kein Kommunikationsgeschehen, sie ist vielmehr »ein methodisches, den Menschen ganzheitlich einbeziehendes, selbst noch nicht notwendig in der Anredeform des Gebets gestaltetes Nachsinnen des Einzelnen mit dem Ziel erfahrungsmäßiger Gottesbegegnung.«[62] Weithin setzt man meditative Formen gerne mit körperlichem oder sinnlichem Bezug gleich. Entspricht das zwar nicht allen Formen der Meditation, bleibt das Phänomen dennoch für alle nach Ganzheitlichkeit suchenden Menschen in der Gegenwartskultur attraktiv.

---

[61] MICHAEL WÖLLER, Gelebter Glaube und theologische Ausbildung. Zum Ausbildungsdokument der Gemeinschaft Evangelischer Kirchen in Europa, in: SABINE HERMISSON/MARTIN ROTHGANGEL (Hrsg.), Theologische Ausbildung und Spiritualität, Bd. 16 (Wiener Forum für Theologie und Religionswissenschaft), Wien 2016, 91–101, 101.

[62] MARTIN NICOL, Art. »Meditation II. Historisch/Praktisch-theologisch«, in: TRE (1992), 337–353, 338.

Die moderne Sehnsucht nach meditativen Techniken führte einen jahrhundertealten Meditationsweg in die spirituelle Praxis der westlichen Kirche ein: Die Übung des Herzensgebets. Von frühen Anfängen bei den Wüstenvätern ausgehend, praktizierten vor allem Mönche orthodoxer Kirchen diese Gebetsform. Kurze, gleichbleibende Formeln werden kontinuierlich wiederholt und schlussendlich mit der Atmung synchronisiert. Der weitverbreitete Wortlaut »Herr Jesus Christus, Sohn Gottes, erbarme dich meiner« orientiert sich an Bittrufen im Matthäusevangelium und führt zu einer die Atemzüge und den Herzschlag integrierenden Anrufung Jesu, die umfassend die leibliche Dimension eines Gläubigen beansprucht. Der paulinischen Aufforderung zum immerwährenden Gebet nachkommend, prägte das Herzensgebet die orthodoxe Spiritualität und fand im 20. Jahrhundert nachhaltig Eingang in die spirituelle Vielfalt europäischer Kirchen.[63] Der leicht in den Alltag zu integrierende Gebetsweg wie auch die Leib und Geist fordernde Technik machten das Gebet für Teile der evangelischen Pfarrerschaft attraktiv. Auf römisch-katholischer Seite findet sich sogar eine Anleitung im deutschsprachigen Gebet- und Gesangbuch »Gotteslob«, auf evangelischer Seite bieten kirchliche Tagungshäuser und geistliche Zentren eine Vielzahl an Kursen an.

Doch auch die westliche Tradition bewahrte sich ungebrochen die Meditation als christlichen Frömmigkeitsstil. Man würde eine ergiebige Quelle evangelischer Meditationspraxis leichtsinnig übergehen, käme die Sprache nicht auf Martin Luther. Freilich wird sein Wirken nicht prominent mit »Meditation« im landläufigem Sprachgebrauch unserer Gegenwart in Verbindung gebracht. Jedoch findet sich bei Luther einerseits eine lebenslang währende Ernsthaftigkeit, das Studium der Bibel nicht allein kognitiv zu betreiben, sondern durchaus affektiv dem biblischen Wortlaut zu begegnen. Andererseits war dem ehemaligen Mönch die leibbezogene Dimension spätmittelalterlicher Frömmigkeit nicht fremd. Der Meditationsweg Luthers hat seine Wurzeln in der schriftbezogenen Glaubenspraxis des Mittelalters. Er ist geistliche Bibellektüre, deren Voraussetzung das Gebet ist und als deren Ziel die Gottesbegegnung aufgetragen ist. Die intensive Auseinandersetzung mit dem Bibelwort führt nach Luther zur Vertiefung in Gottes Offenbarungshandeln und folglich zur persönlichen Bewahrung des Glaubens. Luther selbst hat seinen Tagesablauf nach festen geistlichen Ordnungen strukturiert und die Schriftmeditation regelmäßig gepflegt. Einer nicht ganz unproblematischen Auffassung der spätmittelalterlichen Kontemplation setzte Luther als Fluchtpunkt meditativer Lebensführung die Besinnung auf das Erlösungsgeschehen durch Jesus Christus entgegen. Mystische Erlebnisse als gnadenbringenden Aufstieg zu interpretieren, verwarf Luther strikt. Die meditative Versenkung ist kein Instrument der Selbstvervollkommnung oder der Beginn eines Erlösungswerkes. Durch das Sakrament der Taufe wird man dem Stand der Gnade zugeeignet. Alle Getauften sind prinzipiell in der Lage, zum einen die eigene Bedürftigkeit nach Erlösung einzusehen und zum andern die daraus notwendige Heilstat Gottes ausreichend

---

[63] Vgl. SABINE BAYREUTHER, Meditation. Konturen einer spirituellen Praxis in semiotischer Perspektive, Bd. 43 (Arbeiten zur Praktischen Theologie), Leipzig 2010, 145.

zu erfassen. Durch eine im Meditationsprozess gewonnene Erfahrung vertieft sich das Bewusstsein um das persönliche Angefochtensein.[64] Manche Ansätze im evangelischen Bereich interpretieren Meditation gegenwärtig wieder als eine glaubenssteigernde Haltung. Man muss die Bemühungen des Reformators um meditative Vollzüge im Sinne seiner Rechtfertigungslehre daher als einen bis heute nicht abgeschlossenen Reformprozess in den Kirchen der Reformation sehen.

Der Schwerpunkt in den kommenden Jahrhunderten verlagerte sich zugunsten des intellektuellen Bibelstudiums in den nicht öffentlichen Bereich. Erst der einsetzende Pietismus mit August Hermann Francke oder davor schon der von der Mystik beeinflusste Johann Arndt weist auf Aktivitäten hin, erkennbare geistliche Lebendigkeit der Prediger fortwährend einzufordern. Eine im deutschsprachigen Bereich eher unbekannte Kontemplationsform geht auf den puritanischen Pfarrer Richard Baxter zurück. Sein berühmtestes Werk »The Saints' Everlasting Rest« aus dem Jahr 1650 besticht durch klare Handlungsanweisungen für die kontemplative Durchdringung von Bibelworten als Betrachtungsgegenstand. Die Intention der Übungen ist deutlich von der reformatorischen Tradition geprägt. Über Luther geht er hinaus, wenn er nicht allein Schriftworte zu bedenken empfiehlt, sondern auch historische Begebenheiten, die Schönheit der Natur oder persönliche Erinnerungen. Fokus der Betrachtung sei aber dann stets der Heilswille Gottes, der sich in diesen Aspekten widerspiegelt. Für die geistliche Schriftlektüre sei nach Baxter die Bereitschaft zur strengen Konzentration unabkömmlich. Das Nachsinnen in abgesonderten Räumen wie die Einhaltung reservierter Zeiten im Tageslauf unterstützen die innere Sammlung. Auffallend ist die emotionalisierte Absicht dieses Vorgangs. Auf die Vergegenwärtigung jenseitiger Freuden vermag sie besonders hinzuweisen.[65]

Innerlichkeit, Leibbezogenheit, kontinuierliches Gebet und kontemplative Gestaltungsformen der persönlichen Spiritualität sowie christliche Lebensvollzüge schließen einander also nicht aus. Theoretisches Wissen um die spirituelle Vitalität der Gegenwart und eigenes Erfahrungswissen in der ganzen Breite an Traditionen und Neuschöpfungen können die pastorale Erfahrung vertiefen und bereichern. Allein die Sensibilisierung mit dieser Dimension des evangelischen Glaubens kann zur Selbstreflexion anregen, ohne aber Pfarrpersonen durch einen konkreten Methodenkanon in ein spirituelles Prokrustesbett zwingen zu wollen.[66]

---

[64] Vgl. MARTIN NICOL, Meditation bei Luther, 2. durchgesehene und ergänzte Auflage, Göttingen 1991, bes. 97–101.

[65] Vgl. dazu die konzise Darstellung in KATHARINA KRAUSE, Bekehrungsfrömmigkeit, Tübingen 2018, bes. 156–159.

[66] Kirchenoffizielle Papiere verzichten daher gegenwärtig auf Vorschläge zur Ausfüllung vorreservierter Zeitdepots. Vgl. etwa für die Evangelisch-Lutherische Kirche in Bayern: Berufsbild: Pfarrerin, Pfarrer, Pfarrer und Pfarrerin sein in verschiedenen Kontexten. Evangelisch-Lutherische Kirche in Bayern, Abschlussbericht des Projektleiters OKR Dr. Stefan Ark Nitsche vorgelegt auf der Landessynode in Schweinfurt im November 2015, https://www.berufsgruppen-miteinander.de/system/files/dateien/anlage_f_-_pfarrer_pfarrerin_sein._abschlussbericht_des_berufsbildp.pdf (letzter Zugriff am 03.12.2018).

Ringen um Berufsidentität

Die Diskussionen der Gegenwart um die pastorale Ausbildung wie um das Pfarramt selbst ringen einmal wieder um ein angemessenes Berufsprofil. Reformprozesse kreisen stets um Leitbilder für die eigentümliche Amtserfüllung der Pfarrerinnen und Pfarrer in der Volkskirche und rektifizierten zeitgemäß pastorale Berufsidentitäten unter gewandelten Rahmenbedingungen in Kirche und Gesellschaft. Evangelische Anpassungsprozesse führten gelegentlich zu einem regelrechten Changieren der Funktionszuordnung und spiegeln zugleich die Gestaltungsoffenheit der pfarramtlichen Tätigkeit wider. Unter dem Eindruck einer erneuten Profilierung des pastoralen Amtes ertönte einmal eine Retrospektive durch Volker Drehsen mit bissigem Unterton:

> »Der gebildete Volkserzieher in der Aufklärung, der vollmächtige Seelsorger im Pietismus, der patriotische Prediger der Erweckungsbewegung, der intellektuell-rechtschaffene Gelehrte der liberalen Theologie, der sozialethische Gemeindepädagoge im Kulturprotestantismus, der theologische ›Fachmann‹ und Wort-Gottes-Prediger in der Dialektischen Theologie, der völkische Kirchenführer der ›Deutschen Christen‹, der restaurative Frömmigkeitsintegrator oder kirchlich innovative Akademie-Kämpfer der unmittelbaren Nachkriegszeit, der demokratische Teamleiter aus der sozialliberalen Ära der siebziger Jahre, der engagierte Sprecher ethisch orientierter Bürgerinitiativen und sozialer Bewegungen der achtziger Jahre und – wie man schließlich für die neunziger Jahre hinzufügen könnte: – der betroffenheitskultische Seelsorger und mystagogische Protagonist unterschiedlichster Spiritualitätsformen im Protestantismus.«[67]

Die Transformation der Religion in diverse Formen von Spiritualität und das Ende mehrheitsfähiger Gestaltungsformate in der Volkskirche verunsichert. Gar manchem ist die Wiederentdeckung spiritueller Komponenten in der pastoralen Existenz unheimlich. Drehsen ist durchaus zuzustimmen, wenn man in seinen Worten die Warnung vor einem unzulänglichen Berufsbild wahrnehmen will. Der Versuch zur Propagierung eines universal stimmigen Pfarrprofils sowie Verlegenheitsantworten auf unscharf formulierte Erwartungen evozieren eine pastorale Identität, der es jeglicher Konkretion ermangelt und die schlussendlich für alle Gemeindeglieder unattraktiv bleiben wird. Die spirituellen Grundhaltungen einer Pfarrperson sind wie jede ihrer theologischen Positionen ein gewachsenes Produkt aus einem zumeist langen Bildungsprozess und biographisch gebrochen. Das geistliche Selbstbild einer Person kann nicht beliebig je nach Situation und Anforderung gewechselt werden. Der Frage nach einer spirituellen Identität hilft die Diskussion um das Für und Wider konkreter Ausformungen wenig.

Denkspuren ergeben sich in der Frage nach der Verbindung von Pfarrberuf und Spiritualität, wenn man das Fremdwort unter Beachtung seiner christlichen Herkunft übersetzt. »Spiritualität« leitet sich ab von *spiritus*, dem göttlichen Geist, dem sich die Kirche und ihr Wirken verdanken. Signiert man Pfarrerinnen und Pfarrer als »spirituelle« Persönlichkeiten, erhellt es den Hintergrund, vor dem sich

---

[67] Volker Drehsen, Vom Amt zur Person: Wandlungen in der Amtsstruktur der protestantischen Volkskirche. Eine Standortbestimmung des Pfarrberufs aus praktisch-theologischer Sicht, in: International Journal of Practical Theology 2 (1998), 263–280, 264f.

nach dem fünften Augsburger Bekenntnisartikel »die unverfügbare Mitte des pastoralen Handelns«[68] bildet. Jeder persönliche Glaubensvollzug bleibt hinsichtlich seiner gestalthaften Seite vorläufig. Nicht eine Idealform kann vorbildhaft überhöht oder überindividuell normierend wirken. Als Konsequenz folgt, dass spirituelle Pluralität geboten ist – unter dem Kleid kreativer und theologisch kompetenter Selbstreflexion. Die Voraussetzung für ein fruchtbares Miteinander differenter Formen und Gestaltgebungen ist schon abgesichert, wenn Amtsträger Gewissheit über ihre geistlichen Kraftquellen gewonnen haben, um diese reflektiert und anschlussfähig in das Gespräch einbringen zu können. Denn dann sind sie in der Lage, ihre individuellen Glaubenspraktiken mit nötiger Eindeutigkeit in alle Bereiche ihres Dienstes einzuspeisen und im öffentlichen Raum glaubwürdig zu vertreten. Diese Grundsätze auf dem Weg zu einer abgewogenen Profilierung sind zum Wohle kommender Pfarrgenerationen erneut in die Debatte einzubringen und dürfen in aktuellen kirchlichen Reformen nicht beiseite geschoben werden *ad calendas Graecas*.

---

[68] CHRISTIAN GRETHLEIN, Pfarrer – Ein theologischer Beruf!, Frankfurt a. M. 2009, 88.

Reflexionen aus kirchenleitender Perspektive

Engagiert, kirchennah und ein Spiegel der Volkskirche

Eine Untersuchung zum Nachwuchs für den Pfarrberuf

Frank Seifert

Sie sind »engagiert, kirchennah und ein Spiegel der Volkskirche«. Sie: Das sind Studentinnen und Studenten der evangelischen Theologie, die mit dem geplanten Studienabschluss »Kirchliche Prüfung« Pfarrerinnen und Pfarrer der Evangelisch-Lutherischen Kirche in Bayern (ELKB) werden möchten und die sich dafür und mittels eines spezifischen Antragsverfahrens in die »Anwärterliste für das Geistliche Amt« bei eben dieser ELKB haben eintragen lassen. Über einen langen Zeitraum wurden aus diesen Antragsverfahren anonymisierte Daten erhoben und schließlich dem Institut für Praxisforschung und Evaluation an der Evangelischen Hochschule Nürnberg (IPE) für eine »Untersuchung zum theologischen Nachwuchs in der Evangelisch-Lutherischen Kirche in Bayern auf Basis der ›Anwärterliste für das Geistliche Amt‹« zur Verfügung gestellt. Unter dem eingangs genannten Titel wurde die Untersuchung 2017 von der federführenden Personalabteilung im Landeskirchenamt und ihrem Ausbildungsreferat der Kirchenleitung und Fachkreisen vorgelegt.

Ziel der Studie war es, eine Personengruppe auf der Basis von verlässlichen und belastbaren Fakten in den Blick zu nehmen, der eine besondere Rolle bei der Entwicklung der Kirche zugeschrieben wird (es würde sich also lohnen, sie differenziert wahrzunehmen, zu kennen und daraus Folgerungen z. B. hinsichtlich der Ausbildung zu ziehen). Zudem führt das allgemein große Interesse am »theologischen Nachwuchs« auf ein weites Feld spekulativer und Einzelbeobachtungen verallgemeinernder Aussagen, die unvermittelt nebeneinander stehen und meist mehr über den Beobachter und seine Perspektive sagen als über seinen »Gegenstand«. Und so beklagen die einen, dass »die Jungen« keine Gesangbuchlieder mehr auswendig können und der Bestand an biblischen und traditionellen Kenntnissen immer weiter ausdünne, während andere die nächste Generation als völlig »angepasst«, binnenkirchlich und konservativ kritisieren. Den einen ist der Nachwuchs zu akademisch, anderen zu ungebildet und wieder anderen schlicht zu weiblich. Seriöse Ausbildungs- und Personalarbeit braucht es verlässlicher und dazu sollte die Studie Erkenntnisse beitragen.

1 Grundsätzliches zur Geschichte und Funktion der Anwärterlisten

Der »Anwärterliste für das geistliche Amt« bzw. der »Anwärterliste für Theologiestudierende« kam in der Evangelisch-Lutherischen Kirche in Bayern immer eine gewisse Bedeutung zu. Je nach den personalpolitischen Rahmenbedingungen und Vorentscheidungen veränderte sich diese Bedeutung. Allerdings wurde zu keinem Zeitpunkt auf die Vorgabe der Kirchenleitung verzichtet, dass ein Eintrag auf dieser Liste grundsätzlich und möglichst früh zu Beginn des Studiums erfolgen solle. Die Maßgabe, dass die Aufnahme auf der Anwärterliste Zulassungsvoraussetzung für das 1. Theologische Examen ist, unterstrich jederzeit die Ernsthaftigkeit dieses Grundsatzes. Die nach einem festgelegten Verfahren erfolgte Listenaufnahme begründet(e) allerdings keine Rechtsgarantie hinsichtlich einer Aufnahme in den Vorbereitungsdienst (Vikariat) oder gar in den Pfarrdienst. Zu Zeiten der Allgemeinen Wehrpflicht hatte die erfolgte Aufnahme allerdings eine Rechtsfolge – für die männlichen Anwärter nämlich zumindest den Aufschub der Einberufung durch das Kreiswehrersatzamt.

Waren in früheren Jahren, vor allem in denjenigen, in denen starke Alterskohorten den Vorbereitungsdienst und den Beruf aufnehmen wollten, die landeskirchlichen Listen geradezu Bollwerke gegen Bewerber aus anderen Gliedkirchen (mit teilweise hartnäckigen Tausch-Verhandlungen zwischen den Ausbildungsreferaten der Kirchenämter und erheblichen persönlichen Härten für die Betroffenen – z. B. bei Ehepaaren, die auf verschiedenen landeskirchlichen Listen eingetragen waren), so bröckelte die Verbindlichkeit der »Listen« nach der Jahrtausendwende – wohl schon unter dem Eindruck, dass sich die »Personalmarktsituation« in absehbarer Zeit umdrehen werde und in der Überzeugung, dass Landeskirchen, die an der Listenaufnahme festhielten, als Dienstgeber unattraktiver würden. Dabei wurde den Listen eine abschreckende, weil eine gewisse Verbindlichkeit fordernde Wirkung sowie eine unangemessene Einmischung der Kirchenämter in die persönliche Freiheit sowie eine Auswahl-Funktion unterstellt, die (in der ELKB) zu keinem Zeitpunkt intendiert war (zumindest nicht im »Binnenmarkt«). Paradoxerweise führten aber in diesen Jahren zahlreiche Landeskirchen neue Formen der Bewerber-Auswahl ein (Assessments oder Eignungsprüfungen), so dass der Lockerung der Listenpflicht, der (scheinbaren) Liberalisierung und Öffnung des Marktes an anderer Stelle nur neue Maßnahmen entgegengestellt wurden – bei denen nun oft nicht mehr die regionale Herkunft des Bewerbers, sondern andere, vor allem persönlichkeitsorientierte Kriterien eine Rolle spielten. Den Diskussionsstand spiegelt die 2011 vom Kirchenamt der EKD veröffentlichte kleine Broschüre »Zu Funktion und Praxis der Liste der Theologiestudierenden. Zur Problematik von Eignungsprüfungen« mit »Empfehlungen der Gemischten Kommission/Fachkommission I« wieder.[1]

---

[1] Vgl. Zu Funktion und Praxis der Liste der Theologiestudierenden, in: MICHAEL BEINTKER/MICHAEL WÖLLER (Hrsg.), Theologische Ausbildung in der EKD. Dokumente und Texte aus der Arbeit der Gemischten Kommission für die Reform des Theologiestudiums/Fachkommission I (Pfarramt, Diplom und Magister Theologiae 2005–2013),

Die ELKB behielt die Listenverpflichtung bei (in der praktischen Durchführung und Struktur ohne restriktive, gar »selektive« Aspekte). Im Zusammenspiel mit der 2007 eingeführten Kirchlichen Studienbegleitung (KSB) als Nachfolge-»Personal«-Entwicklungs-Modell des Praxisjahres (PJ) und der »Begleitung Theologiestudierender« (BTS) verfügt die Kirche so bis heute über ein geeignetes Instrument, das die in dem o. g. Papier als »Funktion der Liste der Theologiestudierenden« genannten Kriterien erfüllt:

- »Sie dient der Kommunikation der Landeskirche mit den jeweiligen Theologiestudierenden sowie zu deren kontinuierlicher Beratung und Begleitung [...]« (II. Empfehlungen, Absatz 1, b).
- »Sie ist für Gliedkirchen und EKD ein unverzichtbares Planungsinstrument zur Erhebung der verbindlich an der Ausbildung zum Pfarrdienst sowie an der späteren Ausübung des Pfarrdienstes in einer bestimmten Landeskirche Interessierten. Sie wird in dieser Funktion ergänzt durch regelmäßige Prognosen zur Bedarfsentwicklung« (II. Empfehlungen, Absatz 1, d).

Landeskirchen, die mittlerweile die Verbindlichkeit der Listen aufgegeben oder abgeschwächt haben, haben sich dieser Möglichkeiten weitgehend beraubt. Eine Liste, die nur noch einen »freiwillig« erhobenen Anteil der »eigenen« Theologiestudierenden umfasst, schränkt die personalentwicklerischen Chancen ein und verunmöglicht auch eine solide Zugangsprognose. Aktuell sind auch die ELKB-Prognosen schon durch die große Zahl »frei« und ohne jede Listenbindung Studierender im Raum der EKD erschwert, was insbesondere die Planungen für die Kapazität der zweiten Ausbildungsphase (Vikariat, insbesondere im Predigerseminar) tangiert. Ein sorgfältig durchgeführtes Aufnahmeverfahren erhebt zudem nicht nur die Quantitäten des theologischen Nachwuchses, sondern kann (auf der Basis anonymisierter Statistiken und methodisch kompetent ausgewertet) auch qualitative Erkenntnisse liefern über die »neuen« Alterskohorten, die in den Dienst gehen werden. Mit letzterem befasst sich die hier dargestellte Untersuchung.

2 Die Studie

Die Studie entstand auf der Basis von 664 im Ausbildungsreferat der ELKB durchgeführten Aufnahmeverfahren über den Zeitraum von etwa 2005 bis 2015. Anonymisiert ausgewertet wurden die jeweils für den Bewerber bzw. die Bewerberin schriftlich vorliegenden Referenzen zweier Referenzgeber sowie das eigene sog. »Motivationsschreiben«. Im Laufe des Erfassungs-Zeitraumes mit drei abgrenzbaren Zeiträumen (Befragungswellen 2005–2010; 2011–2014 und 2014–2015) änderte sich teilweise die Kriteriologie, dies wurde in der Untersuchung ausgewie-

---

Leipzig 2014, 165-169; Dies. (Hrsg.), Zur Problematik von »Eignungsprüfungen«, in: Theologische Ausbildung in der EKD. Dokumente und Texte aus der Arbeit der Gemischten Kommission für die Reform des Theologiestudiums/Fachkommission I (Pfarramt, Diplom und Magister Theologiae 2005–2013), Leipzig 2014, 171-175.

sen: Nicht alle Fragen wurden also in allen Befragungswellen gestellt; die letzte Befragungswelle war im Vergleich zu den anderen (bedingt durch den Stellenwechsel des Projektleiters) sehr klein.

Die gesamte Erfassung der Daten erfolgte über einen langen Zeitraum zunächst ohne eine bestimmte Zweckbindung – aber in dem Wissen über deren Wert für eine empirische Untersuchung auf der Basis einer ausreichend großen und seriös erhobenen Datenmenge.

Methodisch wurden die Daten vor der Auswertung durch das Institut für Praxisforschung und Evaluation aufbereitet. Hierbei wurden vor allem qualitative Textantworten in quantitative Variablen überführt. Hierzu wurden aufgrund der Textantworten plausible Kategorien gebildet und dann die jeweiligen »Fälle« den Kategorien zugeordnet. Weiterhin wurde der Datensatz auf Plausibilität überprüft.

Die Daten wurden sowohl deskriptiv als auch inferenzstatistisch ausgewertet. Es wurden im Rahmen der deskriptiven Auswertung Häufigkeits- und Kreuztabellen erstellt. Weiterhin wurden bei einzelnen Hypothesen Zusammenhänge zwischen zwei Variablen berechnet. Es wurden Signifikanztests durchgeführt, um festzustellen, ob gefundene Unterschiede oder Zusammenhänge in der Befragungsstichprobe auch auf die Grundgesamtheit, also auf alle Anwärterinnen und Anwärter innerhalb der ELKB, übertragbar sind. Wurde im Rahmen dieses Tests ein Unterschied bzw. ein Zusammenhang als signifikant identifiziert, bedeutet dies, dass die Wahrscheinlichkeit, dass dieser zufällig ist, so gering ist, dass davon auszugehen ist, dass dieser Unterschied bzw. Zusammenhang auch in der Grundgesamtheit vorliegt.

3 Ergebnisse und Erkenntnisse im Überblick

3.1 Zugang nach Geschlecht

Die Gender-Thematik spielt in der Berufssoziologie eine große Rolle. Von einem typischen Männer- oder Frauenberuf ist zu sprechen, wenn der Beruf zu etwa drei Vierteln oder mehr von einem Geschlecht dominiert wird. Hiervon ist der Pfarrberuf auf der Basis der Untersuchung für die bayerische Landeskirche weit entfernt. Im gesamten Beobachtungszeitraum verschoben sich die Anteile nur ganz leicht zugunsten der Frauen (bei den jährlichen Neuaufnahmen knapp über 50 Prozent).

In der Untersuchung wurde das Geschlecht ab der Befragungswelle 2011–2014 erfasst. Es zeigte sich, dass in den späteren Befragungswellen der Anteil der weiblichen Anwärterinnen leicht höher lag. Allerdings war der Unterschied zwischen den Befragungswellen nicht signifikant. Die Hypothese, dass in den späteren Befragungswellen mehr weibliche Anwärterinnen das Theologiestudium aufgenommen haben, konnte die Studie nicht bestätigen.Um dies zu verifizieren, wurde in dieser Untersuchung mittels der letzten beiden Befragungswellen untersucht, ob es in den letzten Jahren eine manifeste Verschiebung gab. Dies war nicht der Fall. Die Genderfrage wurde in der Untersuchung nur gestreift, da die Personalstatistiken des Landeskirchenamtes hier präzise Auskunft geben können. Die gelegentlich geäußerte Behauptung von einer »Feminisierung« des Pfarrberufes lässt sich mit der vorliegenden Studie nicht belegen.[2]

3.2 Zugang nach Region

Wenn die Hypothese stimmt, dass sich Pfarrer und Pfarrerinnen in ihrer Berufslaufbahn später (wenigstens irgendwann einmal oder für eine Berufsphase) auch wieder in ihre Heimat- und Herkunftsregion bewerben, dann könnte es ein strategisches Ziel sein, junge Leute in einer angemessenen Verteilung aus allen Regionen (kirchenorganisatorisch z. B. Kirchenkreisen) für das Theologiestudium und den Pfarrberuf zu gewinnen. Als z. B. die Pfarrstellen-Vakanz-Quote im Kirchenkreis Bayreuth überdurchschnittlich hoch war, setzte das Ausbildungsreferat deshalb die ersten Pilot-Projekte »Werbung und Orientierung für kirchliche Berufe« in oberfränkischen Gymnasien an. In der Studie wurde deshalb der Versuch unternommen, die Zahl der Kirchengemeindeglieder in je einem Kirchenkreis in Relation zu setzen zu der Zahl der aus diesem Kirchenkreis stammenden Theologiestudenten bzw. Theologiestudentinnen – die Differenz über einen zu wählenden Beobachtungszeitraum lässt sich dann in Prozentpunkten darstellen und damit eine Aussage treffen, ob der entsprechende Kirchenkreis seine der Größe entsprechende »Ausbildungsquote« erreicht, übertrifft oder nicht erreicht. Zwischen dem prozentualen Anteil der Gemeindeglieder und den Anwärterinnen und Anwärtern in den Kirchenkreisen ergaben sich in der Tat auch teilweise sehr starke Differenzen. Allerdings basierten die Anteilswerte der Anwärterinnen und Anwärter hier nur auf einer Stichprobe der letzten Befragungswelle. Für die Grundgesamtheit hätte dies anders ausfallen können. Insofern konnte die Studie keinen verlässlichen Vergleich zwischen den Anteilswerten der Kirchenglieder und der Anwärterinnen und Anwärter liefern, sondern ausschließlich erste Anhaltspunkte (nach denen die Kirchenkreise Ansbach-Würzburg und Bayreuth ihre »Ausbildungsquote« im Erfassungszeitraum deutlich »übererfüllten«).

3.3 Abiturnote

Wenn kolportiert wird, auf das Theologiestudium griffen vor allem diejenigen leistungsschwächeren Abiturienten zurück, die wenig andere (Studien-)Möglichkeiten hätten, so wird diese Behauptung durch die Studie nicht gestützt. Die Durchschnittsnote auf bayerischen Abiturzeugnissen liegt (z. B.) in den für die Untersuchung relevanten Jahren 2014 bis 2017 stabil zwischen 2,31 und 2,33. Die Durchschnittsnote der befragten Anwärterinnen und Anwärter lag bei 1,9 in einer Spannung von 1,0 bis 3,1. Die Verfasser der Studie ziehen das Fazit: »Die Hypothese, dass die Durchschnittsnote der bayerischen Theologiestudierenden tendenziell sehr gut bis gut ist, kann bestätigt werden«.

---

[2] So z. B. FRIEDRICH WILHELM GRAF, Was wird aus den Kirchen?, Beitrag in der FAZ vom 01.04.2010, https://www.faz.net/aktuell/feuilleton/missbrauchskandale-was-wird-aus-den-kirchen-1575400.html (letzter Zugriff am 10. 05. 2019): »Auch schweigt man darüber, dass zunehmend Frauen ins evangelische Pfarramt streben [...] für viele exzellente männliche Theologen ist die evangelische Kirche kein interessanter Arbeitgeber mehr.«

3.4 Elternhaus und kirchliche Sozialisation

Theologiestudierende können sich in einem hohen Maß der Unterstützung durch ihr Elternhaus gewiss sein: 87 Prozent derer, die auf diese Frage geantwortet haben, bestätigen den Rückhalt für ihre Entscheidung durch das Elternhaus.

Der Anteil der Anwärterinnen und Anwärter, die als »Pfarrerskinder« selbst aus einem Pfarrhaus stammen, lag mit 10,4 Prozent unter der erwarteten Quote. Da diese Frage von allen 664 Befragten beantwortet wurde, ist der Wert für den gesamten Erfassungszeitraum auch absolut präzise.

Die religiöse Sozialisation wurde offen erfasst. Dadurch war eine Mehrfachnennung von verschiedenen religiösen »Sozialisationsinstanzen« möglich. Hier spielten die Familie bzw. ein christlich/kirchlich engagiertes Elternhaus eine große, allerdings keine dominierende Rolle (11,1 Prozent). Mit 6,2 Prozent liegt die Prägung durch ein »Pfarrhaus« (oder einen Familien-Haushalt in einer anderen kirchlichen Berufsgruppe) niedriger als die Quote der »Pfarrerskinder« selbst (s. o.). Die offene Abfrage förderte eine breite Palette religiöser Prägeinstanzen zu Tage: So wurde der Christliche Verein Junger Menschen (CVJM) von 5,7 Prozent der Anwärterinnen und Anwärter genannt, weitere 2 Prozent erwähnen andere kirchliche Jugendverbände, 1,8 Prozent die Landeskirchliche Gemeinschaft, 4,8 Prozent einen katholischen Hintergrund, 4,5 Prozent sprechen *expressis verbis* von einer »volkskirchlichen« Sozialisation, 1,8 Prozent benennen ein konfessionell-plurales, interreligiöses bzw. multikonfessionelles Elternhaus und mehr als 20 Prozent artikulieren eine nicht näher benannte »kirchliche Prägung«. Diese Antworten spiegeln eine bunte religiöse (eher »volkskirchlich« gezeichnete) Landschaft wieder, aus der sich der theologische Nachwuchs rekrutiert. So wenig die ELKB selbst durch eine religiös-spirituelle Monokultur geprägt ist, so wenig lässt sich also der theologische Nachwuchs einem oder wenigen Lagern zurechnen.

In der Studie wird deshalb die personalentwicklerische Fragestellung aufgeworfen, wie es gelingen kann, dass (nach dem Studium) die unterschiedlichen persönlichen Profile und die unterschiedlichen organisatorischen Anforderungsprofile (»Stellen«) zu einer solchen Passung gebracht werden, dass der Einzelne »gut, gern und wohlbehalten« (so eine Kernaussage der ELKB-Personalentwicklung im Bereich Salutogenese) arbeiten kann mit zugleich bestmöglichem Ergebnis hinsichtlich der stellenbezogenen Aufgaben und des Leitbildes von evangelischer Kirche. Dann ist die Unterschiedlichkeit des »Personals« (hier: des Nachwuchses) bewusst als Ressource zu sehen und zu nutzen.

Eine gute Rolle in der religiösen Sozialisation spielt bei 248 Nennungen der positiv erlebte Religionsunterricht (99,6 Prozent). Die aus einem negativen Erleben geschöpfte Motivation (»besser machen«) kommt kaum vor. In einer aktuellen Studie zur »Religiosität von Studienanfängern der Evangelischen Theologie« belegen unter den »Personen, Institutionen, Medien oder Ereignissen in ihrer Bedeutung für das ›Interesse am Christentum‹ die ersten vier Plätze: Bibel, Pfarrer, Eltern, Religionsunterricht.«³

3.5 Konversion
Rund acht Prozent der Anwärterinnen und Anwärter gehörten vorher einer anderen Konfession an (meist: römisch-katholisch). Die Hypothese, dass es vor allem junge Frauen sind, denen in ihrer Herkunftskirche der Pfarrberuf nicht offen stand und die deshalb in signifikant größerer Zahl in die evangelische Kirche konvertieren, trifft nicht zu.

3.6 Kirchenbindung, Milieu und Studienwahl
Nur 3,2 Prozent aller Anwärterinnen und Anwärter gaben an, aus einem »kirchenfernen« Milieu zu stammen. Diese ist eine sehr valide Aussage, da alle 664 Werte erfasst wurden.

Hier scheint sich eine Grundfrage der Nachwuchswerbung aufzutun: Kann es ein strategisches Ziel sein, diese Quote nennenswert zu erhöhen und damit der vielbeklagten »Milieuverengung« entgegen zu steuern (wenn ja: wie ginge das und wie realistisch sind solche Bemühungen hinsichtlich der individuellen und organisatorischen Anpassungsleistungen?) oder ist die innerkirchliche Pluralität, wie oben unter 3.4 dargestellt, der passende »Nährboden« für einen zwar kirchennahen, aber deswegen nicht zwangsläufig überangepassten oder konformistischen Nachwuchs?

Ungeachtet der eigenen Herkunft gilt sicher: »Menschen, die heute den Beruf des Pfarrers oder der Pfarrerin ergreifen werden, müssen auch gegenüber Nichtchristen sprach- und auskunftsfähig sein und das Evangelium in die Lebenswelten der kirchenfernen Menschen übersetzen können.«⁴

3.7 Soziales ehrenamtliches Engagement und Auslandserfahrungen
Im Rahmen der Erhebung wurde, nicht trennscharf, zwischen sozialem Engagement und politischem Engagement unterschieden. Weiterhin wurden diverse ehrenamtliche Tätigkeiten in der Kirche erfasst, wie beispielsweise Mitwirkung in der Kindergottesdienst- oder Konfirmandenarbeit, Engagement in der Jugendarbeit oder in Gremien wie dem Kirchenvorstand, in dessen Jugendausschuss oder auf Dekanatsebene. Diese kirchlichen Aktivitäten wurden zur Variable »kirchliches Engagement« zusammengefasst. Der Eindruck, der sich beim Studium von Anwärter-Biographien und Referenzen ergibt, wird durch die Untersuchung be-

---

[3] THOMAS HELLER, Zwischen Kirchenbank und Hörsaal. Empirische Befunde zur Religiosität von Studienanfängern der Evangelischen Theologie (Pfarr-/Lehramtsstudiengänge), Jena 2009, 41.

[4] MICHAEL BEINTKER, Zwischen Bologna und Pisa. Die Arbeit der Gemischten Kommission zur Reform des Theologiestudiums/Fachkommission I von 1999 bis 2003, in: MICHAEL BEINTKER/MICHAEL AHME (Hrsg.), Theologische Ausbildung in der EKD. Dokumente und Texte aus der Arbeit der Gemischten Kommission/Fachkommission I zur Reform des Theologiestudiums (Pfarramt und Diplom) 1993–2004, Leipzig 2005, 179–203, 202.

stätigt: Evangelische Theologiestudierende sind in einem hohe Maße sozial und ehrenamtlich engagiert.

74,7 Prozent der Anwärterinnen und Anwärter tun dies im Bereich der Kirche, 38,9 Prozent auf dem sozialen Feld und 4,8 Prozent als politisches Engagement im engeren Sinne (Mehrfachnennungen waren möglich).

Etwa drei Viertel der angehenden Pfarrerinnen und Pfarrer engagieren sich also bereits in ihrem künftigen kirchlichen Berufsfeld, noch knapp 40 Prozent zeigen soziales Engagement. Hinterlegt ist dieses zum Teil mit hochfordernden Auslandseinsätzen (etwa als Freiwilliges Soziales Jahr, das immerhin 15 Prozent der zweiten Befragungswelle absolvierten), zum Beispiel in der Behinderten- oder Obdachlosenarbeit. Das deutlich geringere politische Engagement (in Organisationen wie Parteien, Projekten oder Ämtern) scheint den Eindruck einer eher »unpolitischen« Generation zu bestätigen.

24,3 Prozent der Anwärterinnen und Anwärter verfügen über Auslandserfahrungen, je ein Drittel davon haben diese Zeit in Europa (33,3 Prozent) oder Asien (33,3 Prozent) verbracht. An dritter Stelle steht Südamerika mit 20,4 Prozent.

Bundeswehr oder ein Zivildienst spielen mit je 1,8 Prozent nur eine sehr geringe Rolle in der Biographie der Anwärterinnen und Anwärter.

3.8 Studienwechsel und andere Bildungswege

Im Beobachtungszeitraum aller drei Befragungswellen hat der Anteil von Studienwechslern zum Theologiestudium von zunächst 17,9 Prozent aller neu aufgenommenen Anwärterinnen und Anwärter über 28,0 Prozent in der 2. Befragungswelle zu einem knappen Drittel (29,6 Prozent) zugenommen. 3,9 Prozent haben bereits einen anderen Studiengang abgeschlossen.

Nur 4,9 Prozent der Anwärterinnen und Anwärter hatten im Befragungszeitraum den Hochschulzugang über den zweiten Bildungsweg oder eine andere Ausbildung (meist im sozialen, gesundheitlichen oder theologischen Bereich) erworben. Neue Durchlässigkeiten im Bildungssystem insgesamt aber auch beim Zugang für den Pfarrberuf werden diese Quote vermutlich ansteigen lassen.

3.9 Freizeitaktivitäten

Angehende Pfarrerinnen und Pfarrer sind musikalisch: Ein knappes Drittel derer, die zur Frage ihrer Freizeitaktivitäten eine Aussage gemacht haben, ist auf diesem Feld aktiv. Sport, Kultur und Kunst rangieren weit dahinter.

3.10 Wissenschaftliches Interesse

17 Prozent der Befragten gaben dezidiert an, ein wissenschaftliches Interesse an der Theologie zu haben. Das Interesse hängt dabei nicht an der kirchlichen Bindung der Einzelnen. Ein Schluss »je kirchlich engagierter (also praxis-orientierter), desto weniger Interesse an der Wissenschaft« lässt sich mittels dieser Untersuchung nicht verifizieren. Dazu aus der reichen Diskussion nur eine Zuspitzung: »Praxisfixiertes Verwertungswissen steht wegen seiner bequemen Handhabbarkeit hoch im Kurs und führt rasch zu einer Unterschätzung theologischer Spannkraft. Dabei sind nur diejenigen zuverlässig gegen das schleichende Ausgebrannt-

sein geschützt, die an ihrer eigenen theologischen Erkenntnisfähigkeit arbeiten, statt sich ausschließlich von homiletischer oder didaktischer Fertigware zu ernähren.«[5]

3.11 Sinnfrage

Die Beschäftigung mit eigenen Sinnfragen spielt – zumindest nach den Angaben im Aufnahmeverfahren – für nur einen sehr kleinen Teil der Anwärterinnen und Anwärter eine wichtige Rolle bei der Wahl des Studiums (4,1 Prozent). Ein Blick in die Biograpien und Motivationsschreiben sowie persönliche Gespräche geben freilich ein anderes Bild. Das ist aber nicht Gegenstand dieser Untersuchung.

»Engagiert, kirchennah und ein Spiegel der Volkskirche« – wer fragt: »Wie sind denn die Jungen?« findet in dieser Studie einige Antworten aus dem Anfang dieses Jahrtausends. Die Schnellebigkeit wird auch hier ansetzen, die Attribute, die man den je neuen Generationen zuschreibt, wechseln schnell. Aber es lohnt sich immer, genau hinzuschauen. Der Arbeits- und Berufsmarkt wird komplexer und komplizierter, viele alte Parameter, viele Logiken verändern sich oder stimmen schon nicht mehr. Die Zukunftsfrage ist aber immer auch eine Nachwuchsfrage.

Abschließend dankt der Verfasser und kirchliche Projektleiter der Studie dem Institut für Praxisforschung und Evaluation an der Hochschule Nürnberg (IPE), insbesondere Professor Joachim König, Sebastian Ottmann M.A. und Diakon Dietmar Maschke sowie Frau Vikarin Estelle Kunad (Projekt-Assistenz) sowie Bettina Heckner, Dr. Claudia Konoppa und Heidemarie Hess für die Mitarbeit an den Aufnahmeverfahren und der Datenerfassung. Ohne die Unterstützung durch OKR Helmut Völkel (†) wäre das Projekt nicht möglich gewesen.

---

[5] BEINTKER, Bologna (s. Anm. 4), 202.

PASTORALE IDENTITÄT IN ZEITEN DES WANDELS

Perspektiven für die Ausbildung

Isolde Schmucker

Was ich zu erzählen habe, kommt aus den Niederungen meines Alltags und stellt das dar, worüber wir uns in unserer Kirche im Bereich der Ausbildung Gedanken machen. Theologiestudierende schneiden im Abitur gut bis sehr gut ab, sind in hohem Maß sozial und ehrenamtlich engagiert (3/4), flexibel und blicken über den Tellerrand hinaus. Viele haben Auslandserfahrung. Zudem sind sie motiviert, aufgeschlossen, warmherzig, empathisch und erlebten zu 99% ihren Religionsunterricht in der Schule als positiv. Zu diesem Ergebnis kommt eine Untersuchung meines Vorgängers im Amt, der die Motivationsschreiben, Lebensläufe und Referenzen der Anwärter der letzten 15 Jahre auswertete.[1] Vieles also, von dem ich sprechen werde, haben sich die Studierenden also schon im Laufe ihres Lebens und ehrenamtlichen Engagements angeeignet.

Wer sind wir nun in diesem Beruf? Wie sollen wir sein? Was brauchen wir? Zuallererst brauchen wir Humor. Denn wer über sich selbst nachdenkt – wie wir heute – und sich nicht in sich selbst verknäulen will, braucht Humor. Ich verbinde Humor mit einem Grundwort der christlichen Tradition, der Gnade. Gnade ist das Heilmittel gegen Perfektionismus, gegen den Druck, eine erfolgreiche Missionarin, ein Glaubensfels sein zu müssen. Wir sind Fragment und dürfen es sein. Paulus schreibt in Röm 8,16: »Der Geist gibt Zeugnis unserem Geist, dass wir Kinder Gottes sind.« Der Geist gibt Zeugnis, nicht wir selbst. Wir müssen nicht alles sein, aber wir dürfen einiges sein und das genügt. Nur Gott ist alles.[2]

Pastorale Identität in Zeiten des Wandels, so der Titel für dieses Referat. Was ist pastorale Identität? Bei Erikson wurde die Entwicklung einer Identität als ein kontinuierlicher systemischer Integrationsprozess beschrieben.[3] Die in der Kindheit eingegangene Identifikation kann sich in der Jugend durch neue Vorbilder weiterentwickeln und im Erwachsenenalter werden angebotene funktionierende

---
[1] Vgl. den Beitrag von FRANK SEIFERT im vorliegenden Band.
[2] Vgl. FULBERT STEFFENSKY, Pastorale Existenz heute. Vortrag auf dem Konvent der Pastorinnen und Pastoren im Sprengel Mecklenburg und Pommern, in: epd-dokumentation 46 (2014), 15–23, 15.
[3] Vgl. ERIK H. ERIKSON, Identität und Lebenszyklus, Frankfurt a. M. 1966.

Rollen dann integriert.[4] Der Gedanke der Abschließbarkeit von Bildungsprozessen setzt eine gesellschaftliche Kontinuität und Berechenbarkeit voraussetzt, in die sich subjektive Selbstfindung verlässlich einbinden lässt. Heute dagegen spricht man wie etwa der Sozialpsychologe Heiner Keupp eher von »Patchwork-Identitäten«[5]. In unseren heutigen gesellschaftlichen Prozessen aber, die mit Begriffen wie Individualisierung, Globalisierung, Singularität, Diskontingenz, Fragmentarisierung umschrieben werden können, stellt sich die Frage, ob die Vorstellung einer stabilen und gesicherten Identität überhaupt noch möglich ist. Wenn wir von Identität sprechen, geht es um ein »dynamisches Balance-Modell«[6]. Identität wird als Prozessgeschehen und als »permanente Passungsarbeit zwischen inneren und äußeren Welten«[7] verstanden. Identitätsarbeit ist nötig, um diese Balance halten zu können. Für diese Passungsarbeit bedarf es Gestaltungskompetenzen:

- Beziehungs-, Dialog- und Verknüpfungsfähigkeit,
- die Fähigkeit zum Aushandeln von Zielen, Wegen und Normen, die immer wieder neu diskutiert und entschieden werden müssen,
- ein gutes Maß an Konfliktfähigkeit,
- die Fähigkeit, Verunsicherung auszuhalten,
- die Fähigkeit, sich in Beziehung zu setzen, in der einerseits ein ständiger Austausch geschieht und andererseits eine Balance zwischen Nähe und Distanz erarbeitet werden muss.
- Kohärenz in unterschiedlichen Kontexten, die der Vielfalt der Lebenswelten Rechnung trägt.
- Authentizität.[8]

Dabei versteht Heiner Keupp den Prozess einer gelungenen Identität ausdrücklich nicht als eine Vollendung oder den Ausschluss von Widersprüchen, sondern stellt fest, dass gelungene Identität in den allerseltensten Fällen ein Zustand der Spannungsfreiheit darstellt. Es geht vielmehr um die Fähigkeit, Spannungen auszuhalten und zu nutzen als Motivationsschub.[9]

Dieser Frage, wie in dem sich ständig verändernden Kontext Identitätsarbeit gelingen kann und wie die Balance zu halten ist, muss sich prinzipiell jeder Mensch stellen. Allerdings in unserem Kontext pastoraler Tätigkeit stellt sie sich in viel stärkerem Maße. Denn in unserem Berufsfeld als Pfarrer/Pfarrerin sind wir mit unserer Person selbst, mit unserer ganzen Existenz das wichtigste Handlungs-

---

[4] Vgl. ERIK H. ERIKSON, Lebensgeschichte und historischer Augenblick, Frankfurt a. M. 1977, 17.
[5] HEINER KEUPP, Identitätskonstruktionen. Das Patchwork der Identitäten in der Spätmoderne, Hamburg 1999.
[6] CHRISTOPHER ZARNOW, Identität und Religion, Tübingen 2010, 36.
[7] HEINER KEUPP, Identitätskonstruktionen. Das Patchwork der Identitäten in der Spätmoderne, Hamburg ⁴2006, 30.
[8] Vgl. in diesem Zusammenhang die Transformation der Anforderungen in der gegenwärtigen Arbeitswelt nach ANDREAS RECKWITZ, Die Gesellschaft der Singularitäten. Zum Strukturwandel der Moderne, Berlin 2017, 201–223.
[9] Vgl. KEUPP, Identitätskonstruktionen (s. Anm. 7).

und Steuerinstrument für die gesamte Berufstätigkeit. Der Pfarrberuf ist ein Beruf, zu dem wir als Person selbst in unserer ganzen Existenz berufen sind.

Isolde Karle schreibt in ihrem Buch *Der Pfarrberuf als Profession*: »Nur durch die überzeugende Vermittlung von kulturell anspruchsvollen und intern reich differenzierten Inhalten, wie sie die biblisch-christliche Überlieferung zur Verfügung stellt, ist es möglich, der Identitätserhaltung von Personen zu dienen«[10], unserer eigenen, aber auch der uns anvertrauten Menschen. Distanzen müssen überbrückt werden. Aus der Fülle und Lebendigkeit des Wortes Gottes es müssen Glaubensvorstellungen, Ausdrucksformen und überindividuelle Sinnzusammenhänge sichtbar gemacht werden. Das geht nur, wenn wir selbst etwas vom Glauben, vom Leben und Lieben verstehen:

- Man muss etwas vom Glauben verstehen – also selbst glauben, vertrauen, hören, sich getragen wissen von der Zusage Gottes und für sich selbst eine Lebensgestalt des Glaubens gefunden haben.
- Man muss etwas vom Leben verstehen – also (das geht immer nur in Grenzen) die eigene Biographie bearbeitet und sich angeeignet haben, (ansatzweise und im Laufe des Lebens immer deutlicher) seine eigenen Stärken und Schwächen kennen und sich als unverwechselbare Person annehmen können.
- Man muss etwas vom Lieben verstehen – also in der Lage sein, eine vertraute und verbindliche Beziehung herzustellen, die die Erfahrung kennt, einerseits einem anderen Menschen wirklich nahe zu kommen und sich verletzlich zu machen, und andererseits unüberwindbare Distanz und Missverstehen kennen.

Zudem bedarf es der Bereitschaft und Fähigkeit, zuzuhören und sich von der emotionalen Dimension der Mitteilung und des Gegenübers berühren zu lassen.[11] In der Kirchlichen Studienbegleitung (KSB) und der zweiten Ausbildungsphase versuchen wir viele dieser bisher von mir aufgeschlüsselten Fähigkeiten in Kompetenzbereiche aufzugliedern:

- Theologische Kompetenz – die Fähigkeit, den christlichen Glauben im Dialog vernünftig und nachvollziehbar zu vertreten, Theologie treiben und Religion leben zu können. Für eine gelungene Kommunikation des Evangeliums geht es darum neben der Sprachfähigkeit auch didaktische Fähigkeiten in Blick zu nehmen. Nicht außer Acht lassen dürfen wir die Konsequenzen, die sich aus der postmodernen Mediengesellschaft ergeben.
- Spirituelle Kompetenz – die Fähigkeit, gelebtem Glauben in verschiedener Form äußeren Ausdruck und Gestalt zu geben.
- Missionarische Kompetenz – die Fähigkeit, mit der Kirche fernstehenden Menschen ins Gespräch zu kommen.

---

[10] ISOLDE KARLE, Der Pfarrberuf als Profession. Eine Berufstheorie im Kontext der modernen Gesellschaft, Bd. 3 (PThK), Stuttgart ²2008, 171f.
[11] Vgl. MICHAEL KLESSMANN, Pastoralpsychologie. Ein Lehrbuch, Neukirchen-Vluyn 2004, 543f.

- Kommunikative Kompetenz – die Fähigkeit, auf Menschen zugehen zu können und Menschen miteinander in einen Dialog zu bringen.
- Kybernetische Kompetenz – die Fähigkeit, zu leiten, zu organisieren, ziel- und ergebnisorientiert zu arbeiten, kooperativ und konfliktfähig zu sein und sich abgrenzen zu können. Nach Eph 4,11 zeigt sich Leitungskompetenz besonders darin, als Amtsinhaber eine bestimmte Funktion in der Gemeinde auszuüben, zum Gemeindeaufbau zu befähigen und in einer demokratischen Struktur der Gemeinde Teamaufgaben wahrzunehmen.

Wir benötigen mehr denn je eine klare theologische Urteilskraft, die es erlaubt, Phänomene des Glaubens, der Religion und der Gesellschaft verstehen zu können. Diese gilt es sich im wissenschaftlichen Studium als Erziehung zum wissenschaftlichen Denken, zu erwerben. Die Zeit des wissenschaftlichen Studiums ist dafür zu nutzen, sich theologische und hermeneutische Kompetenzen anzueignen, aber auch die eigene Persönlichkeit weiterzuentwickeln sowie Reflexions- und Urteilsfähigkeit, Sprach- und Analysefähigkeit.

Dabei gilt es zu einem eigenen theologischen Standpunkt zu finden. Dies gelingt dann, wenn die verschiedenen theologischen Disziplinen aufeinander bezogen lehren. In diesem Sinne ist das wissenschaftliche Studium die Ausbildung zum kirchenleitenden Beruf des Pfarrers, der Pfarrerin wie es das Studium der Medizin für den Arzt und der Rechtswissenschaft für den Juristen darstellt.[12] Hier sehe ich die Gefahr, dass die zunehmend unsichere Stellung der theologischen Fakultät an den Universitäten, der Anschluss an die Kulturwissenschaften wie auch die immer größere Nähe zu den Religionswissenschaften die Ausrichtung in der Ausbildung an der besonderen Aufgabe der Pfarrerin, des Pfarrers erschweren.

Der Bildungsprozess lässt sich aber nicht in den Erwerb von Fachwissen und den Erwerb der Fähigkeiten in der Vorbereitungsphase trennen. Funktional bildet dieser Prozess eine Einheit, die dann fruchtbar wird, wenn universitäre und kirchliche Ausbildungseinrichtungen bei ihren jeweiligen Schwerpunkten darauf achten, dass sie diesem Ziel der theologischen Kompetenzentwicklung zuarbeiten. Mithilfe theoretischen Wissens, angeeigneten Fertigkeiten sowie der Erfahrung, die im Leben erworben wird, können komplexe Situationen, wie sie sich im Beruf immer wieder stellen, bewältigt werden. Dies ist unser Ziel in beiden Ausbildungsphasen zum Pfarrberuf. Aber ohne den Willen, ein Problem zu lösen zu wollen, ohne Ausdauer und Belastbarkeit, ohne Optimismus, dass jeweils eine Lösung gefunden werden kann, können wir die notwendigen Kompetenzen nicht erreichen. So einfach es klingt: Das Leben lehrt uns diese Kompetenzen, wenn wir uns engagieren und lernen mit den Rückschlägen des Lebens fertig zu werden.

Unsere Kirche möchte, die angehenden Pfarrerinnen und Pfarrer, schon während des Studiums unterstützen und diesen Theorie-Praxis-Transfer fördern. Die KSB versteht sich als personalentwicklerisches Programm mit den Schwerpunk-

---

[12] Zur Analogie der Professionen Vgl. ISOLDE KARLE, Pastorale Kompetenz, in: Pastoraltheologie 89 (2000), 508–523, 508.

ten auf der kommunikativen und spirituellen Kompetenzentwicklung. Wie arbeitet die KSB?

Sie nimmt die biographischen Ansätze zur Selbsterzählung auf, begleitet und unterstützt während des Studiums die Identitätsarbeit, immer wieder auch im Blick auf aktuelle und spätere Aufgaben, und leitet an. Dies geschieht in Gesprächen und Seminaren auch außerhalb der KSB. Geistliche Übungen lassen die alteingeführte Trennung zwischen Theorie und Praxis durchlässig werden für praktisches Erkennen und erkennende Praxis. Dazu braucht geistliche Bildung die wissenschaftliche Begleitung in Gestalt einer Theologie der Spiritualität. Ein persönliches spirituelles Profil wächst in der Auseinandersetzung und Abgrenzung, in der Begegnung und im Kennenlernen einer konkreten Kirche, die aus bestimmten Traditionen lebt und sich selbst im Laufe der Zeit wandelt. Zudem gibt es in dieser Phase der Ausbildung bereits die Möglichkeit, sich in weiteren Feldern Kompetenzen anzueignen wie Zeitmanagement, Konfliktmanagement, Stressbewältigungsstrategien, angemessenes Auftreten in der Öffentlichkeit (*professional appearance*), die helfen, später die konkreten Aufgaben auch professionell bewältigen zu können.[13]

Für diese erste Ausbildungsphase bleibt zu fragen und zu überprüfen: Wie kann weiterhin öffentlich relevante theologische Deutungskompetenz durch theologische Qualifikation aufgebaut und durch institutionelle Weichenstellungen fruchtbar gemacht werden? Zur theologischen Kompetenz braucht es auch überfachliches Wissen und Fähigkeiten im Bereich der Öffentlichkeitsarbeit/social media,[14] der Leitung und Führung von Personal (haupt- wie ehrenamtlich), ein Grundverständnis von Betriebswirtschaft und Verwaltung als Gestaltungskompetenz. Sollten diese Bereiche schon in der ersten Phase der Ausbildung durch ein Modul an der Universität theoretisch ansatzweise angeeignet oder in den weiteren Berufsphasen vertieft werden? Denn das können wir sicher schon jetzt im landeskirchlichen Reformprozess *Profil und Konzentration* (PuK) sagen: Wenn wir in Räumen denken, funktioniert dies nur, wenn pastorale Identität stimmig ausgependelt wird im jeweiligen sozialen und personalen System. Hier werden dann die Anforderungen an eine pastorale Identität gestellt im Sinne einer mitgestaltenden Kooperation im System. Je nach dieser systemischen Betrachtung vor Ort muss dann auf eigene Ressourcen und Potentiale zurückgegriffen oder neu angeeignet werden. Daraus ergibt sich dann ein je spezifisches Berufsprofil. Sie merken, ich spreche von einer Zukunft wie sie aussehen könnte.

Kommen wir aber auf die Gegenwart zurück. Sprechen wir von einer Pastoralen Identität als Prozessgeschehen als »permanente Passungsarbeit zwischen inneren und äußeren Welten«[15] – also einer alltäglichen Identitätsarbeit, so darf

---

[13] Vgl. dazu ausführlich GERHARD KNODT, Geistliche Existenz. Zur kirchlichen Studienbegleitung in der Evangelisch-Lutherischen Kirche in Bayern, in: SABINE HERMISSON/ MARTIN ROTHGANGEL (Hrsg.), Theologische Ausbildung und Spiritualität, Göttingen 2016, 113–141.

[14] Vgl. dazu in der Konsequenz MICHAEL DOMSGEN, Vernetzte Gemeinde als gemeindepädagogische Herausforderung, in: Pastoraltheologie 107 (2018), 90–106.

[15] KEUPP, Identitätskonstruktionen (s. Anm. 7), 30.

auch schon in dieser ersten Phase der Ausbildung und dann noch verstärkt in der zweiten Ausbildungsphase das Miteinander der innerkirchlichen Berufsgruppen nicht außer Acht gelassen werden. Hier entzündet sich oftmals eine große Unsicherheit und Identitätsproblematik. Dieser Prozess, das Miteinander der Berufsgruppen zu fördern, läuft gerade in der ELKB. Ich will diesem Prozess in keiner Weise vorgreifen. Aber als Proprium für die pastorale Identität im Miteinander der kirchlichen Berufsgruppen sehe ich bei der Berufsgruppe der Pfarrer/innen die akademisch theologische Ausbildung an einer Universität. Sie befähigt u. a. in besonderer Weise zu theologischer Urteilskraft, damit zu theologischer Leitung und Kommunikationsfähigkeit im Glauben.

Wir überlegen derzeit, wie wir schon in der ersten Ausbildungsphase im Bereich der Praktika und KSB ein Kennenlernen und Miteinander der verschiedenen Berufsgruppen fördern können. Besonders in der zweiten Ausbildungsphase scheint mir zu bestimmten Themen berufsübergreifendes miteinander lernen möglich. Themen, die sich für ein berufsübergreifendes Lernen eignen, könnten im Bereich Führung und Leitung, Religionspädagogik (Diakone/Diakoninnen Religionspädagogen/innen), Liturgik, Gemeindepädagogik (Kirchenmusiker/innen) liegen. Hier besteht die Chance, die Professionen der jeweiligen Berufsgruppen in die Ausbildung aufzunehmen.

In der zweiten Ausbildungsphase mündet das bereits angeeignete theologische Wissen und die theologische Urteilsfähigkeit in theologisch reflektiertes Handeln. Dazu bedarf es einer reflexionsfähigen Persönlichkeit. Die wissenschaftlich ausgebildete Theologin kann die Praxis reflektieren, sich als Person einbringen und Glaube und Theologie in verständlicher Sprache artikulieren. Der Theologe findet seine eigene Rolle in Übereinstimmung mit seiner Persönlichkeit und seinem je vorgegebenen gesellschaftlichen Kontext.

Die vier Grundkompetenzen – theologische, spirituelle, kommunikative und kybernetische Kompetenz –, auf die ich bereits eingegangen bin sowie folgende Handlungsfelder, die fachlich, methodisch, personal, sozial beleuchtet werden, finden ihren Niederschlag auch im Dienstzeugnis am Ende des Vorbereitungsdienstes: Gottesdienst (Verkündigung des Evangeliums) Religionspädagogik/Gemeindepädagogik sowie Seelsorge/Kasualien und Gemeindeentwicklung, worunter auch die Gemeindeleitung gehört. In dieser Ausbildungsphase werden Grundkompetenzen erworben, die in exemplarischer Weise zum Beruf des Pfarrers/der Pfarrerin in allen Grundaufgaben befähigen. Gerade die Ergebnisse des PuK-Prozesses wie auch der sich schnell wandelnde Kontext der Gesellschaft werden in den nächsten Jahren sicher Veränderungen in dieser Ausbildungsphase zur Folge haben.

Ich stimme besonders in einem Punkt mit Klaus Raschzok überein, dass das Ausbildungsleitbild »Gemeindepfarramt« durch das Leitbild eines Pfarrers in der Volkskirche zu ersetzen sei.[16] Denn den drei Dimensionen des privaten, gemeindekirchlichen wie öffentlichen Christentums muss gleichmäßige Aufmerksamkeit

---

[16] Vgl. KLAUS RASCHZOK, In den Raum gestellt (II). Volkskirche sein in Gemeinde und landesweitem Dienst, in: Korrespondenzblatt 132 (2017), 102–107.

geschenkt werden. Eine Konzentration auf die Grundaufgaben eines Pfarrberufs in der zweiten Ausbildungsphase setzt Freiräume frei. Denn die belastende Selbstverständlichkeit vollständig und ausreichend auf das Gemeindepfarramt vorbereitet sein zu müssen, wird genommen. Der Pfarrberuf, dem die gesamte Kirche anvertraut ist, hat eine weit über die Gemeindekirche hinausreichende Verantwortung inne. Die pastorale Identität darf sich nicht erschöpfen in einer gelingenden *face to face* Kommunikation, sondern will ihren Glauben bezeugen in der Gesellschaft.

Man kann nicht in sich wissen, was die eigene pastorale Identität ist. Man kann nur lesen und die eigene Bedeutung erkennen, wenn man in die Fremde der Öffentlichkeit geht. Wir gewinnen dabei nicht nur Gläubige, wir gewinnen unseren eigenen Glauben.

Leitung mit Format[1]

Erfahrungen aus dem Prozess »Berufsbild: Pfarrerin, Pfarrer« und Überlegungen zu einem evangelischen Leitungsverständnis im 21. Jahrhundert

Stefan Ark Nitsche

»Wie können wir gut, gerne und wohlbehalten Pfarrerin, Pfarrer in der Evang.-Luth. Kirche in Bayern sein?« Um diese Frage ging es in den Jahren 2013–16 in dem Großprojekt »Berufsbild: Pfarrerin, Pfarrer«.

Ich werde im Folgenden zum einen die Erfahrungen aus dem »Pfarrerbild-Prozess« beschreiben und dabei Faktoren des Gelingens eines Großprojektes reflektieren. Zum anderen will ich Überlegungen dazu anstellen, welche Formate und damit verbunden welches Verständnis von Leitung zu einer evangelischen Kirche im 21. Jahrhundert passen. Diese Frage hat sich im Prozess als ein Impuls für die Weiterarbeit ergeben.

1 Der Kairos

Plötzlich war er da, der Augenblick. Die lange und von vielen erhoffte Gelegenheit bot sich. Und einer erkannte den Kairos und handelte: Helmut Völkel, Oberkirchenrat und Leiter der Abteilung F »Personal« im Landeskirchenamt.[2]

---

[1] Die hier vorgestellten Überlegungen gehen zurück auf einen Workshop gleichen Titels auf dem 6. Rummelsberger Personalentwicklungskongress. Ich verdanke den Teilnehmerinnen und Teilnehmern, insbesondere einer Reihe von bayerischen Dekaninnen und Dekanen wertvolle Einsichten. Dieser Text wurde zuerst veröffentlicht in: Hanns Kerner/Johannes Rehm/Hans-Martin Weiss (Hg.), Das geistliche Amt im Wandel. Entwicklungen und Perspektiven, Leipzig 2017.

[2] Ich widme diesen Beitrag meinem Freund und Kollegen Helmut Völkel zu seinem 65. Geburtstag. Die ihm eigene Mischung aus Klarheit in der Analyse, Behut- und Bedachtsamkeit, Achtung und Respekt vor den Beteiligten und einem Gespür für den rechten Augenblick einer Sache oder eines Themas habe ich in den Jahren der immer vertrauensvolleren Zusammenarbeit dankbar als ein solides Fundament für manche, manchmal auch überraschende, oft zukunftsöffnende, immer solide kirchenleitende Entscheidung erlebt.

Es war auf der Tagung der Landessynode der evangelisch-lutherischen Kirche in Baynern (ELKB) im November 2012 im oberfränkischen Hof: Die Eingabe 164 aus dem Dekanatsbezirk Rosenheim wurde behandelt. In ihr kam die Sorge eines synodalen Gremiums um die Gesundheit seiner Pfarrerschaft zum Ausdruck und wurde mit ersten Vermutungen zu den Ursachen verbunden: die Herausforderungen und Überlastungen im Verwaltungsbereich, die Erwartungen von verschiedensten Seiten und die in den letzten Jahren zunehmende Unklarheit im »Pfarrerbild«.

Auf eine Beschlussempfehlung des federführenden Organisationsausschusses hin nahm die Landessynode den Impuls auf und bat den Landeskirchenrat, das Thema zu bearbeiten. Jetzt hätte alles seinen normalen, wieder entschleunigenden Gang nehmen können. Da trat Helmut Völkel ans Mikrophon, nahm das Votum des Organisationsausschusses auf, nannte es »just im rechten Augenblick«, skizzierte einen Projektauftrag, benannte damit verbundene Ressourcen und bewegte die Synode zu einem einstimmigen Beschluss. Die Chance des Augenblicks war ergriffen.

2 Die Vorgeschichte

In den Jahren zuvor war immer deutlicher geworden: Eine Überprüfung der Situation und eine Profilierung des »Berufsbildes: Pfarrerin/Pfarrer« stand dringend an. Immer drängendere Fragen waren in der ELKB formuliert worden, z. B.:

- durch die Gruppe der Verantwortlichen für die Aus-, Fort- und Weiterbildung mit »Fünf Thesen zur Personalentwicklung«;
- durch die Anfragen und Positionierungen der Pfarrerkommission u. a. »Thesen zum Pfarrberuf 2020«, zuletzt im Zuge der Verfassungsänderung und der Gesetze zur Berufung nach CA 14 durch Beauftragung aus dem Frühjahr 2012;
- durch die Handlungsfeldkonferenz 9 »Aus-, Fort- und Weiterbildung«;
- durch die Impulse des Runden Tisches der Berufsgruppen;
- durch das Positionspapier des Synodalausschusses für »Bildung, Jugend und Erziehung« zur Stellung der theologisch-pädagogischen Berufsgruppen im kirchlichen Dienst;
- im Zuge der Auswertung der Ehrenamtsstudie der ELKB;
- und auch durch die immer intensiver diskutierten Beiträge im Pfarrerkorrespondenzblatt (Bayern) und im Deutschen Pfarrerblatt.[3]

---

[3] Vgl. zur Vorgeschichte und zur Dokumentation der Erträge STEFAN ARK NITSCHE, Berufsbild: Pfarrerin, Pfarrer. Pfarrer und Pfarrerin sein in verschiedenen Kontexten. Die Erträge des Prozesses (Nov 2015), in: Sonderausgabe der nachrichten aus der ELKB 12 (2015); DERS., Die Zukunft des Pfarrberufs – Pfarrerin und Pfarrer sein in verschiedenen Kontexten. Bericht über die Arbeit am Thema »Berufsbild: Pfarrerin, Pfarrer«, in: nachrichten aus der ELKB 12 (2013).

Ganz neu war das alles ja nicht. Viele hatten bereits in diese Richtung vorgearbeitet. Auch in der wissenschaftlichen Theologie hatte sich viel getan.

Schon 1982 formulierte der praktische Theologe Manfred Josuttis im Vorwort seines damals viel gelesenen Buches »Der Pfarrer ist anders«: »Der protestantische Pfarrer ist eine merkwürdige Zwitterfigur. Der Ausbildung und der Amtstracht nach tritt er auf als Gelehrter. Durch die Art seiner Dienstleistungen gehört er in die Reihe der Priester. In seinem theologischen Selbstverständnis möchte er am liebsten als Prophet agieren. Aber die meiste Zeit verbringt er wahrscheinlich damit, die Rollen des kirchlichen Verwaltungsbeamten und des gemeindlichen Freizeitanimateurs zu spielen.«[4]

Das prägnant formulierte Unbehagen an den Überlagerungen und Überwucherungen des »Eigentlichen« des Pfarrberufes durch andere Aufgaben, die zunehmend zu Zeitfressern wurden, bestimmte seitdem die Diskussion in der Pastoraltheologie, dem wissenschaftlich-theologischen Wahrnehmen und Nachdenken über den Pfarrberuf.

Geändert hat sich vor allem das jeweils herausgearbeitete Selbstverständnis der Pfarrperson: War es 1982, im letzten Jahrzehnt der »alten Weltordnung« vor der Friedlichen Revolution von 1989 noch der »Prophet«, hat Josuttis selbst später (1996) vom »Mystagogen, dem Führer ins Heilige«[5] gesprochen.

Albrecht Grözinger versuchte auf den immer stärker spürbaren Traditionsabbruch zu reagieren mit dem Berufsleitbild des »Amtes der Erinnerung«[6] und die Glaubensüberlieferung wieder stärker ins Bewusstsein zu rücken. Seit 2001 warb Isolde Karle in vielen Büchern und Aufsätzen mit dem Leitbild des »Pfarrberufs als Profession«[7] für ein Verständnis des Pfarrerin- und Pfarrerseins, für das im 19. Jahrhundert bereits Friedrich Schleiermacher eintrat. Nicht als »Profi« sieht I. Karle die Pfarrperson, sondern wie die Richterin und den (Allgemein-)Arzt als eine Person, die mit ihrer ganzen Existenz für die Sache einsteht, zu der sie berufen ist. Dafür brauche es dann Rahmenbedingungen der Freiheit, in denen dies in eigener Verantwortung möglich wird. So reizvoll dieser Ansatz zur Stärkung oder Rückgewinnung (je nach eigener Erfahrung und Perspektive) der Freiheit des Berufes ist, so sehr beunruhigte er gleichzeitig nicht wenige in seinem Anspruch an die ganze Person und Existenz.

---

[4] MANFRED JOSUTTIS, Der Pfarrer ist anders. Aspekte einer zeitgenössischen Pastoraltheologie, München 1982, 9.

[5] MANFRED JOSUTTIS, Die Einführung in das Leben. Pastoraltheologie zwischen Phänomenologie und Spiritualität, Gütersloh 1996, z. B. 26f.

[6] ALBRECHT GRÖZINGER, Das Amt der Erinnerung – Überlegungen zum zukünftigen Profil des Berufs der Pfarrerinnen und Pfarrer, in: DERS. (Hrsg.), Die Kirche – ist sie noch zu retten? Anstiftungen für das Christentum in postmoderner Gesellschaft, Gütersloh 1998, 134–141, 134–141.

[7] Vgl. ISOLDE KARLE, Der Pfarrberuf als Profession. Eine Berufstheorie im Kontext der modernen Gesellschaft (PThK 3), Gütersloh 2001.

Wilhelm Gräb hat 2006 seine Zuspitzung auf die »exponierte religiöse Subjektivität«[8] auch auf das Berufsbild hin entfaltet. Er geht stark von den (allgemein) religiösen Bedürfnissen Einzelner aus, die nicht mehr vor allem durch christlich-dogmatische Glaubenssätze geprägt sind. Dafür bräuchte es dann auch entsprechende ausgebildete und bereite Pfarrpersonen, die auf diese Bedürfnisse eingehen können und wollen. Ulrike Wagner-Rau schließlich beschreibt 2009 das Pfarrerin-Sein als eine »Existenz auf der Schwelle«[9] als Expertin für unterschiedlichste Schwellensituationen. Und Christian Grethlein hat jüngst seine 2009 vorgelegte Position »Pfarrer: ein theologischer Beruf«[10] weiterentwickelt zu einem flammenden Plädoyer für eine Reform des Theologiestudiums.

All dieses Reflektieren geschah und geschieht im Kontext gesellschaftlicher Entwicklungen, wie sie sich auch in der Reihe der Kirchenmitgliedschaftsuntersuchungen I bis V widerspiegeln, und auf der Folie der nur zu einem Teil umgesetzten innerkirchlichen Reformvorschläge der 70er Jahre.

Auch in einer Reihe von Gliedkirchen der EKD war bereits mit unterschiedlichen Formaten und unterschiedlichem Erfolg am Thema gearbeitet worden. Eine Sichtung des bereits Vorliegenden zeigte allerdings rasch, dass wir über Literaturrecherche und modifizierte Übernahme von bereits Erarbeitetem hinausgehen mussten.

Viele hatten also bereits in diese Richtung vorgearbeitet. Doch jetzt war ein neues Bewusstsein für die Herausforderungen entstanden und dazu die Bereitschaft, sich ernsthaft auf sie einzulassen, auf schöne Sprüche zu verzichten, die notwendigen Fragen sorgfältig zu stellen, keine überlegten wohlfeilen Schnellschüsse zu machen, sondern seriös an der Verbesserung der Rahmenbedingungen des Pfarrberufs zu arbeiten, um dann auch die nötigen Entscheidungen für notwendige Veränderungen zu treffen. Die Eingabe 164 aus Rosenheim, die Empfehlung des Organisationsausschusses dazu und ihre geistesgegenwärtige Aufnahme durch H. Völkel brachte die Befassung mit dieser zentralen Herausforderung dann endgültig ins Rollen.[11] So etwas nennen Theologen: Kairos.

3 Erste Grundentscheidungen

Im Dezember 2012 fragte mich H. Völkel, ob ich die Rolle als Projektleiter übernehmen würde. Im Austausch der folgenden Wochen kristallisierten sich bald ei-

---

[8] Wilhelm Gräb, Religion als Deutung des Lebens: Perspektiven einer Praktischen Theologie gelebter Religion, Gütersloh 2006, 336ff.

[9] Ulrike Wagner-Rau, Auf der Schwelle. Das Pfarramt im Prozess kirchlichen Wandels, Stuttgart 2009.

[10] Christian Grethlein, Pfarrer – Ein theologischer Beruf!, Frankfurt a. M. 2009; ders., Praktische Theologie, Berlin/Boston 2012, bes. §22, 473ff.

[11] Siehe das Protokoll der Synodaltagung, Bd. 129. Hof, 2012, 61.81.85–88.202.

nige Grundentscheidungen heraus, die wir dann auf der Frühjahrssynode 2013 in Nürnberg gemeinsam vortrugen:[12]

Aus der Erfahrung vergangener Prozesse und Projekte und angesichts des bereits laufenden Großprojektes »Verwaltungsdienstleistung für Kirchengemeinden« (VfKG) wurde trotz der bald sichtbar werdenden Komplexität rasch klar: Wir brauchen ein in der Wahrnehmung schlankes Prozessformat. Die erwartete, die gewünschte und die notwendige Beteiligung musste so organisiert werden, dass für alle an einem Tag konzentriert alles adressiert werden kann, was zu sagen ist. Diese Beteiligung musste dann in den Ergebnissen auch wiedererkennbar sein; nicht im Sinn einer Eins zu Eins Umsetzung aller Vorschläge oder Abschaffung jeder Beschwer, sondern als erkennbare Auseinandersetzung mit dem Eingebrachten in Aufnahme, Modifizierung oder bewusster Nichtaufnahme.

Und zweitens: Weder ein pointiert griffiges Thesenpapier (wie sie ja bereits andernorts formuliert waren) noch ein rein pragmatisches Abarbeiten von als berechtigt erkannten Hindernissen und Beschwernissen des »Eigentlichen« oder »Wesentlichen« des Pfarrberufs auf dem Weg zu mehr »Kerngeschäft« war vielversprechend. Konzentrierten wir uns auf das Erste, wäre schnell der Vorwurf da, theologisches Glasperlenspiel verändere die Realität nicht; betonten wir Letzteres, würde man verständlicherweise theologischen Tiefgang, die Arbeit an der Ekklesiologie, am Kirchen- oder Gemeindebild vermissen.

Pragmatik ohne theologische Reflexion reduziert sich selbst auf Verwaltung des Bestehenden, bloße Deduktion aus theologischen Einsichten ohne konkrete Kontextualisierung bleibt Text ohne gestaltende Wirkung. Beides durfte weder gegeneinander ausgespielt werden noch sollte es unvermittelt nebeneinander zu stehen kommen, sondern es musste sich aufeinander beziehen. Es galt also die Balance zu finden zwischen inhaltlicher, theologisch reflektierter Profilschärfung des Berufsbildes und konkret spürbaren Verbesserungen der Rahmenbedingungen des Berufs.

Dies kommt im Abschlussbericht im Bild der Ellipse mit den beiden Polen »Pastorale Identität & theologische Existenz« und »Guter Rahmen für den Beruf« zum Ausdruck. Eine Ellipse hat notwendigerweise zwei Brennpunkte. Entfernt man einen, bricht die ganze geometrische Figur zusammen. In den schließlich zur Entscheidung vorgelegten »Erträgen« wird das bereits in der Gliederung sichtbar:

»Die Erträge des Berufsbildprozesses im Überblick:

    I Das Pfarrerbild der 2.000
    II 21 Empfehlungen: zur Profilierung, Unterstützung und Stärkung des Pfarrberufs und Impulse aus dem Berufsbildprozess zur Kirchenentwicklung.«[13]

---

[12] Vgl. dazu den gemeinsamen Bericht vor der Synode, dokumentiert im Protokoll der Synodaltagung, Bd. 130, Nürnberg, 2013, 110–113.
[13] NITSCHE, Erträge (s. Anm. 3), 5–6.

4 Der »Vorprozess«

Diese Grundeinsichten ergaben aber noch kein Prozessformat. Das schälte sich erst nach und nach in einer bis in den Spätherbst 2013 reichenden Vorprozessphase heraus. Die Eckpunkte waren dann schließlich:[14]

- eine in der Wahrnehmung nach außen schlanke Struktur;
- die Einladung zu punktuellen, örtlich und zeitlich klar begrenzten Vertiefungen an alle Pfarrerinnen und Pfarrer – daraus wurden dann v.a. etwa 90 Studientage mit Pfarrkapiteln und Konventen mit mehr als 1.500 Teilnehmenden;
- gute Vernetzung der während des Prozesses sichtbar werdenden Erträge zur laufenden Arbeit und umgekehrt – das geschah in verschieden Formaten mit den Referentinnen und Referenten im Landeskirchenamt und vor allem auch in der begleitenden Konsultation und hat, in diesem Ausmaß nicht vorhersehbar, zu »Erträgen auf dem Weg« geführt (vgl. dazu die ersten 11 Empfehlungen[15]);
- Gelegenheiten für ehrenamtliche Verantwortungsträger, ihre Erwartungen und Beiträge einzubringen – daraus wurden dann u. a. Studientage mit den Vertrauensleuten in den Kirchenkreisen und mit Dekanatssynoden mit mehr als 500 Teilnehmenden;
- Raum für Perspektiven aller kirchlichen Berufsgruppen, u. a. am runden Tisch der Berufsgruppen und in der Begleitenden Konsultation;
- Raum, für »Außenperspektiven« (andere Kirchen, andere vergleichbare Berufe) – u. a. in einer Sommerschool mit kirchenleitenden Persönlichkeiten aus den 19 Partnerkirchen und durch Auswertungen der Kontakte zur schwedischen lutherischen Kirche;[16]
- ein Format für die Perspektive der wissenschaftlichen Theologie – daraus wurde schließlich die »Wissenschaftliche Konsultation« in Rothenburg, dokumentiert in den Rothenburger Impulsen;[17]
- die Berücksichtigung der Kirchenmitgliedschaftsuntersuchung V, um die Kirchenmitglieder in den Blick zu bekommen, die sich nicht in kirchliche Beteiligungsformate einladen lassen;
- nach einer Bündelungs- und Auswertungsphase und vor der Entscheidung ein Rückmeldungsformat anbieten, bei dem die Beteiligten ihre Beiträge wiedererkennen können – daraus hat sich dann der »Erste bayerische Pfarrerinnen- und Pfarrertag« im September 2015 entwickelt.

---

[14] NITSCHE, Zukunft (s. Anm. 3).
[15] NITSCHE, Erträge (s. Anm. 3), 18–22.
[16] NITSCHE, Erträge (s. Anm. 3), Anlage 11 in: http://www.berufsbild-pfr.de/abschlussbericht.
[17] ANGELA HAGER/MARTIN TONTSCH, Rothenburger Impulse. Wissenschaftliche Konsultation im Rahmen des Prozesses »Berufsbild: Pfarrerin, Pfarrer«, 2015, http://www.berufsbild-pfr.de/sites/www.berufsbild-pfr.de/files/files/Anlagen_Abschlussbericht/13.%20Rothenburger%20Impulse.pdf (letzter Zugriff am 13.05.2019).

Es hat sich als sehr hilfreich erwiesen, für diese Phase genügend Zeit zu haben. Genauso wichtig aber war es, eine gute Kommunikation aufzubauen, damit nicht der Eindruck entstehen konnte, es würde in dieser Zeit nichts vorangehen.

Dazu gehörte zum einen die Benennung von klaren Zeitfenstern für die Beteiligungsmöglichkeiten (die zum Teil Termin- und Hausreservierungen nötig machten, bevor klar war, was genau an diesem Termin geschehen würde); zum anderen verlässliche Ankündigungen, wer beteiligt werden sollte, wie die Erträge zu Entscheidungen führen konnten und wer dann wann entscheiden würde.

Um die Rollenklarheit zu markieren, wurden die auf mehr als 2.400 Moderationskarten, den Fotodokumentationen von ca. 150 Flipcharts und Pinnwänden sowie in den Berichten der 30 Moderatorinnen und Moderatoren der Studientage gesammelten Beiträge gebündelt und zu »Erträgen« ausgewertet. Diese wiederum wurden dann als das »Pfarrerbild der 2.000« und als »21 Empfehlungen an die kirchenleitenden Organe« formuliert. Entschieden haben schließlich die zuständigen kirchenleitenden Organe.

Für die Prozessstruktur war wichtig: Ein Lenkungsausschuss wurde nicht eingerichtet. Alle Entscheidungen trafen die nach der Kirchenverfassung zuständigen kirchenleitenden Organe, vor allem der Landeskirchenrat.

Bei allen »Big Points« geschah dies auf Vorschlag der »Begleitenden Konsultation«, in der alle Berufsgruppen und Vertreterinnen der ehrenamtlichen Verantwortungsträger, Referenten aus den Abteilungen des Landeskirchenamtes, Mitglieder aller Ausschüsse der Synode und des Landeskirchenrates vertreten waren. Für ihre Tagungen wurden die eingehenden Erträge gebündelt und die dabei als zentral erkannten Themen vertieft. Die Expertise der Mitglieder der Konsultation wurde zu einem wichtigen Faktor in der Entwicklung des Projekts. Die klare Rollenbeschreibung und die Kompetenz zu Empfehlungen, nicht zu Entscheidungen, war hilfreich.

Beraten wurde ich als Projektleiter von einer häufig tagenden kleinen Arbeitsgruppe, der »8er-Gruppe«. Darüber hinaus gab es noch eine Gruppe von etwa 30 Moderatorinnen und Moderatoren, die (immer zu zweit und häufig mit der Projektleitung) die Studientage gestalteten. Mit dieser Gruppe wurde das entwickelte Studientagsformat erprobt, verfeinert und dann auch zur Halbzeit überprüft und am Schluss ausgewertet.

Ein für den Prozess zentraler Punkt war die Entwicklung des Formats für diesen Studientag.[18] Der Tag begann immer mit einer Andacht. Und dann war gleich am Anfang genug Zeit für jede und jeden, von einer konkreten Situation zu erzählen, »in der ich gespürt habe: Ja! Genau deshalb bin ich Pfarrerin, bin ich Pfarrer geworden!«

---

[18] Ohne die über mittlerweile Jahrzehnte angewachsene Expertise, Kompetenz und Erfahrung im Ensemble der Studienleiterinnen und Leiter an der Gemeindeakademie Rummelsberg wäre ein Projekt wie das hier beschriebene kaum vorstellbar. Die Mischung aus methodischem Knowhow, theologischer Grundierung und breiter Kenntnis der differenzierten kirchlichen Landschaft ist aus meiner Sicht ein großer Schatz der ELKB.

Mit dieser »wertschätzenden Erkundung« war die Basis gelegt für einen konstruktiven, sehr ertragreichen Umgang mit den konkreten Herausforderungen vor Ort: von Bildern und Erfahrungen des Gelingens her auf den Punkt bringen, was notwendig ist, »was ich brauche, um gut, gern und wohlbehalten Pfarrer, Pfarrerin zu sein in meinem Kontext«. So konkret wie möglich und so genau adressiert wie möglich: »Was brauche genau von wem?« Und: »Was kann ich selbst dazu tun?«

Manchmal war es schwer für die Teilnehmenden, ihre oft bereits mitgebrachten Rückmeldungen, Erwartungen und Beschwernisse vorerst zurück zu halten.

In der dritten Einheit war dafür dann auch immer ausreichend Zeit und Gelegenheit. Dieser Einstieg in den Tag trug nach der Erfahrung aller Moderatorinnen und Moderatoren wesentlich dazu bei, eine Klagemauersituation zu verhindern, ohne die vielen berechtigten Adressen an die Kirchenleitung auszublenden. Er war auch mitverantwortlich dafür, dass die Studientage auch einen »Ertrag an sich« hatten, der dazu zum sich ausbreitenden positiven Ruf des Prozesses nicht unerheblich beitrug.[19]

Ähnliche Erfahrungen machten wir bei den Studientagen mit den ehrenamtlichen Verantwortungsträgern. Das sehr ähnliche Format half im Blick auf die Vergleichbarkeit der Erträge. Der Einstieg bei den eigenen Erfahrungen des Gelingens und die Aufgabe, diese Erfahrungen vor dem Horizont des Auftrags der Kirche zu formulieren, trug wohl auch wesentlich dazu bei, dass die anfangs befürchtete Divergenz zwischen den Erträgen bei Pfarrern und Pfarrerinnen einerseits und Kirchenvorständen andrerseits nicht auftrat.[20]

5 Leitung mit Format: Klarer Rahmen, freies Spiel der geistigen Kräfte und der Auftrag der Kirche

Schon in den ersten Sondierungen wurden zwei diametral entgegengesetzte Erwartungen artikuliert: Auf der einen Seite der Wunsch nach einem völlig ergebnisoffenen Beteiligungsprozess, in dem seitens der Kirchenleitung vor allem zugehört werden sollte, und zwar sowohl Reformideen als auch Gravaminavorträgen; auf der anderen Seite das Signal, sich erst beteiligen zu wollen, wenn klar konturierte Vorschläge der Kirchenleitung auf dem Tisch lägen, die man dann diskutieren könne.

Diese Herausforderung führte dazu, die Rolle der Leitung und damit verbunden die Zielsetzung des Ganzen noch einmal zu reflektieren und dann sehr präzise zu fassen. Dieses Leitungsverständnis[21] lässt sich am besten angeregt durch zwei theologische Schlüsseltexte als Auslegung des Art. 5 der Verfassung der ELKB dar-

---

[19] Vgl. z. B. einige Rückmeldungen: »Der Tag an sich hatte schon salutogenetische Wirkung« oder: »Selbst wenn unsere violetten Karten niemand lesen würde, wir haben für uns einiges klar gekriegt!«

[20] Vgl. Nitsche, Erträge (s. Anm. 3), 8.16.

[21] Während ich dies formuliere, wird mir deutlich, dass ich damit auch das Leitungshandeln des Jubilars, dem dieser Aufsatz dediziert ist, beschreibe.

stellen: »In der Evangelisch-Lutherischen Kirche in Bayern ist Leitung der Kirche zugleich geistlicher und rechtlicher *Dienst*.«[22]

Leitung in der Kirche ist zum einen eine »Kunst« im Wortsinn der platonischen »techné« und zugleich ein als Geschenk nur zu empfangendes unverfügbares Geschehen göttlichen Handelns. Martin Luther formuliert die Unverfügbarkeit prägnant:

> »Denn wir sind es doch nicht, die da künden die Kirche erhalten, unser Vorfarn sind es auch nicht gewesen, Unser nachkommen werdens auch nicht sein, Sondern der ists gewest, Ists noch, wird's sein, der da spricht: Ich bin bey euch bis zur welt ende[...]«[23]

Friedrich Schleiermacher betont die Bedeutung der Theologie, nicht nur als abstrakte Reflexion, sondern gerade auch als hermeneutisches Handwerk und Reflexion auf die Praxis:

> »Die christliche Theologie ist [...] der Inbegriff derjenigen wissenschaftlichen Kenntnisse und Kunstregeln, ohne deren Besitz und Gebrauch eine zusammenstimmende Leitung der christlichen Kirche, d. h. ein christliches Kirchenregiment, nicht möglich ist.«[24]

Und er beschreibt die Kirchenleitung als eine doppelte Aufgabe:

> »Das evangelische Kirchenregiment [besteht] aus zwei Elementen, dem gebundenen, nämlich der Gestaltung [des] gegebenen Complexus, und dem ungebundenen, nämlich der freien Einwirkung auf das Ganze, welche jedes einzelne Mitglied der Kirche versuchen kann, das sich dazu berufen glaubt.«[25]

Dieser »ekklesiologische Parallelismus Membrorum« formuliert aus meiner Sicht zutreffend die Herausforderung für kirchenleitendes Handeln in der Spannung zwischen der nur zu erhoffenden Unverfügbarkeit göttlichen Handelns durch den Heiligen Geist und der Verantwortung eines handwerklich guten menschlichen Agierens.[26] Angeregt durch Luther und Schleiermacher lässt sich Art. 5 der bayerischen Kirchenverfassung als eine dreifache Aufgabe von Leitung als Dienst auslegen:[27]

---

[22] EVANGELISCH-LUTHERISCHE KIRCHE IN BAYERN, Verfassung der Evangelisch-Lutherischen Kirche in Bayern. In der Neufassung vom 6.12.1999, 2017, https://www.bayern-evangelisch.de/downloads/ELKB-Kirchenverfassung-2017.pdf (letzter Zugriff am 08.01.2019), Herhebung durch Verf.

[23] MARTIN LUTHER, Wider die Antinomer, Wittenberg 1539, WA 50, 476, 31–35 in Aufnahme der Verheißung von CA VII: »Es wird auch gelehrt, dass alle Zeit musse eine heilige christliche Kirche sein und bleiben.«

[24] FRIEDRICH D. E. SCHLEIERMACHER, Kurze Darstellung des Theologischen Studiums zum Behuf einleitender Vorlesungen (1811/1830) (Hrsg. v. Dirk Schmid), Gütersloh 2012, §5.

[25] SCHLEIERMACHER, Darstellung (s. Anm. 24), §312; vgl. auch § 328.

[26] Ein biblisches Erzählangebot zur Spannung dieses »ekklesiologischen Parallelismus Membrorum« findet sich im Zusammenspiel zweier Texte aus der Exodustradion: Ex 18 (Organisation der Arbeit) und Num 11 (Arbeit in einem Geist).

[27] Vgl. dazu auch meine Antrittsvorlesung an der Augustana Hochschule Neuendettelsau im Feb. 2012 im Rahmen eines Schleiermacher-Symposiums.

1. Die Arbeit vor Ort durch verlässliche Rahmensetzung ermöglichen, d. h.: eine faire Verteilung des Anvertrauten, guter Personalführung, sowie nachvollziehbare Konfliktregeln und transparentes Konfliktmanagement.
2. Räume eröffnen und ermöglichen für die »freie Geistesmacht«[28] mit einer nicht einfachen Doppelrolle: Zum einen Garant und Anwältin dieses Raumes zu sein und zum anderen selbst Akteur zu werden im »Freiraum« als eine/r unter vielen.
3. Sowohl bei (1) als auch bei (2) als vorausgehendes Drittes das Evangelium ins Spiel bringen oder im Spiel halten, von dem alles ausgeht und vor dem alles Entscheiden und Handeln verantwortet werden muss. Das kann seinem Wesen nach nur in andauernder Reformulierung des Auftrags der Kirche in die Herausforderungen der jeweiligen Gegenwart hinein geschehen.

Das bedeutet für die Gestaltung eines solchen Großprozesses, dass die einfache Alternative »Zuhören und Einsammeln« oder »Vorgeben und Kritik anhören« zu kurz greift. Vielmehr muss die Beteiligungsphase auf dem Weg zu einer Entscheidung im Bereich der ersten Aufgabe den Weg über die beiden anderen Aufgaben nehmen. Und dabei muss die jeweilige Rolle der Leitung immer geklärt und transparent sein.

Der Prozess musste also so konzipiert sein, dass es eine definierte Phase gab, in dem durch die Leitung eingebrachte theologische Positionierungen oder in Aussicht genommene Normensetzungen oder Ressourcenverteilungen dem »freien Spiel« der Argumente ausgesetzt wurden und damit prinzipiell noch veränderbar waren. Gemeinsam mit anderen Positionen waren sie vor einer zustimmungsfähigen Reformulierung des »Auftrags der Kirche« zu verantworten.

Das geschah im Verlauf beispielsweise beim Thema »Musterdienstordnung.« Als der Prozess bereits lief, wurde in einer der Runden mit den LKA-Referenten deutlich, dass die Dienstrechtsjuristen in Umsetzung des EKD-Pfarrerdienstrechts bereits an einer neuen Musterdienstordnung arbeiteten. Dies würde deutliche Auswirkungen auf das Ziel des Pfarrerbildprozesses »gut, gerne und wohlbehalten Pfarrer, Pfarrerin sein« haben. Die Arbeit wurde gestoppt und als weiteres Thema in die Studientage eingespielt. Die Bereitschaft dazu und die daraus folgende Arbeit daran in den Pfarrkapiteln und den Tagen mit den Kirchenvorständen hatte weitreichende Konsequenzen für die schließliche Erarbeitung der Musterdienstordnung unter der Überschrift »gut, gerne und wohlbehalten« und der leitenden Formel »satis est«: folgendes ist billigerweise zu erwarten und hier werden Grenzen überschritten.[29]

---

[28] SCHLEIERMACHER, Darstellung (s. Anm. 24), §328.
[29] Gut, gerne und wohlbehalten arbeiten. Handreichung für die Erstellung von Dienstordnungen für Pfarrerinnen und Pfarrer der Evangelisch-Lutherischen Kirche in Bayern, http://www.berufsbild-pfr.de/files/files/Handreichung%20f%C3%BCr%20die%20Erstellung%20von%20Dienstordnungen.pdf (letzter Zugriff am 03.12.2018), Einleitung.

Ähnliches ließe sich beim Thema »12 Punkte zur Vakanzbewältigung«[30] zeigen, bei der Novellierung der Rahmenbedingungen für die Umsetzung des Regelstundenmaßes im Religionsunterrichts durch Parochialpfarrer[31], oder auch bei dem aus dem Prozess heraus entwickelten Projekt »Assistenz im Pfarramt und Weiterentwicklung des Berufsbildes der Pfarramtssekretärin«[32].

Für mich besonders beeindruckend war, was sich beim Thema »Pastorale Existenz« im Lauf des Prozesses, durch dieses Leitungsverständnis befördert, entwickelte. War anfangs die Sorge groß und oft skeptisch geäußert, dass man sich ja wohl kaum auf ein »Pfarrerbild« verständigen werde können, verblüffte doch dann viele die Konkretion des einen Brennpunkts der Ellipse: die Beschreibung der Konturen einer pastoralen Identität und theologischen Existenz, das »Pfarrerbild der 2.000«. Vieles hat da im Hintergrund mitgespielt, entscheidend aber war aus meiner Sicht, dass die theologischen inhaltlichen Impulse, mit dem man sich auseinander setzen konnte, nicht eingebracht wurden als »Thesenreihe zur Debatte freigeben«, sondern als Material eingespielt, um sich über die eigene Identität auszutauschen. Ganz unterschiedlich wurden so die Argumentationsfigur Paul Tillichs vom »Dreifachen nicht Ausweichenkönnen«[33], die aus der lutherischen Berufsethik abgeleiteten Impulse oder auch die Auslegung der Ordinationsagende (das »dreifache Ja«)[34] in die alltägliche Berufserfahrung hinein zu Sprach- und Re-

---

[30] NITSCHE, Erträge (s. Anm. 3), Anlage 1 in: http://www.berufsbild-pfr.de/abschlussbericht.

[31] NITSCHE, Erträge (s. Anm. 3), Anlage 2 in: http://www.berufsbild-pfr.de/abschlussbericht; und jetzt (Frühjahr 2017) auch die aktuellen Beschlüsse des LKR zum Projekt RU 2026.

[32] NITSCHE, Erträge (s. Anm. 3), Anlage 3 in: http://www.berufsbild-pfr.de/abschlussbericht.

[33] Vgl. dazu PAUL TILLICH, Drei Reden vor Studierenden zur Frage: Was ist eine theologische Existenz?, Princeton 1956. Theologisch/spirituelle Existenz sei nach Tillich geprägt von der Grundhaltung und Bereitschaft, in dreifacher Weise nicht auszuweichen: (1) der Frage nach dem, was mich unbedingt angeht, der Frage nach Gott also: nach dem, was/der mich trägt, wenn es darauf ankommt; (2) der Antwort aus dem Evangelium: Jesus Christus; (3) und den Zeitgenossen, die mich nicht loslassen mit ihren Fragen dazu. Und dabei sei zum einen mit dem Heiligen Geist zu rechnen und damit mit zukunftsöffnenden Überraschungen und zum anderen müsse man sich in großer Freiheit auf die Sprache und Denkformen anderer einlassen können beim eigenen Zeugnis.

[34] Vgl. dazu NITSCHE, Zukunft (s. Anm. 3), 389: In der Ordination wird ein dreifaches »Ja« gemeinsam sicht- und hörbar im gottesdienstlichen Handeln: Das »Ja« Gottes zu diesem Menschen, der sich in den Dienst stellen lassen will – im Modus der Verheißung und des Segens durch den Mund von Menschen; das »Ja« dieses Menschen zu seiner Berufung; und das »Ja« der Kirche Jesu Christi in Gestalt der ELKB und der jeweiligen versammelten Gemeinde zu dieser Person, Ausdruck vorauslaufenden Vertrauens: »Wir vertrauen Dir, dass du in unserem Namen das Evangelium öffentlich präsent machst auf der Plattform unseres Bekenntnisses, so wie wir das Evangelium verstehen. Du hast genug für Deine Qualifikation getan, wir stehen hinter dir.«
Aus dem »Ja« der Kirche ergibt sich die Verantwortung für lebbare Rahmenbedingungen zur Erfüllung des Ordinationsversprechens. Dieses »Ja« allein wäre Begründung

flexionsmaterial für angeregten sich gegenseitig ernst nehmenden Austausch. Die Dokumentation dieser Debatten führte dann zur Formulierung des »Pfarrerbilds der 2.000«. Es ist sicher nicht so profiliert kantig wie manch pastoraltheologischer Entwurf, aber es bildet eine offenbar tragfähige Basis für die die Beschreibung der pastoralen Grundaufgaben.

6 Der erzielte Konsens in der Beschreibung der pastoralen Grundaufgaben[35]

Auf den Impuls »Da bin ich ganz Pfarrer/Pfarrerin ...« haben Pfarrerinnen und Pfarrer in dreifach differenzierter Weise reagiert:

1. »Ich bin ganz Pfarrer/Pfarrerin [...], wenn ich theologische (hermeneutische und kommunikative) und spirituelle Kompetenz habe und pflege(n kann)«
2. »... wenn ich eigenverantwortete theologische/spirituelle Existenz lebe(n kann)«; »in Freiheit und Verantwortung« – »gegründet in meinem Glauben« – »theologisch reflektiert« – »mit Interesse für Menschen« – »mit Bereitschaft zur Verantwortungsübernahme« – »mit Kenntnis ihrer Lebenswelten« – »mit wacher Zeitgenossenschaft« – »als Teil eines Teams«[36]
3. »... wenn ich meine Grundaufgaben in dem mir anvertrauten Kontext lebe(n kann)«.
   Hier zeigte sich ein großer Konsens innerhalb der Pfarrerschaft bei gleichzeitig auffallender Schwerpunktsetzung:[37] »Menschen dienen«: sie »begleiten und leiten«, »trösten«, »ihnen Deutung anbieten«, »sie aushalten«, »ihnen helfen«, »mit ihnen feiern«, »sie lehren«, »sie in die Freiheit locken«, »...«

   3.1. ... in und mit Verkündigung[38] (100%/100%)[39]

---

genug für das Projekt. Aber auch die beiden anderen »Ja« können eine wesentliche Rolle dabei spielen. Ohne das allen menschlichen Bejahungen vorausgehende »Ja« Gottes als befreiende und entlastende Zusage würde auch dieses Projekt rasch abdriften in erneuten Überforderungsdruck aus den allerbesten Motiven. Die Erinnerung und Vergegenwärtigung des eigenen »Ja« kann helfen, den eigenen Anteil an der notwendigen Arbeit zu erkennen.

35 Vgl. dazu Nitsche, Zukunft (s. Anm. 3), 389 und ders., Erträge (s. Anm. 3), 7–13.
36 Alle Zitate sind »O-Ton« aus den Rückmeldungen.
37 Diese Grundaufgaben wurden ebenso von Kirchenvorsteher/innen benannt, teilweise mit unterschiedlicher Gewichtung (vor allem beim Thema Leitung).
38 Ganz bewusst als »Verkündigung« formuliert und nicht auf den Gottesdienst und/oder Predigt allein konzentriert. Insofern ist die Unterscheidung zwischen (1) und (2) vor allem von der Auslegung der Ordinationsagende her zu verstehen und weniger von der Reflexion der Praxis.
39 Die erste Prozentzahl: Positiv besetzte Nennung oder Zustimmung zur Grundaufgabe bei Pfarrer/innen; die zweite Prozentzahl: Zustimmung bei Kirchenvorsteher/innen. Es lohnt hier als Vergleich die Ergebnisse der KMU V mit heranzuziehen. Alle Zahlen gerundet.

3.2. ... in und mit der Feier der Sakramente[40] (100%/100%)
3.3. ... und in und mit Kasualien[41] (85%/45%)[42]
3.4. ... in der Seelsorge (100%/100%)
3.5. ... im Unterricht[43] (55%/30%)
3.6. ... mit diakonischem Handeln (50%/35%)[44]
3.7. ... durch (Gemeinde-)Leitung (30%/90%)[45]

---

[40] Die Aufgaben 1,2 und 3 werden oft nicht trennscharf unterschieden. Von Kirchenvorständen beispielsweise wird die Taufe oft zu den Amtshandlungen gerechnet, Bestattungen als eine Grundaufgabe sind in der Regel auf dem Land deutlich stärker im Blick.

[41] Die große Differenz fällt auf. Pfarrerinnen und Pfarrer sehen Kasualien in noch zunehmendem Maß als Chance und Herausforderung, nicht zur »Beteiligungsgemeinde« gehörende Menschen zu erreichen. Gleichzeitig gehören Kasualien nicht selten zu den bei Kirchenvorständen wenig wahrgenommenen oder zumindest nicht obenauf liegenden Aufgaben ihrer Pfarrer/innen. Auch gibt es hier zwischen verschiedenen Räumen sehr unterschiedliche Einschätzungen, ebenso im Blick auf die unterschiedlichen Kasualien (Taufe, zugleich Sakrament; Beerdigung, Trauung). Bei drei Studientagen hat sich das allerdings im Gespräch verändert. Bei einem gemeinsamen Studientag mit Pfarrern und Kirchenvorstehern z. B. kam es hier zu einem interessanten Austausch mit Veränderung der Einschätzung.

[42] Ein Blick auf diese Prozent-Ergebnisse (vor allem in 3, 5 und 6 in Kombination mit den Ergebnissen der KMU V könnte wichtige Erkenntnisse für anstehende kirchenleitende Weichenstellungen liefern.

[43] Vor allem ist hier der Religionsunterricht im Blick, bei einem kleineren Teil auch der Konfirmandenunterricht. Die Bildungsarbeit insgesamt kommt weniger in den Fokus. Wieder zeigen die Prozentzahlen für KVs vor allem, dass dieser Aufgabenbereich »ihrer« Pfarrer/in kaum bewusst wahr-genommen wird (»Schattenarbeitszeit«); das hatte dann Auswirkungen für die Handreichung zur Musterdienstordnung.
Die 55% bei Pfarrer/innen resultieren nur zum sehr geringen Teil aus der Einschätzung der Wichtigkeit dieser Aufgabe, sondern vor allem aus den konkreten Problemlagen und Herausforderungen beim »Clash« der Welten: Kirchengemeinde – Schule und aus den steigenden Anforderungen an Lehrpersonen in der Schule. Diese Ergebnisse haben sich dann in den Empfehlungen 4., 5. und 15. niedergeschlagen (NITSCHE, Erträge [s. Anm. 3], 19.20.24).

[44] Hier wird deutlich, dass oft nicht klar zu sein scheint, was diakonisches Handeln vor Ort sein könnte; zum Beispiel ist hier Kindertagesstättenarbeit als diakonische und/oder Bildungsaufgabe häufig nicht im Blick. Ein eigenständiges Aufgabenfeld neben professioneller Diakonie ist nicht überall vor Augen oder gar gefunden. Bei Pfarrer/innen ist diese Aufgabe zudem oft mit Verwaltungs- oder Geschäftsführungstätigkeit verbunden und dann nicht selten mit einer Reihe von Druckerfahrungen verknüpft.

[45] Die großen Unterschiede im Blick auf Leitung als Grundaufgabe fallen ins Auge. Kirchenvorstände wünschen sich von »ihren« Pfarrer/innen deutlich mehr »Führungsqualität« und »Leitungskompetenz« als einer Rollenwahrnehmung jenseits von »Basta«-Politik einerseits und »Palaver-Club« andererseits.
Interessant ist, dass eine Formulierung bei beiden Gruppen sehr häufig zu finden ist: »Ich wünsche mir weniger allgemeines Lob und mehr konkretere Wahrnehmung meines Tuns/Engagements. Das ist für mich wertschätzend.« (Kirchenvorsteherinnen

Öffentlich Kirche sein realisiert sich in Bayern in sehr unterschiedlichen Kontexten, aber immer in den konkreten, vor Ort gemeinsam verantworteten Formen dieser Grundaufgaben. Dabei ist es von entscheidender Bedeutung, dass entsprechend evangelischem Kirchenverständnis die konkrete Schwerpunktsetzung zwischen diesen pastoralen Grundaufgaben und ihrer konkreten Gestalt im jeweiligen konkreten Kontext vor Ort (und nicht als zentrale Vorgabe für die ganze ELKB) entschieden wird. Dies gelingt in einem immer wieder neu auszubalancierenden Zusammenspiel zwischen dem Auftrag der Kirche, den Herausforderungen vor Ort und den Gaben und Charismen der Menschen vor Ort; mit den anvertrauten Ressourcen und in den gemeinsam auf ELKB-Ebene gefundenen, entschiedenen und verantwortenden Rahmensetzungen.

In der Reflexion wurden darüber hinaus drei Einsichten wichtig:[46] Erstens: Immer beim Auftrag anfangen. Bei der Suche nach einem evangelisch-lutherischen Profil des Pfarrberufes direkt bei der Frage nach dem Amt einzusetzen, wäre deutlich zu kurz gegriffen. Aber auch beim »Kirchenbild« oder beim »Gemeindebild« zu beginnen, wäre der Sache nicht angemessen. Ist doch die Kirche (und auch die Gemeinde) kein Selbstzweck, sondern ihrerseits eine notwendige Funktion, die sich aus dem Auftrag der Kirche ableitet, das Evangelium in einer Welt, die dessen zu ihrer Befreiung bedarf, zu bezeugen in Wort und Tat, Handeln und Beten, Feiern und Bekennen, Klagen und Ermutigen, Singen und Sprechen und Schreiben in allen Sprachen und Medien. Damit ist klar: Es gilt, beim Auftrag der Kirche anzufangen.

Aus diesem Grund ist es auch zweitens von zentraler Bedeutung, sich klarzumachen, dass nicht alle erlebte Spannung als demotivierender Druck interpretiert werden kann: Auf Pfarrerstudientagen wurden zahlreiche belastende Situationen benannt, in der Regel mit konkreten Verbesserungsvorschlägen. Zugleich wurde immer wieder betont, der Pfarrberuf sei ein besonderer Beruf und müsse es bleiben (oft mit dem Begriff »Dienst« verbunden).

Die in Rothenburg präzisierte Einsicht, dass wir bei der Wahrnehmung des Auftrags der Kirche sowohl in konstitutive (unauflösliche) Spannungen als auch (oft gleichzeitig) in demotivierende, entmutigende Drucksituationen geraten können, ist dabei sehr hilfreich. Diese Unterscheidung kann wesentlich zum »gut, gerne und wohlbehalten« arbeiten beitragen.

Und schließlich: Fit sein für kommende Herausforderungen heißt nicht primär heute schon immer neue Module für mögliche zukünftige Trends in die Aus-

---

und -vorsteher an die Adresse ihrer Pfarrer/in; Pfarrer/innen an die Adresse ihrer Dekane/innen).

Für viele Pfarrer/innen zeigt sich hier die größte Rollenunklarheit und – Unsicherheit aller Grundaufgaben; oft wird dieses Feld vor allem als Verwaltung beschrieben; in zwei Pfarrkapiteln entwickelte sich eine sehr kontroverse Debatte um die theologische Begründungsmöglichkeit von gestaltendem Handeln und Machtausübung. Siehe dazu die ausdifferenzierte Empfehlung 21 in: NITSCHE, Erträge (s. Anm. 3), 29.

46 Für die Reflexion dieser Ergebnisse haben die »Rothenburger Impulse« aus der Konsultation mit der wissenschaftlichen Theologie weitere Klarheit gebracht, Vertiefendes siehe dort (http://www.berufsbild-pfr.de/rothenburger-impulse).

bildung einzubauen, sondern vor allem, die Grundkompetenzen zu stärken, um bereit zu sein für Unvorhersehbares und für Überraschungen.

7 Faktoren des Gelingens

In der Auswertung des Projekts wurde klar: ein ganzes Bündel von gestaltbaren, mehr oder weniger beeinflussbaren und auch einiger kontingenter Faktoren war entscheidend für das Gelingen. Sie alle lassen sich aus meiner Sicht ableiten aus dem oben (5.) skizzierten Leitungsverständnis und der daraus gespeisten inneren Haltung, die im konkreten Agieren während des Prozesses erkennbar wird. Dazu gehört die Bereitschaft, sehr genau und erkennbar hinzuhören, selbst Position zu beziehen und sich darauf einzulassen, was daraus wird und sich dann auch zum Anwalt der Ergebnisse zu machen.

Die Faktoren lassen sich unterscheiden nach methodischen, inhaltlichen, kulturellen und kommunikativen Aspekten, die auf einer Folie für den bereits eingangs erwähnten Workshop auf dem 6. Rummelsberger Personalentwicklungskongress gesammelt wurden.

Ein Aspekt darf m. E. dabei nicht zu gering eingeschätzt werden. Der Prozess war nicht linear angelegt: Ein Auftaktimpuls zu Beginn, danach eine Bearbeitungsphase und schließlich ein Beschluss am Ende mit anschließender Umsetzung.

Der Prozess fand in einem Kommunikationsraum statt, der sich durch permanente Schleifen veränderte und weiter entwickelte. Erste Rückmeldungen fanden Eingang in die Präsentation des Standes auf dem nächsten Studientag. Gemeinsames wurde ebenso erkennbar wie Solitäres, beides konnte anregende Wirkung entfalten: sowohl Argumente als auch gelingende Beispiele aus über tausend Berufserfahrungen. Manches wurde gleich in neues Verwaltungshandeln umgesetzt, kommuniziert, der Erprobung ausgesetzt, modifiziert, um dann am Ende des Prozesses als bereits realisiert bestätigt werden zu können. Manches verlor dabei auch seine scheinbare Dringlichkeit.

Die Moderatorinnen waren so nicht nur Botschafter der Prozessidee und Kundschafter, die Rückmeldungen sammelten, sondern übernahmen mehr und mehr auch so etwas wie die Funktion kommunizierender Röhren.

Auch die kirchenleitenden Organe waren in diese Kommunikationsschleifen eingebunden, beeinflussten sie und wurden in ihrer Meinungsbildung durch sie beeinflusst.

So entstand an nicht wenig Stellen in der ELKB der Eindruck, aus dem Projekt könnte etwas werden und es lohne sich möglicherweise, dabei zu sein. Das wiederum hatte Auswirkungen auf die Bereitschaft, sich auch auf Veränderungen und Weiterentwicklungen einzulassen. Das Weitererzählen von dieser Bereitschaft stärkte seinerseits dann die Dynamik mit.

Niemand wusste zu Beginn, was am Ende konkret als Ergebnis dastehen würde. Das Ziel war so formuliert, dass es sich mit Konkretionen anreichern konnte, ohne zu einem Sammelbecken von beliebigen, mehr oder weniger zufälligen und auf Zuruf zusammengetragenen Wünschen zu werden. Dafür sorgte die methodische garantierte Notwendigkeit, die sich anreichernden Empfehlungen nicht nur pragmatisch auf ihre Umsetzbarkeit hin zu überprüfen, sondern sie vor dem Auftrag der Kirche nachvollziehbar zu verantworten.

Mit den (im Anhang dokumentierten) Beschlüssen im November 2015 war zwar das Projekt zu Ende, nicht aber die Arbeit. Die Umsetzung der noch nicht vollständig realisierten Empfehlungen ist aktuell im Gange, eine Reihe von Folgeprojekten sind auf den Weg gebracht (u. a. »Assistenz im Pfarramt und Profil der Pfarramtssekretarin«; »Miteinander der Berufsgruppen«, »RU 2026«), strategische Themen sind erkannt, die vertiefte Arbeit an den Empfehlungen 19 (»Lebenslange Bildung im Pfarrberuf« und 21 (»Leitung«) steht an.

Vor allem aber ist die Erfahrung des Gelingens (»wir können das tatsächlich!«) eines solchen Großprojekts ein wesentlicher Beitrag zu einer Kultur der im Auftrag gegründeten gelassenen Bereitschaft, sich auf Veränderungen einzulassen. Dies scheint mir auch für die aktuellen Prozesse, wie z. B. »Profil und Konzentration« (PuK) von entscheidender Bedeutung zu sein.

Anhang: Beschlüsse der Landessynode und des Landeskirchenrates zur Umsetzung der Empfehlungen aus dem Prozess

1 Beschluss des Landeskirchenrates vom 17.11.2015 zum Abschlussbericht des Projektes »Berufsbild: Pfarrerin, Pfarrer«

(1) Der LKR nimmt den Abschlussbericht des Projekts »Berufsbild: Pfarrerin, Pfarrer« mit seinen beiden Teilen:
   I. Das Pfarrerbild der 2.000
   II. 21 Empfehlungen: zur Profilierung, Unterstützung und Stärkung des Pfarrberufes und Impulse aus dem Berufsbildprozess zur Kirchenentwicklung
zustimmend zur Kenntnis.

(2) Der LKR sieht in den Erträgen des Prozesses einen wesentlichen Beitrag dafür, dass Pfarrerinnen und Pfarrer wieder mehr Raum und Zeit haben
   a.) für ihre pastoralen Grundaufgaben
   b.) für ihren Beitrag zur Präsenz des Evangeliums in der Gesellschaft in den jeweils konkreten Herausforderungen vor Ort
   c.) um gemeinsam mit ihren Kirchenvorständen oder Gremien handlungsfähig zu sein bei zukünftigen Herausforderungen in Schwerpunktsetzung und Profilbildung.
Dazu können nicht nur die 21 Empfehlungen helfen, sondern vor allem auch die theologischen Einsichten des »Pfarrerbildes der 2.000«.

(3) Der LKR sieht in den vorgelegten Erträgen gute Möglichkeiten für die Verbesserung der Attraktivität des Pfarrberufs
   - sowohl für die aktuell im Dienst Engagierten
   - als auch für die kommende Generation,
insbesondere was die Empfehlungen zur »Lebbarkeit des Pfarrberufs« und die Vereinbarkeit von Beruf und Familie (17–18) betrifft.

(4) Darüber hinaus sieht der LKR in den Empfehlungen (19 bis 21) wesentliche strukturelle und inhaltliche Impulse, die für die Handlungsfähigkeit der ELKB wichtig sein werden:
   ▷ Das Thema »Bildung für und im Pfarrberuf lebenslang«
   ▷ Das Miteinander der Berufsgruppen vom Auftrag der Kirche her denken und arbeitsteilige Gemeinschaft leben
   ▷ Das Thema »Leitung« theologisch zu klären und handwerklich zu unterstützen.

(5) Der LKR hält die Konzentration auf die sieben Grundaufgaben für zielführend, auch in der Notwendigkeit der jeweiligen Konkretisierung in der Verantwortung vor Ort.

Die bereits umgesetzten elf Empfehlungen unterstützen dies.

Die zuständigen Abteilungen werden gebeten, die weiteren Empfehlungen durch geeignete Maßnahmen oder in entsprechenden Projekten (z. B.: Verwaltungsdienstleistung für Kirchengemeinden) umzusetzen.

(6) Der LKR sieht in den Erträgen im Licht der Fünften Kirchenmitgliedschaftsuntersuchung (KMU 5) auch zentrale Herausforderungen für die kirchliche Arbeit der nächsten Jahre, insbesondere:
- in der noch weiter verstärkten Wahrnehmung der Bedeutung von Kasualien als Begegnungsfelder mit vielen sonst schwer erreichbaren Mitgliedern unserer Kirche und der Gesellschaft;
- im Bereich des Religionsunterrichts und der Herausforderung religiöser Sozialisation und Religionskompetenz der jungen Generation im Rahmen der Möglichkeiten des Staatskirchenrechts;
- in der werbenden Bewusstseinsbildung für diakonisches Handeln von Kirchengemeinden sowie der Entwicklung von Möglichkeiten diakonischen Engagements vor Ort.

(7) Der LKR dankt der Projektgruppe, den Mitgliedern der Begleitenden Konsultation aus allen Berufsgruppen, den Moderatorinnen und Moderatoren der Studientage und den in Rothenburg engagierten Professoren – vor allem aber mit großem Respekt den mehr als 1.500 beteiligten Pfarrerinnen und Pfarrern und den über 500 Kirchenvorsteherinnen und Kirchenvorstehern, die mit ihren Beiträgen den Prozess zu dem gemacht haben, was nun in den vorgestellten Erträgen und den Erzählungen über die Gewinne (sowohl persönlich als auch für das Miteinander vor Ort) sichtbar gemacht ist.

2 Votum der Landessynode zum Abschlussbericht »Berufsbild Pfarrerin/Pfarrer« (Nov. 2015)

(1) Die Landessynode nimmt den Abschlussbericht des Projektes »Berufsbild Pfarrerin/Pfarrer« zustimmend zur Kenntnis.
Sie bedankt sich bei der Projektleitung und bei allen Beteiligten für ihre Mitwirkung: Insbesondere für die hohe Partizipation, die erreichten Klärungen und die konkreten Ergebnisse.

(2) Die Landessynode empfiehlt, den Abschlussbericht vor allem den am Projekt Beteiligten zuzuleiten und in unterschiedlichen Bezügen am Thema »Berufsbild Pfarrerin/Pfarrer« weiter zu arbeiten, zum Beispiel in Pfarrkonferenz, Kirchenvorständen, Dekanatssynoden, Vertrauensleutetreffen sowie in der theologischen Aus- und Weiterbildung (Universität, Predigerseminar, Fortbildung in den ersten Amtsjahren, etc.).

(3) Der Abschlussbericht enthält zahlreiche, für unsere Kirche wesentliche Impulse zur Weiterarbeit, die sich die Landessynode aneignet und die sie weiterverfolgen möchte – insbesondere im Blick auf den Prozess »Profil und Konzentration«.

(4) Die Landessynode bittet in diesem Zusammenhang den Landeskirchenrat innerhalb von drei Jahren um einen Bericht, wie die Impulse des Abschlussberichtes weiter verfolgt wurden und zu welchen Ergebnissen dies geführt hat.

Reflexionen aus der zweiten Ausbildungsphase und der kirchlichen Praxis

Wenn das wirkliche Leben dazukommt
Pastorale Identität in Selbst- und Welterfahrung
Frank Zelinsky

Als Mitarbeiter am Pastoralkolleg, der ältesten Fortbildungseinrichtung für Pfarrer und – seit vier Jahrzehnten – Pfarrerinnen in Bayern, begegnen sie mir in jedem Kurs: Frauen und Männer mit ihrem wirklichen Leben. Wie »pastorale Identität« in solchem wirklichen Leben beschrieben werden könnte, was sie ausmacht und in welcher Weise die Frage nach ihr in einer Zeit vielfältiger Veränderungen überhaupt sinnvoll, ja möglicherweise notwendig ist – das ist keine theoretische Frage. Es ist die Frage danach, wie Frauen und Männer mit Verantwortung in der Kirche zu einem Selbstverständnis gelangen, das es ihnen zum einen erlaubt, sich durch grundlegende Überzeugungen und Aufgaben tief verbunden zu wissen. Zugleich muss es ihnen eine Weite und Freiheit belassen, in dieser Verbundenheit ihre je eigene Persönlichkeit mit ihren besonderen Gaben und Grenzen und ihrer eigenen Geschichte zu wahren und weiterzuentwickeln. Und das alles in ihrem wirklichen Leben und in einem gesellschaftlichen Kontext mit all seinen Veränderungen und seiner Uneindeutigkeit und Unabsehbarkeit. Was könnte in diesem Geflecht »Pastorale Identität« bedeuten? Es ist die alte Frage danach, wer ich als Pfarrerin und Pfarrer eigentlich bin – und wer ich sein möchte in einem Spannungsfeld von Selbstverortung, biografischen und persönlichen Prägungen, vielfältigen inneren und äußeren Erwartungslagen, tendenziellen Überforderungsmustern bei in der Regel hoher Gestaltungsfreiheit vieler Berufsfelder und der systemischen Teilhabe an einem massiven Bedeutungs- und Ansehensverlust.

Etwa 120 Pfarrerinnen und Pfarrer nehmen jedes Jahr an Kursen des Pastoralkollegs teil. Und dorthin kommen sie mit ihrem wirklichen Leben. So, wie die ersten Teilnehmer an Kursen des Pastoralkollegs: das waren 1945 Pfarrer, die aus dem Krieg heimgekehrt sind. Wie sollten, wie konnten sie zurückkehren in ihre Gemeinden – und dort das Evangelium verkündigen? Nach allem, was sie und was ihre Gemeindeglieder erlebt und gesehen hatten? Mit dem wirklichen Leben – mit dem Grauen von ungezähltem äußeren und inneren Leid und Vernichtung und der Scham über das, was sie und die Menschen in ihren Gemeinden getan oder eben nicht getan, geredet oder verschwiegen haben? Wie sollten, wie konnten sie mit all dem wieder Pfarrer sein?

Die Frage nach »Pastoraler Identität« war von Anfang an die Leitfrage des Pastoralkollegs – und zwar eben nicht in theoretischer Hinsicht, sondern im Kontext konkreter Welt- und Selbsterfahrung. Und damit war sie von Anfang an eine existenzielle Frage. So etwas wie »Pastorale Identität« musste offenbar neu errungen, erinnert, entdeckt und mit Leben gefüllt werden, wo solche Identität verunklart, in Frage gestellt und erschüttert war. Am Pastoralkolleg sollten Pfarrer und Pfarrerinnen sich ihrer selbst vergewissern – ihrer Person und ihrer Aufgabe: so hat es Georg Merz beschrieben, der Begründer des Pastoralkollegs.[1] Und später hat Rektor Dieter Voll, langjähriger Leiter des Pastoralkollegs, diese Aufgabe so formuliert: sie sollten wieder zu sich kommen können, die Pfarrerinnen und Pfarrer – weil die Gefahr, das Risiko, sich zu verlieren in der Vielfalt und Unübersichtlichkeit des Pfarrberufes offenbar groß sind.[2]

Sie bleiben groß. Auch, wenn heute das Leben anders und in der Regel undramatischer dazwischenkommt als zumindest vor 75 Jahren. Fragwürdig, also der Frage würdig, bleibt die »Pastorale Identität« offenbar nach wie vor. Der Frage würdig ist, was sich nicht oder nicht mehr von selbst versteht. Und diese Frage wird in Zeiten zunehmender Individualisierung und einem massiven Bedeutungs- und Ansehensverlust von Kirche auf neue Weise bedrängend: wer sind wir als Pfarrerinnen und Pfarrer angesichts unterschiedlichster Herausforderungen und vielfältiger Erwartungen – oder eben gar keiner Erwartungen mehr von einer Mehrzahl der Menschen? Wer sollen wir sein? Welche Berufung, welcher Auftrag, welche Sehnsucht verbindet uns als Kirche? Für wen sind wir eigentlich da – denn Identität bildet und entwickelt sich bekanntermaßen immer als komplexer Beziehungsprozess? Und: wer wollen wir eigentlich sein?

Worin wesentliche, eigentliche Aufgaben einer Pfarrerin, eines Pfarrers heute bestehen – das kann man zunächst allgemein beschreiben, wie der Pfarrbildprozess gezeigt hat. Was aber pastorale Identität konkret im Leben jeder einzelnen Pfarrerin und jedes einzelnen Pfarrers bedeutet, worin ihr Selbstverständnis besteht, was das Gemeinsame daran ist und was das wirkliche Leben mit seinen Brüchen und Spannungen mit solcher Identität macht: das bleibt offenbar der Frage würdig und lässt sich nicht über funktionale Aufgabenbeschreibungen beantworten. Und angesichts der kirchlichen und gesellschaftlichen Entwicklungen und absehbaren grundlegenden Veränderungen stellt sich selbst die Frage nach Aufgaben, Horizonten und Perspektiven des Pfarrberufes noch einmal radikal neu.

Die Antworten auf diese Frage, die in anderen Zeiten gegeben wurden, tragen heute nicht mehr. Und dort, wo sie reproduziert werden, wirken sie wie Verlegenheitsantworten und regressive Reflexe angesichts einer verunsichernden und überfordernden gesamtgesellschaftlichen Situation. »Pastorale Identität« bezeichnet kein Selbstverständnis mehr, das sich herleiten lässt aus Merkmalen kulturel-

---

[1] Vgl. zum Grundanliegen Merzs in der Gründungszeit des Pastoralkollegs CHRISTIAN EYSELEIN, Gewiss und überraschend: Der Pfarrberuf und das Pastoralkolleg, in: Theologische Beiträge 43 (2012), 161–175, bes. 168f.

[2] Einen persönlichen Erfahrungsbericht aus dieser Zeit bietet GERTRUD KAPP, Erste Schritte der Pfarrerfortbildung. Erinnerungen an das Pastoralkolleg, in: Wenn der Dornbusch brennt. Beiträge zum Pfarrerberuf, zur Praxis geistlichen Lebens und zum Weg der Kirche. Eine Festgabe für Dieter Voll, hg. von R. Riess, München 1989, 67–71.

ler Übereinkunft (wie Kleidung), traditioneller Konvention (wie dem klassischen Pfarrhausbild), gesellschaftlicher Rollenzuschreibung oder rituellen, funktionalen und administrativen Vollzügen.

Auch, wenn zumindest Letztere Bestandteil des Dienstverständnisses von Pfarrerinnen und Pfarrern bleiben: sie reichen nicht aus, eine Identität zu begründen, die tragfähig genug wäre in Zeiten tiefgehender Veränderungen und Verunsicherungen.

Die explizite Frage nach »Pastoraler Identität« wird kaum einmal so ausgesprochen. Aber sie steht heute oft unausgesprochen im Hintergrund, wenn Krisen durchlebt werden, die diese Frage eben neu aufwerfen: wer bin ich eigentlich als Pfarrerin und als Pfarrer? Wer wollte ich einmal sein – und was ist aus mir geworden? Solche Krisen erleben Kolleginnen und Kollegen nach unserer Wahrnehmung vor allem in drei Bereichen:

- es sind zum einen biografische Erschütterungen, die die Frage nach dem eigenen Selbstverständnis neu aufwerfen;
- dann haben kirchlich-institutionelle Beanspruchungen und Entwicklungen Auswirkung auf die Frage, wer wir eigentlich sind als Pfarrerinnen und Pfarrer;
- und schließlich stellen uns gesamtgesellschaftliche Veränderungen vor die Herausforderung, diese Frage neu durchzubuchstabieren.

1 Pastorale Identität in biografischen Erschütterungen

Individuell gab es solche Krisen, die Infragestellung der eigenen Identität als pastorale Identität, immer. Und es gibt sie bis heute, natürlich. Wie können Pfarrerinnen und Pfarrer wieder zu sich kommen, wenn Bilder zerbrochen sind, die sie sich vielleicht einmal von sich und solcher Identität gemacht haben? Wenn Erfahrungen im eigenen Leben sie einholen und solche Bilder nicht mehr stimmen?

Wenn Ehen zerbrechen, Krankheiten Pläne und Hoffnungen durchkreuzen, wenn Kinder sterben? Wenn Grenzen der Belastbarkeit überschritten werden und Menschen zusammenbrechen? Wenn die Erfahrung des Scheiterns und des Scherbenhaufens im privaten Leben oder im Erleben in einer Gemeinde, in der sie ihre Zeit und Lebensenergie, ihre Träume und Hoffnungen gegeben und schließlich auch ihre Zugehörigkeit erlebt haben, wenn diese Erfahrungen kein allgemeines Predigtthema mehr sind, sondern eigene Lebenswirklichkeit?

Mit ihren ganz eigenen Geschichten kommen die Teilnehmerinnen und Teilnehmer in unsere Kurse.[3] Und teilen diese Geschichten in geschütztem Rahmen. Vom ersten Kurs an haben mich ihr Vertrauen und ihre Offenheit angerührt: keinem der Reflexe von Schaulaufen, Wettjammern oder Kirchenleitungs-Bashing,

---

[3] Vgl. zur Vielfalt individueller Vorprägungen in Pastoralkollegskursen JÖRN HALBE, Das Pastoralkolleg. Ein institutionalisiertes Überaschungsrisiko, in: Pastoraltheologie 96 (2007), 172–184.

die ich auch kenne, wenn Pfarrer und Pfarrerinnen zusammenkommen, bin ich in einem unserer Kurse begegnet.

Man muss sich nichts beweisen. Und man muss den anderen nichts beweisen. Die Spiele haben ein Ende. Und es ist jedes Mal anrührend, wenn Kursteilnehmerinnen und -teilnehmer sich in solcher Offenheit gegenseitig teilhaben lassen an ihrem wirklichen Leben, an ihrem privaten Leben und am Leben in ihren Gemeinden.

Mit all dem Schönen, das sie dort erleben – und mit den Brüchen und dem Schweren, das sie mit sich schleppen. Mit dem Gelingen und dem Scheitern. Mit ihren kleinen und den großen Zweifeln. Wenn sie dann erfahren, dass all das ohne Wertung geteilt werden kann, ohne Vergleichen, ohne Ratschläge und ohne Angst, wenn im Gegenteil solche Offenheit zu einer Einladung zum Vertrauen wird, in dem man sich gegenseitig unterstützt, einander trägt und ermutigt: dann wird etwas erlebbar von der Kraft der Gemeinschaft.

Und wenn all das eingebunden ist in den Tagesrahmen eines gemeinsamen Gebetes, das in großer Einfachheit dreimal am Tag mit langen Zeiten der Stille alle zusammenführt, und in die zweckfreie Begegnung mit biblischer Überlieferung, wie sie jeden Vormittag in einem offenen Bibelgespräch stattfindet: dann wird diese Gemeinschaft durchscheinend für eine andere Wirklichkeit, für die Erinnerung, dass die Quelle unseres Lebens und unseres Dienstes eine andere ist als die institutionellen Bezüge, in die wir eingebunden sind. Dann erneuert sich das Vertrauens darauf, dass Gott nahe bleibt, auch dann, wenn er zu schweigen scheint und das eigene Herz und das Leben gegen solche Hoffnung sprechen mögen. Miteinander entdecken wir, dass wir selber es zuerst nötig haben, zu hören, was wir anderen doch zusprechen ...

Solche Erfahrung ist für mich eine erste Spur auf der Suche nach Antworten auf die Frage nach »Pastoraler Identität«: allzu feste Bilder funktionieren nicht – die zerbrechen irgendwann. Eine tragfähige pastorale Identität, eine Antwort auf die Frage, wer wir sein wollen als Pfarrerinnen und Pfarrer, gewinnen wir nur mit unserem wirklichen Leben mit seinem Gelingen und seinem Scheitern. Als ganze Menschen in Gemeinschaft von Menschen. In der steten Erneuerung des einfachen Vertrauens darauf, dass unsere Identität nie wirklich in uns selber begründet ist, sondern dass sie uns immer von Gott her entgegenkommt: zugesprochen, erhofft, geglaubt. Lebendig und beweglich.

Um dieses Vertrauen zu erneuern, diese Ermutigung, uns anschauen und zeigen zu können, so, wie wir wirklich sind, und darin die Hoffnung zu erfrischen, dass es Gottes Kraft bleibt, die wir in zerbrechlichen Gefäßen tragen (2Kor 4,7), dafür brauchen wir einander. Wir können diese Frage nicht alleine beantworten. Wir müssen sie immer neu für uns selber durchbuchstabieren, aber wir können sie nicht alleine beantworten.

2 Pastorale Identität und die Institution Kirche

Für mich selber ist die Frage nach einer »Pastoralen Identität« erst in den letzten Jahren drängend geworden: als ich zunehmend den Eindruck hatte, immer stärker einer Dynamik von Administration und institutioneller Selbstverwaltung ausgesetzt zu sein, die mir die Lust an der Arbeit und die Energie geraubt haben und die Zeit für das, wofür ich einmal angetreten bin. Jetzt erlebe ich mit den Teilnehmerinnen und Teilnehmern unserer Kurse, dass viele es ähnlich erleben.

Die administrative Professionalisierung unserer Kirche ist natürlich auch dem Anspruch geschuldet, die innere Organisation möglichst effizient zu gestalten und mit den vorhandenen Ressourcen verantwortungsvoll umzugehen. Doch sie hat ihren Preis, und der kann hoch sein. Nach meiner Wahrnehmung hat sich die Dynamik solcher administrativen Professionalisierung in den letzten Jahren verselbstständigt. Die muss dann vor Ort, also von den für Pfarramtsführung zuständigen Pfarrerinnen und Pfarrern, bedient werden, und sie wird unangemessen, wenn sie deren Ressourcen an Zeit, Energie und Aufmerksamkeit über Gebühr beansprucht.

Und ganz befremdend wird es, wenn solche Professionalisierung gar den Anspruch erhebt, mehr Freiräume für die »eigentliche« pastorale Arbeit zu ermöglichen, faktisch aber das Gegenteil erlebt wird. Dann werden Verwaltungsprogramme zu den grauen Männern, von denen das Jugendbuch »Momo« erzählt: die treten mit dem Anspruch auf, Zeit zu sparen – und machen das Leben der Menschen am Ende grau und freudlos.

Pastorale Identität kann nicht tragfähig gewonnen werden aus dem Selbstanspruch, institutionelle Rahmenbedingungen und Erwartungen zuverlässig zu bedienen. Pfarrerinnen und Pfarrer sind keine Religionsprofis, die ihr Selbstverständnis aus rein funktionalen Bestimmungen gewinnen – dazu ist dieses Selbstverständnis zu eng verflochten mit elementaren Lebens- und Glaubensüberzeugungen und -begründungen.

Die Tendenz einer deutlicheren Trennung von Dienst- und Privatleben, der Versuch einer Klärung und Begrenzung dienstlicher Zuständigkeiten über Dienstordnungen und die Perspektive einer Zuordnung von funktional und gabenorientiert begründeten Aufgabenbeschreibungen in multiprofessionellen Teams sind Entwicklungen, die einer maßlosen Selbstüberforderung entgegenwirken wollen und auf sich verändernde Rahmenbedingungen reagieren. Ihre Regelung ist auch ein Ausdruck kirchenleitender Verantwortung.

Die Frage nach »Pastoraler Identität« allerdings lässt sich durch solche Regelungen nicht beantworten – und ich sehe die Gefahr, dass das Bild einer vermeintlichen Regelbarkeit und Ordnung unseres Dienstes diese Frage ersetzt. Doch dafür bin ich nicht angetreten: ein zuverlässiger Kirchenbeamter mit geregelten Dienstzeiten zu sein.

»Damit Pfarrer zu sich kommen« – ich erlebe das Pastoralkolleg in diesen Zeiten als quasi subversiven Ort, der solchen Tendenzen eine andere Dynamik und Logik vielleicht nicht entgegensetzt, aber doch an ihre Seite stellt. Meinen Dienst als Pfarrer habe ich immer verstanden als einen Dienst, der aus einer Hingabe an Gott und die Menschen lebt – ein Zeugenamt, das sich nicht auf einzelne beschreibbare Tätigkeiten beschränkt, sondern meine ganze Existenz einschließt. Eine Identität, die sich nicht beschränken lässt auf einzelne professionelle Kompetenzen und Tätigkeiten, sondern die mein ganzes Leben umfasst.

Wir stehen als Pfarrerinnen und Pfarrer mit unserem eigenen Glauben für das, was wir predigen – mit unserer Suche nach und unserem Leben aus Gott, mit unserem Scheitern und unserem Gelingen, mit unseren Wunden und unserem menschlichen Glück, und ja: selbstverständlich auch mit unseren Zweifeln – das ist keine Angelegenheit von 48 Wochenstunden, und sie lässt sich nur begrenzt über Regelungen beschreiben.[4]

So bekommt die Frage nach »Pastoraler Identität« auch eine kritische Funktion: sie ermutigt mich unter Berufung auf meine inneren Überzeugungen, aus denen ich einmal angetreten bin für diesen Dienst, mich abzugrenzen gegen überbordende institutionelle Beanspruchungen und Regelungen.

Eine zweite vorsichtige Antwort also auf die Frage nach »Pastoraler Identität« in unserem Kontext könnte lauten: Pastorale Identität begründet auch eine kritische Abgrenzung gegenüber Ansprüchen, die ihr entgegenstehen, und wird auch in solcher Abgrenzung erkennbar. Sie begründet sich in einer anderen als in institutioneller Logik: in der Logik des Evangeliums, das immer wieder andere, konventionelle Logiken durchkreuzt und damit immer auch etwas »Ver-rücktes« hat. Pastorale Identität hat damit innerhalb einer Institution, die in ihrer Selbststeuerung vornehmlich einer Organisationslogik folgt, subversiven und institutionskritischen Charakter – dem die Kirche um ihrer eigenen Identität willen etwa in einer Einrichtung wie dem Pastoralkolleg Raum und Zeit gibt.

Um ihrer eigenen Identität willen, weil sich auch die institutionelle Verfasstheit der Kirche ableitet aus einer Begründung, die ihre verfasste Gestalt überschreitet, die ihr vorausliegt und die deshalb jeder selbstreferenziellen Bezogenheit entgegensteht und darin ihre historische und konfessionelle Ausprägung relativiert. Der PuK-Prozess[5] erinnert daran sehr deutlich in seiner Betonung des Vorranges der Frage nach unserem Auftrag und dem Menschen von Heute – und der Nachrangigkeit der organisatorischen und strukturellen Regelungen, sie sich daraus ableiten und begründen sollen. Doch erleben wir, wie offenbar die Vorfindlichkeit des Faktischen – die bestehende Gestalt unserer Kirche und die sich daraus ableitenden Bedingungen – offenbar auch unser Denken und unsere Phantasie einschränken: nur so lässt sich erklären, dass Diskussionen um PuK sich mehrheitlich um Strukturen, Mittelverwendung, Stellenpläne und administrative Vollzüge drehen und dabei erhitzen – und weit weniger leidenschaftlich um die Frage nach unserem Auftrag und nach den Menschen.

Die Frage nach »Pastoraler Identität« könnte und sollte in diesem Kontext über die individuelle Unterstützung und Klärung hinaus eine systemische Dynamik

---

[4] Diese Stundenzahl steht seit der Revision der Pfarrerurlaubsverordnung für die Evangelisch-Lutherische Kirche in Bayern vom 21. Juli 2016 (KABl S. 213, ber. S. 277) im Hintergrund von Dienstordnungen für Pfarrerinnen und Pfarrer.

[5] Der Reformprozess »Profil und Konzentration« der bayerischen Landeskirche versucht seit 2017 an einer auftragsorientierten Kirchenentwicklung zu arbeiten.

bekommen: gerade in ihrer Einwurzelung in gemeinschaftliche Suchbewegungen und in eine gemeinsame spirituelle Praxis ist sie wesentlicher Teil unserer Suche danach, wer wir als Kirche sein wollen, Teil unserer Suche nach einer Kirche von Morgen, der wir heute schon Gestalt geben wollen. Die Frage nach »Pastoraler Identität« ist auch eine zutiefst ekklesiologische Frage: der Bau an einer Kirche von Morgen beginnt nicht mit Handwerkszeug, Strategien und Wirtschaftsplänen, sondern mit der Sehnsucht nach Gott und dem Wunsch, uns seiner Suche nach den Menschen anzuschließen. Dafür brauchen wir Orte und neue Formate: als offene Werkstätten, Reallabore, Erkundungs- und Erprobungsräume für Suchbewegungen, Inspirationen und Vergewisserungen, für Begegnungen und Entdeckungen. Und vor allem brauchen wir dafür eine neue Aufmerksamkeit: im Vertrauen darauf, dass uns unsere Identität nicht nur als Individuen, sondern auch als Gemeinschaft von einem anderen her entgegenkommt.

3 Pastorale Identität im Kontext gesamtgesellschaftlicher Entwicklungen

Immer wieder ist es Thema in Nachrichten und Zeitungen: die Kirchen verlieren weiter an Mitgliedern.[6] Nur noch gut die Hälfte der deutschen Bevölkerung gehören einer der beiden großen Kirchen an. Was das mit Pfarrerinnen und Pfarrern macht, dass die Kirchen zunehmend an gesellschaftlicher Bedeutung verlieren, dass der Gottesdienstbesuch fast überall zum Teil rapide abnimmt und Gemeinden schrumpfen – das erleben Teilnehmerinnen und Teilnehmer unserer Kurse sehr nah. Nicht erst ausgelöst durch aktuelle Pressemeldungen – sondern sehr konkret in ihren eigenen Gemeinden, aus denen sie kommen.

Seit den 70er-Jahren haben Gemeindeentwicklungs- und Gemeindeaufbaukonzepte und kirchliche Strategiepapiere die Hoffnung begründet, es gäbe es so etwas wie Rezepte, die man nur umzusetzen braucht, um Gemeinden zu vitalen und zukunftsoffenen Lebensorten werden zu lassen. Heute sind manche Pfarrerin und mancher Pfarrer erschöpft und ratlos. Und enttäuscht und traurig. In den Kursen geht es oft sehr heiter zu, ich erlebe niemanden, der oder die solche Traurigkeit vor sich herträgt. Aber natürlich macht das etwas mit Menschen, wenn das, wofür sie gelebt haben, offenbar fruchtlos bleibt.

Viele von ihnen haben versucht, das umzusetzen, was Konzepte und Programme als Weg gewiesen haben. Doch der Erfolg ist ausgeblieben – und heute fragen sie sich, was sie falsch gemacht haben oder ob sie vielleicht einfach nicht gut genug waren in solcher Umsetzung und noch mehr und anderes hätten tun sollen. Sie haben ihre Lebenszeit und ihre Lebenskraft gegeben – aber immer weniger

---

[6] Für Aufsehen sorgte zuletzt die Studie des Forschungszentrums Generationenverträge der Albert-Ludwigs-Universität Freiburg. Die Ergebnisse finden sich in: Evangelischen Kirche in Deutschland, Kirche im Umbruch. Zwischen demografischem Wandel und nachlassender Kirchenverbundenheit. Eine langfristige Projektion der Kirchenmitglieder und des Kirchensteueraufkommens der Universität Freiburg in Verbindung mit der EKD, Hannover 2019.

Menschen scheinen interessiert daran, wofür sie die gegeben haben. Sicher, an vielen Orten gibt es das noch, die lebendige Gemeinde, den guten Gottesdienstbesuch, wichtige Projekte, inspirierende Angebote und vitale Gruppen und Kreise. Die Gesamttendenz aber ist eine andere – und die verschärft die Frage: was bedeutet »Pastorale Identität«, wenn das, was solche Identität begründet und wofür sie steht, gesamtgesellschaftlich schlicht an Relevanz verliert und immer weniger Menschen interessiert?

Auch auf diesem Hintergrund gilt: Pastorale Identität ist heute unter den gegenwärtigen Bedingungen angefochtene Identität – diesmal nicht in individueller, sondern in kollektiver Hinsicht. Die Herausforderung besteht offenbar darin, ihre Auftragsbegründung gänzlich neu zu beschreiben angesichts der Tatsache, dass ihre bisherige konventionelle und traditionelle Gestalt allein nicht mehr ausreicht.

Wie aber könnte eine Weiterschreibung solcher Auftragsbegründung aussehen, die den Entwicklungen und Herausforderungen besser entspricht und so auch in der Frage nach Identitätsstiftung zukunftsoffen ist? Der PuK-Prozess hat eine Richtung gewiesen, die nach meiner Einschätzung bedeutungsvoll bleibt, auch, wenn der Prozess selber in seiner Verbindung mit anderen, ökonomisch begründeten Prozessen an manchen Stellen verunklart ist und nicht ganz zu Unrecht auch Misstrauensreflexe auslöst.

Bedeutungsvoll ist er darin, dass nicht mehr die pfarrerzentrierte Parochie als traditionelles Leitparadigma im Fokus steht, sondern »die Menschen von heute«, denen einfache Zugänge zur Liebe Gottes eröffnet werden sollen. Solche Hinwendung zur Welt hat, vorurteilsfrei gelesen, etwas Radikales in der Antwort auf die Frage, für wen wir da sind: wir sind eben nicht nur einer geläufigen Vereinslogik folgend für unsere Mitglieder da oder orientieren uns über deren Grenzen hinaus höchstens mit dem Interesse weiterer Mitgliedergewinnung – wir sind für die Menschen da, um Zeugnis zu geben von einer Liebe, die alle Grenzen überschreitet.

Doch so deutlich alle weiteren Überlegungen begründet werden in der Liebe Gottes, so überraschend ist die Beobachtung, wie rasch solche Überlegungen überführt werden in Handlungsperspektiven und -strategien. Von Staunen, Erschrecken, Glück, Freude, Schmerz, Angst – ja, Liebe macht auch Angst! – und Erfüllung, von all den Regungen, die die Liebe doch immer neu auslöst, ist im PuK-Prozess nichts zu finden. Als ob sie sich von selbst versteht, wird sie in Anspruch genommen für scheinbar operationalisierbare Perspektiven. Aber die Liebe ist nicht verfügbar, und die Wege zu ihr sind es auch nicht.

Identität, so scheint sich die Persönlichkeitsforschung einig, wird zuallererst begründet durch Beziehungen. Und die Liebe als innigste Beziehungsform nimmt darin die wohl wesentlichste Rolle ein. Vielleicht müssen wir selber zuallererst wiederentdecken, wie sehr sich unsere Identität in solcher Liebe begründet, bevor wir nach möglichen Zugängen zu ihr für andere und mit anderen Menschen suchen ...

Als Geliebte und Liebende anderen zeigen, was uns heilig ist und kostbar. Als Geliebte und Liebende dieser Liebe Raum geben in unseren Gottesdiensten und Gemeinden. Als Geliebte und Liebende der Sehnsucht nach Erfüllung und den

Fragen und Zweifeln an solcher Liebe Raum geben. Als Geliebte und Liebende Verantwortung übernehmen in unserer Welt und für diese Welt – für die Welt! Als Geliebte und Liebende dort hingehen und handeln, wo Menschen in Not sind und wir gebraucht werden – und dorthin, wo der lebendige Geist Gottes offenbar auch und deutlich außerhalb aller Kirchlichkeit Menschen bewegt und kraftvoll wirkt: weil wir dem folgen, der die Menschen sucht, und längst schon dort ist, wo wir ihn vielleicht am wenigsten vermutet haben. Um der Liebe willen – nicht um der Stabilisierung und des Weiterbestandes einer Institution willen.

Darin würde, wenn wir diese Überzeugung als gemeinsame Überzeugung gewinnen, etwas von der Selbstlosigkeit der Kirche sichtbar. Ja, wir brauchen die Kirche auch als Institution, die solche Bewegungen ermöglicht – immer aber in der Überzeugung, dass solche Bewegung jede Gestalt von Kirche transzendiert. Kirche muss sich deshalb immer neu fragen lassen, welcher Dynamik sie folgt. In solcher Selbstlosigkeit müsste folgerichtig eine Freiheit begründet sein, die es allen Verantwortlichen in den Gemeinden und zukünftigen Räumen erlaubt, sehr beweglich Experimente zu machen, Neues zu wagen, ihrer Intuition und ihren spezifischen Begabungen zu folgen, um zu erkunden, wie solche Wege bereitet werden können und welche Wege tragfähig sind.

Das alles sehe ich in PuK zumindest eröffnet – organisatorisch ernst genommen bedeutete es grundlegende Konsequenzen für die Gestalt unserer Kirche und für unsere Praxis. Es bedeutete eine massive Enthierarchisierung und zur-Verfügung-Stellung weit umfangreicherer Mittel vor Ort, um solche Experimente und Reallabore zu ermöglichen. Und es hätte Folgen für unsere Kommunikation und unsere Haltung: wir müssten dann nämlich anerkennen, dass unsere bisherige Gremien- und Entscheidungskultur nicht mehr angemessen ist für die anstehenden Suchbewegungen. Die brauchen offene, hierarchiefreie Räume, Zeit und die Bereitschaft zur Vorläufigkeit und zum Provisorium. Und sie brauchen die Offenheit für das Vertrauen, dass Gott selber durch seinen Heiligen Geist auf neue Wege lockt, und für die Frage, wie wir solchen Inspirationen Raum geben – und dafür selber auf Kontrolle und Übersicht verzichten.

In der Organisationsentwicklung sind Menschen bereits seit einiger Zeit unterwegs, solche Suchbewegungen, ihre Dynamiken und Bedingungen zu erkunden – und entdecken dabei Aufregendes: die erste Herausforderung, etwas Neues zu entdecken, eine Antwort auf eine Frage, eine Lösung für ein Problem, die mehr sind als eine Verlängerung der Vergangenheit, besteht offenbar darin, zu verlernen, bisherige Strategien, Reflexe und Muster loszulassen.

Und sie entdecken die Bedeutung der Stille und der Spiritualität. Otto Scharmer, Ökonom am MIT, einer der Protagonisten solcher Suchbewegungen, beschreibt als wesentliche Voraussetzung für eine neue, veränderte Praxis die Notwendigkeit, an den inneren Ort zu gelangen, von dem aus wir handeln, von dem aus wir unsere Identität begründen, der unsere Quelle ist. Und er hält für solche

Suchbewegungen nach dem *intelligence quotient* und einem »emotional quotient« einen »spiritual quotient« für unerlässlich.[7]

Ich finde diese Beobachtungen und Erkundungen aufregend und halte sie für wesentlich in den Herausforderungen, vor denen wir stehen. Die sind zu komplex, um mit vertrauten Strategien und Mustern auf sie antworten zu können – es gibt keine good oder gar best practice mehr, die als Zukunftsmodelle beschrieben werden könnten. Die Grenzen unserer best- und good-practice-Modelle können auch eine Chance sein, wenn wir sie anerkennen und uns einlassen auf die Suchbewegungen, die vor uns liegen.

»Pastorale Identität« kann in diesem Kontext eine ganz neue Färbung bekommen – sie erhält darin so etwas wie Pioniercharakter. Am Pastoralkolleg laden wir unsere Kursteilnehmerinnen und Kursteilnehmer ein zu solchen Suchbewegungen und ermutigen sie, die Spielräume, die sie zuhause haben, zu erkunden und zu erweitern und zu bespielen mit ihren Inspirationen und Begabungen. Und wir erkunden mit ihnen, wie wir solche Suchbewegungen gestalten können, welche Theologie uns dabei unterstützt und wie wir die Räume erweitern können, um dem Geist Gottes und seinen Inspirationen Raum zu geben.

Noch einmal: nicht um unserer selbst willen – um der Welt willen, die der Gott, auf den wir uns berufen, so sehr geliebt hat, dass er alles für sie gegeben hat (Joh 3,16). Vielleicht müssen wir das lernen, ganz neu: Freundschaft zu schließen mit dieser Welt, die Gott so sehr geliebt hat. Absichtslos, ohne Selbstzweck und ohne Berührungsängste. Vielleicht ist die wachsende Entfremdung so vieler Menschen auch einer generationsübergreifenden Erfahrung von Anpassungserwartung und Vereinnahmung geschuldet, der es nicht um die Menschen, sondern um anderes ging. Vielleicht müssen wir ganz neu buchstabieren, welche radikale Umkehrung aller religiösen Erwartung die Botschaft von der Menschwerdung Gottes bedeutet – und welche Befreiung hin zur Welt sie eröffnet. Vielleicht dürfen wir in den massiven Veränderungen auch eine Einladung zu einer neuen Hinwendung an diese Welt lesen: ohne Angst um den Fortbestand einer Institution. Unsere Väter haben gelehrt, dass immer eine heilige Kirche sein wird – wie sie in Zukunft aussehen wird, das wissen wir nicht. In solchem Vertrauen und in solcher Freiheit weitergehen – Pastorale Identität bekäme in solchem Kontext einen beweglichen, provisorischen und letztlich sorglosen Charakter. Der es möglich macht, in großer Freiheit und Selbstlosigkeit gemeinsam mit anderen – nicht nur mit denen aus unserem eigenen Stall! – danach zu fragen, wie wir auf die aktuellen Herausforderungen in einem Dorf, in einem Stadtteil, in unserem Land und in unserer Welt antworten können.

---

[7] Vgl. CLAUS OTTO SCHARMER, Theory U. Leading from the Future as it Emerges, second edition, Oakland 2016.

4 Auf Überraschungen gefasst

Für mich hat in der Frage nach »Pastoraler Identität« die Überlieferung der Begegnung des Petrus mit dem Auferstandenen nach Joh 21 paradigmatische Bedeutung bekommen. Mit Petrus verbindet uns, dass er alle Illusionen verloren hat – die Illusionen über sich selber und die Illusionen und Bilder, die er sich von Gott gemacht hat. Er ist seinen Grenzen begegnet und hat sich kennengelernt, besser, als es ihm lieb gewesen ist. Das wirkliche Leben und seine Selbsterfahrung haben die Bilder zerstört, die er sich von sich gemacht hat.

Und das wirkliche Leben hat die Bilder zerstört, die er sich von Gott gemacht hat: dass Jesus am Kreuz endete, bedeutete für ihn das Zerbrechen aller Hoffnungen und Erwartungen, die er geweckt hatte.

Und dann begegnet der Auferstandene dem Petrus und will von ihm nur eines wissen: »Liebst du mich?« – »Liebst *du* mich?«, du, als der, der sich besser kennengelernt hat als es ihm lieb sein konnte und der nach allem, was er erfahren hatte, annehmen konnte, dass er kein anderer mehr werden wird?

Und: »Liebst du *mich*?«, mich, der ich deine Erwartungen enttäuscht habe, den du nicht verstehst, dessen Weg dir fremd bleibt und abwegig?

»Liebst du mich?« – im johanneischen Kontext ist die Liebe immer verbunden mit »Bleiben« – vielleicht ganz im Sinne der Überzeugung von Max Frisch, der in seinen Tagebüchern das »Bleiben« als die eigentliche Gestalt der Liebe beschreibt, weil nur die Liebe den anderen so sein lässt und erträgt, wie er ist, und bei ihm bleibt in all seiner Fremdheit und Rätselhaftigkeit, ohne sich ein Bild von ihm zu machen, ohne ihn festzulegen auf meine Erwartungen.[8]

Im Kontext der Frage nach »Pastoraler Identität« lese ich diese Überlieferung als Einladung: als Einladung, unsere eigene angefochtene Identität anzunehmen und zu bleiben, an Gott zu bleiben – und neu zu hören, dass der Auferstandene gerade diesem Petrus sein Kostbarstes anvertraut: »Weide meine Lämmer!« Wie das geht? Johannes beschreibt es im zehnten Kapitel seines Evangeliums ganz schlicht: der gute Hirte führt seine Schafe hinaus aus dem Stall…

Hinaus aus dem Stall – und hinein in die Welt, zu den Menschen. In großer Freiheit und Selbstlosigkeit. In der Nachfolge des Gottes, der sich aus Liebe hineingeboren hat in die Uneindeutigkeit einer widersprüchlichen Welt. Und mit dieser Welt sich den Fragen stellen, die dramatisch vor uns liegen: in welcher Welt wollen wir eigentlich leben? Wie antworten wir auf die Nöte und Ungerechtigkeiten – in unserem Viertel, in unserer Stadt und in unserer Welt? Wo können wir Wege mitgestalten, diese Welt auch für unsere Kinder und Kindeskinder und Kindeskinderkinder lebenswert zu erhalten? Wie können wir Menschen mit ihrem wirklichen Leben zuhören – ihren Fragen, ihren Spannungen, ihren Ängsten, ihrer Sehnsucht, ihrem Schmerz, ihrem Glück? Nicht, um schnelle Antworten zu geben, sondern um ihnen Raum zu geben? Wie können wir die wachsende Unübersichtlichkeit als Einladung, als Reichtum, als Verheißung entdecken – und nicht als Bedrohung, die neue Angrenzungen und Verurteilungen bedingt? Wie

---

[8] Vgl. Max Frisch, Tagebuch 1946–1949, in: Gesammelte Werke in zeitlicher Folge. Zweiter Band, Frankfurt a. M. 1998.

können wir die wachsende Vielfalt religiöser Überzeugungen und Praxis, besonders die wachsende Gruppe von Menschen muslimischen Glaubens als Einladung zur Freundschaft, zum Staunen und gemeinsamen Fragen und Suchen erschließen? Wo sind unsere Partner, Mitstreiter und Mitspieler auf dieser Suche?

Eine eher abstrakte Antwort auf die Frage nach »Pastoraler Identität« könnte nach all dem lauten: Pastorale Identität ist angefochtene Identität, die in der Zugehörigkeit zu Gott gründet, und sich darin immer wieder erneuert. Aus ihr leitet sich ein Auftrag ab, der in kritischer Gemeinschaft neue Wege in die Zukunft der Welt und dem Platz der Kirche darin sucht und geht. Und immer scheint es so etwas wie Pastorale Identität als immer neu zu gewinnende Vergewisserung nur in einer unaufhebbaren Verschränkung von individueller und gemeinschaftlicher Suchbewegung zu geben.

Doch wie gesagt: so klingt es abstrakt – einfacher singt es in meinen Ohren Leonhard Cohen:

> *So ring the bells that still can ring*
> *Forget your perfect offering*
> *There is a crack in everything*
> *That's how the light gets in*[9]

---

[9] Aus dem Lied »Anthem«, veröffentlicht im Jahr 1992.

Pastorale Identität in der Kirche als Jazzband

Improvisationsfähigkeit als Kernkompetenz

Martin Scheidegger

Ich stehe als Workshop-Teilnehmer auf der Bühne ein paar Meter entfernt vom amerikanischen Pianisten Kevin Hays. Einige andere Workshop-Teilnehmende sind auch mit von der Partie, Gerry am Kontrabass, einer am Schlagzeug, einer an der Trompete und eine Sängerin. Wir spielen einen Song von Thelonious Monk. Kevin greift in die Tasten, setzt spannende Akzente. Noch improvisiert mein Nebenmann an der Trompete. Jetzt beginnt dann der nächste Chorus, »mein« Chorus. Meine Hände sind feucht. Gleichzeitig setzt Vorfreude ein. Die Umstände sind schwierig, denn der Flügel steht viel zu weit weg. Ich kann Kevin nicht sehen, nur hören kann ich ihn. Abdrehen kann ich mich nicht, weil ich doch mein Saxophon zum Mikrofon hinhalten muss. Kevin spielt und ich darf jetzt dann zu einem ersten Ton ansetzen – unglaublich. Alles ist offen – wie beginne ich? Wie das wohl herauskommt? Werde ich etwas Sinnvolles zustande bringen? Ich beginne. Unsere Klänge begegnen sich. Ich spiele – getragen von den Mitmusikern; Gerry schreitet am Bass stetig voran, der Schlagzeuger kocht und Kevin hämmert. Ich verliere mich schon bald in einem herrlichen Meer faszinierender Klänge meiner Mitmusiker, fange mich wieder auf, orientiere mich und gehe meinen Weg durch diesen Song. Ich höre auf die anderen, gebe meinen persönlichen Beitrag abwechselnd zu Disharmonie oder Harmonie, Spannungen und Auflösungen. Ich versuche, etwas Originelles einzubringen, zu überraschen, zur Schönheit beizutragen und meine Improvisation zu einem guten Abschluss zu führen. Irgendwann ist auch unser letzter Chorus vorbei. Beifall. Wir gehen von der Bühne. Kevin kommt auf mich zu: »That was cool, man.« »Really?« »Yeah.«

Als Pfarrer der reformierten Kirche des Kantons Zürich, Mitgründer von bluechurch[1] sowie als Doktorand im Bereich ›Improvisation in Predigt, Seelsorge und Jazz‹ möchte ich mich der Thematik des Sammelbands aus einer Jazz-Perspektive nähern. Meines Erachtens kann die Auseinandersetzung mit der Improvisations-

---

[1] Die bluechurch wurde 2016 im Rahmen der Reformierten Kirche des Kantons Zürich gegründet und hat sich inzwischen durch die Plattform der Homepage www.bluechurch.ch zu einem internationalen Netzwerk entwickelt.

tradition und -praxis des Jazz für die Identität und Tätigkeit jeder Pfarrperson gewinnbringend sein, nicht nur für solche mit einer gewissen Jazz-Affinität. Wenn auch die Improvisationsfähigkeit keinen expliziten Platz im deutschschweizerischen ›Kompetenzstrukturmodell – Standards für das reformierte Pfarramt‹[2] gefunden hat, so ist sie meines Erachtens für die pfarramtliche Tätigkeit dennoch zentral.

Die Musikethnologin Ingrid Monson schreibt im Gefolge eines Interviews mit dem Jazzmusiker Richard Davis, welcher einen Jazzmusiker mit einem Pfarrer und die übrige Band – nicht die Zuhörer notabene – mit einer Gemeinde verglich:

> »In Davis's metaphor, the soloist is likened to a preacher and the accompanying musicians – not the audience – to a responsive congregation. Davis applied the metaphor at the level of the ensemble, I would argue, because this is where musical development is hammered out in dialogue with interacting musical personalities. Davis continues: ›The leader [...] instigates an idea, and a response comes from the leader's idea. The leader not necessarily has just to be the guy who's playing the melody [...] but it could come from anything that happens in any part of the congregation or combo.‹«[3]

Obgleich Richard Davis bei seinem Vergleich wohl eine afro-amerikanische Gemeinde im Blick und zudem primär die gottesdienstliche Predigt vor Augen hatte, so ist es meines Erachtens dennoch sinnvoll, auch in einem so anderen Kontext wie dem unseren danach zu fragen, welches Potential in ekklesiologischer sowie auch pastoraltheologischer Hinsicht und welche Implikationen fürs Pfarramt in dieser Metapher liegen, auch wenn diese in diesem Artikel nicht vollumfänglich traktiert werden können.

Die Metapher der Gemeinde als Jazzband fügt sich auch zur These des englischen Theologen Nicolas Lash, dass die adäquateste Interpretation gewisser Texte in deren Performanz liege. Er unterscheidet zwischen Texten, in deren Performanz die Mitwirkenden teilzeitlich engagiert sind, wie dies beispielsweise bei einer Theaterinszenierung des Textes von Shakespeare's *King Lear* durch die Schauspielertruppe der Fall sei, und Texten, welche eine vollzeitliche Performanz durch die interpretierende Gemeinschaft erfordern würden, weil die Aufführung zu einer sozialen Existenz dieser Gemeinschaft führe. Nebst der amerikanischen Verfassung, welche er als Beispiel für einen solchen Text anführt, sieht er auch die Schrift in dieser Kategorie. »The scriptures, I suggest, are such texts. This is what is meant by saying that the fundamental form of the Christian interpretation of scripture is the life, activity and organization of the believing community. The performance of scripture *is* the life of the church.«[4] Die Aufführung der Schrift ist gemäß Lash das Leben der Kirche.

Wenn es in der Kirche um die Performanz der Schrift geht und jede und jeder darin eine Rolle spielt, so hat nach dem amerikanischen Philosophen Bruce Ellis Benson eine solche Performanz immer improvisatorischen Charakter. Benson hat sich verschiedentlich mit Improvisation befasst. Er tut dies nicht nur in

---

[2] www.bildungkirche.ch/innovation/bildungsforschung/kompetenzstrukturmodell.
[3] Ingrid Monson, Saying Something. Jazz Improvisation and Interaction, Chicago 1996, KL 1062–1066.
[4] Nicholas Lash, Theology on the Way to Emmaus, Eugene 2005, 43.

Auseinandersetzung mit dem Jazz, sondern auch mit der klassischen Musik,[5] hat den Begriff auch auf das Gebiet der Literatur und der Hermeneutik angewandt[6] und schließlich 2013 auch für die Liturgie fruchtbar gemacht.[7] In seiner grundlegenden Monographie legt er dar, dass sowohl Komposition als auch Performanz improvisatorisches Wesen haben, wenn auch auf unterschiedliche Weise und in unterschiedlichem Maß. »Composers never create *ex nihilo*, but instead ›improvise‹: sometimes on tunes that already exist, but more frequently and importantly on the tradition in which they work. Performers – even when performing music that is strictly notated – do not merely ›perform‹ but also ›improvise‹ upon that which they perform.«[8] Komponisten improvisieren über die Tradition, in der sie wirken, und Aufführende improvisieren über das, was sie zur Aufführung bringen. Die Pfarrperson ist in dieser Hinsicht sowohl improvisatorische Komponistin als auch improvisatorische Aufführende.

Die Aufführung der Schrift durch das Leben der Kirche geschieht improvisatorisch, weil nach Benson eben auch bei detaillierter Notation vieles unbestimmt bleibt, was erst durch die Aufführung bestimmt wird. Dies trifft nicht nur auf musikalische Partituren zu, sondern auch auf die Schrift und im Gottesdienst auch auf vorformulierte liturgische Texte, deren Bestand in der reformierten Kirche eher bescheiden ist. Werden solche im Gottesdienst rezitiert, so geschieht dies immer improvisatorisch, denn der Text erklingt auf eine ganz bestimmte Art und Weise, die nicht gänzlich vom Text her vorgegeben ist.

Wenn der Jazzmusiker Davis vom Solisten sprach und diesen dann auch noch mit dem Prediger in Verbindung brachte, so ist mir bewusst, dass dieses Bild in der kirchlichen Situation zumindest heikel ist. Während in der Kirche die Rede des Solisten nur noch negativ gefärbt ist, hat im Bereich des Jazz eine andere Entwicklung stattgefunden, so dass hier jedes Bandmitglied bzw. Instrument potentiell Solist ist. War früher selbstverständlich, dass Trompete oder Saxophon solistisch und Kontrabass und Schlagzeug begleitend wirken, so hat sich dies geändert. Kontrabassisten und Schlagzeugerinnen sind auch zu möglichen Solistinnen geworden. Die Musiker wechseln sich in den Soli ab und im Jazz ist ein solierender Musiker immer ein Teamplayer gewesen, denn dass einer alleine spielte, ist immer Ausnahme geblieben, welche die Regel bestätigte. Auf die Gefahren von pfarramtlichen Solokonzerten machte bereits Thomas Schlag in seinem Aufsatz zu Keith Jarretts Aufführung des Songs ›Somewhere over the rainbow‹ aufmerksam. Nach seinem Zusammenbruch und Neuanfang 1999 war es für Keith Jarrett keine Option mehr, alleine zu spielen. Die Neugeburt des Mannes geschah bezeichnenderweise im Trio. So äußert auch Schlag die Hoffnung, dass das pfarramtliche Wirken,

---

[5] BRUCE ELLIS BENSON, The Improvisation of Musical Dialogue. A Phenomenology of Music, Cambridge 2003.
[6] BRUCE ELLIS BENSON, The Improvisation of Hermeneutics: Jazz Lessons for Interpreters, in: KEVIN J. VANHOOZER/JAMES K. A. SMITH/BRUCE ELLIS BENSON (Hrsg.), Hermeneutics at the crossroads, Bloomington 2011, 193–210.
[7] BRUCE ELLIS BENSON, Liturgy as a Way of Life. Embodying the Arts in Christian Worship (Church and Postmodern Culture), Grand Rapids 2013.
[8] BENSON, Improvisation (s. Anm. 5), 25f.

durchaus inspiriert von Jazzmusikern und deren Zusammen- und Aufgehen in der eigenen Sache, sich als dialogisches Geschehen manifestiert.⁹

Das Zusammen- und Aufgehen in der eigenen Sache wird durch das dialogische Geschehen zur gemeinsamen Sache, zum common good. Im Jazz geht es primär um die Kommunikation der Akteure. Sehr ähnlich verhält es sich auch in der Kirche. Ralph Kunz schreibt hierzu in Anlehnung an Langes und Grethleins Begriff der Kommunikation des Evangeliums:

> »Langfristig führt die Glaubenskrise zu einer dramatischen Entkirchlichung. Die damit gegebenen Herausforderungen der Kirche betreffen längst nicht nur das Pfarramt. Im Schnittfeld von Berufs- und Kirchenentwicklung rücken auch die anderen Berufe, die Ehrenamtlichen und die Freiwilligen in den Fokus. Und der größere Zusammenhang der Mitarbeit macht eine Einbettung der Pastoraltheologie in eine Theologie der Ämter und Dienste zwingend. Er lässt danach fragen, was der *Pfarrberuf* im Verband mit anderen kirchlichen Berufen zur Kommunikation des Evangeliums beitragen kann und welche Funktion das *Pfarramt* für die Organisation hat, die sich in einem Prozess des intelligenten Rückbaus befindet.«¹⁰

Die Rolle, welche das Pfarramt zukünftig in dieser Band und ihrer Performanz spielen soll, muss neu verhandelt werden.

Wenn sich aktuell die Kirche und auch die Pfarrpersonen über die unsicheren Zukunftsentwicklungen sorgen und niemand wirklich Kontrolle über das Geschehen hat, und wenn Schlag dafür plädiert, dass sich das pfarramtliche Wirken als dialogisches Geschehen manifestieren soll, so meint Benson:

> »If we are each participants, then none of us has the responsibility of controlling that dialogue – or even the *ability* to control it. Instead, we are simply members who attempt to respond to one another with respect. While that participation clearly calls for responsibility to the dialogical others, it likewise puts that responsibility into perspective. If I cannot control the dialogue, then I can only be expected to contribute to the best of my ability. And the same goes for all other participants.«¹¹

Benson sagt dies zwar in Bezug auf die Musik, gleichwohl scheint es mir auch bezüglich der Kirche Relevanz zu haben.

Während die Implikationen der Metapher ›Jazzband‹ für die Kirchgemeinde in meiner Dissertation umfassender entwickelt werden sollen, geht es in diesem Artikel darum, die Improvisationsthematik zu klären. Wenn in der Kirche improvisiert wird, so stellt sich die komplexe Frage: Wer improvisiert in der Kirche wie, wann und wo mit wem worüber und womit für wen? Da in diesem Sammelband die pastorale Identität im Fokus steht, wird hier primär die Pfarrperson als Improvisator gesehen. Trotzdem sei an dieser Stelle betont, dass es einen wesentlichen

---

[9] THOMAS SCHLAG, »Somewhere over the rainbow«. Was man für die pastorale Praxis von Keith Jarretts professionellem Grenzgang lernen kann, in: DAVID PLÜSS/JOHANNES STÜCKELBERGER/ANDREAS KESSLER (Hrsg.), Imagination in der Praktischen Theologie. Festschrift für Maurice Baumann (Praktische Theologie im reformierten Kontext 2), Unter Mitarbeit von Maurice Baumann, Zürich 2011, 125–136, 134.

[10] RALPH KUNZ, »Auf diesem schmalen Felsgrat kann man nur gehen!« Pfarrberuf und Pfarramt im Wandel begriffen, in: Theologische Literaturzeitung 143.1/2 (2018), 3–22, 19.

[11] BENSON, Improvisation (s. Anm. 5), 175f.

Unterschied im Kirchgemeindeleben macht, wenn Pfarrpersonen die Gemeindeglieder als Mitimprovisatorinnen in der gemeinsamen Band betrachten.

Wenn die Pfarrperson einem Jazzmusiker vergleichbar ist, so kann es nicht um das gängige Improvisationsverständnis gehen, nämlich etwas unvorbereitet und spontan zu tun, und zwar vor allem gerade dann, wenn die ursprüngliche Planung sich nicht durchführen lässt. Das ist nicht Improvisation im Sinne des Jazz, auch wenn der Begriff ›Improvisation‹ etymologisch im lateinischen Begriff ›improvisus‹ (unvorhergesehen) wurzelt. Dass die Fähigkeit zur Improvisation gerade viel Vorbereitung voraussetzt, beschreibt der amerikanische Musikethnologe Paul Berliner treffend:

> »Improvisation depends, in fact, on thinkers having absorbed a broad base of musical knowledge, including myriad conventions that contribute to formulating ideas logically, cogently, and expressively. It is not surprising, therefore, that improvisers use metaphors of language in discussing their art form. The same complex mix of elements and processes coexists for improvisers as for skilled language practitioners; the learning, the absorption, and utilization of linguistic conventions conspire in the mind of the writer or speaker – or, in the case of jazz improvisation, the player – to create a living work.«[12]

Resultat der Improvisation, welche aus einem reichen Erfahrungs- und Wissensschatz schöpft, ist hier also ein lebendiges Werk oder, um es mit Nicolas Lash zu sagen, ein lebendiger Beitrag in der kirchlichen Aufführung der Schrift. In diesem Artikel geschieht die tiefergehende Klärung des Improvisationsbegriffs wesentlich in Auseinandersetzung mit dem bereits erwähnten Benson im ersten Teil; in einem zweiten Teil soll die Thematik in einen homiletischen und poimenischen Zusammenhang gestellt werden; ein dritter Schritt geht der Frage nach, welche Bedeutung die Improvisationsthematik für die pastorale Identität hat.

Was heisst Improvisation?

Grundlegend setzt sich Benson mit ›Improvisation‹ in seiner Monographie ›The Improvisation of Musical Dialogue‹ auseinander: »I have in mind what classical rhetoricians term ›inventio‹, which can be literally translated as ›invention‹ but not inaccurately as ›improvisation‹. *Inventio* is both a repetition and a transformation, for it is the art of taking that which already exists and developing or elaborating upon it.«[13] Improvisation wird hier als Repräsentation und Transformation verstanden, denn es sei die Kunst etwas Bestehendes aufzunehmen, damit etwas zu entwickeln und es weiterzuführen. An dieser Stelle kommt Benson aufgrund des klassischen Rhetorikbegriffs zu diesem Verständnis von Improvisation und tut dies auch acht Jahre später in seinem Aufsatz ›Improvising Texts, Improvising Communities‹ auf

---

[12] PAUL BERLINER, Thinking in Jazz. The infinite art of improvisation (Chicago studies in ethnomusicology), Chicago ⁵2004, 492.

[13] BRUCE ELLIS BENSON, Improvising Texts, Improvising Communities. Jazz, Interpretation, Heterophony, and the Ekklesia, in: JEREMY BEGBIE (Hrsg.), Resonant witness. Conversations between music and theology (Calvin Institute of Christian Worship liturgical studies), Grand Rapids 2011, 295–321, KL 3253.

diese Weise.¹⁴ Ihm liegt daran, sein Verständnis des Künstlers abzugrenzen vom kantischen Verständnis des genialen, autonomen Künstlers, der sein originelles Werk unabhängig von jeglichen Einflüssen erschaffe. Dieses Künstlerverständnis hat seit dem 18. Jahrhundert eine enorme Wirkungsgeschichte entfaltet. Mit Bezugnahme auf Hans-Georg Gadamer sieht Benson den Künstler hingegen immer bereits interaktiv eingebettet in eine Tradition und spricht in Anlehnung an Alasdair MacIntyre von einer gemeinschaftlichen Praxis, welche konstitutiv für das Schaffen des Künstlers ist.¹⁵ Dadurch lernt der Künstler auch die Regeln und Konventionen kennen, welche für eine überzeugende Improvisation maßgebend sind.

2013 grenzt er in seinem Buch zur Liturgie ›Improvisation‹ von ›Kreation‹ ab: »By using the term ›improvisation‹ instead of ›creation‹, I mean to stress that artists ›fabricate out of what is conveniently on hand‹ rather than create in the sense of ›to produce where nothing was before‹.«¹⁶ Benson erwähnt die Barockmusik als gemeinschaftlich verstandene Angelegenheit, sowohl was Komponisten als auch Aufführende anbelangt.¹⁷ Ähnlich einem Barockmusiker improvisiere auch ein Jazzmusiker gemeinschaftlich: »As a jazz improviser, one becomes part of a community of improvisers. As improviser, one works with material that already exists rather than creating *ex nihilo*. As improviser, one is aware of being wholly indebted to the past. As improviser one speaks in the name of others. As improviser, one joins a conversation.«¹⁸ Weil Improvisation nach Benson ein derart gemeinschaftlich geprägtes Unternehmen ist, fragt er sogar: »Is an improvisation ›mine‹ if it is so indebted to other improvisers? And how is even my identity as an improviser connected with those of other improvisers?«¹⁹ Eine Frage, die sich auch im Kontext der kirchlichen Praxis und der pfarramtlichen Tätigkeit ausgesprochen sinnvoll stellen lässt, ist ja auch die Pfarrperson Teil einer Gemeinschaft. Auf die Frage soll später nochmals zurückgekommen werden. Hier sei schlicht angemerkt, dass Bensons Feststellungen über den Jazzmusiker als Improvisator, auch auf die Pfarrperson als Improvisatorin zutreffen, denn auch diese ist Teil einer Improvisationsgemeinschaft, arbeitet mit bestehendem Material, ist sich dem Geschenk der Tradition bewusst, spricht im Namen anderer und beteiligt sich an einer Konversation.

Ich verstehe in diesem Artikel ›Improvisation‹ im Anschluss an Benson so, dass Bestehendes aufgenommen und daraus in Auseinandersetzung mit einer traditionsbewussten, gemeinschaftlichen Praxis etwas Neues gemacht wird durch den Fundus an angeeigneten Fähigkeiten, eingeübten Reflexen und verinnerlichtem Wissen. Wenn es im Leben der Kirche und in der beruflichen Tätigkeit der Pfarrperson darum geht, Bestehendes aufzunehmen und auf diese Weise jeweils etwas Neues zu machen und wenn ich mit dem Bestehenden nebst anderem auch

---

14 Vg. BENSON, Improvising (s. Anm. 13).
15 Vgl. BENSON, Hermeneutics (s. Anm. 6), 198.
16 BENSON, Liturgy (s. Anm. 7), 77.
17 Vgl. BENSON, Liturgy (s. Anm. 7), 76f.
18 BENSON, Liturgy (s. Anm. 7), 93.
19 BENSON, Liturgy (s. Anm. 7), 94.

gerade die Texte der Schrift meine, mit denen in der Kirche improvisiert wird und mit denen also Neues gemacht wird, öffnet dies der Beliebigkeit Tür und Tor?

Benson sieht die Möglichkeit der Missinterpretation sowie auch die Tatsache, dass verschiedene Gruppen unterschiedliche Aspekte auch gerade der Schrift betonen, was er auf deren Reichtum zurückführt.[20] An anderer Stelle erwähnt er vom Jazz her, und hier scheint mir im Zusammenhang verschiedener christlicher Denominationen und Konfessionen eine relevante Analogie vorhanden zu sein, dass es verschiedene Aufführungspraxen gäbe. Die Intention des Autors oder Komponisten, soweit sie es in den Text ›hineingeschafft‹ habe, werde immer im Licht gegenwärtiger und vergangener Aufführungspraxis interpretiert.[21] Für die Performanz eines Stücks stellt der Text, nach Benson, die Leitplanken und Grenzen dar, welche die Identität eines zur Aufführung gelangenden Objekts bestimmen. Es geht in der Performanz aber nicht darum, zu kopieren, selbst wenn der Komponist oder Autor den Text bereits selbst aufgeführt hat. »One may start out by copying other improvisers, but that's not at all where one wants to end up. The goal is not ›repetition,‹ at least not in a literal or doubling sense. Although one can still be said to ›play the piece,‹ there is something *added* to it that transforms it.«[22] Die Performanz lotet immer auch die Grenzen eines Stücks aus.[23]

Für die Improvisation beansprucht er auch die pneumatologische Dimension und zwar in zweierlei Hinsicht. »If we see the improviser as *working* with something (or perhaps *someone*) that (who) already exists, then improvisation is hardly one-sided. Indeed, from a Christian perspective, we can speak of improvisation as taking place by the guidance of the Holy Spirit.«[24] Sowohl Kompositionsprozess als auch Performanzprozess der Schrift ereignet sich in pneumatologischer Dimension, wie auch immer diese genau gedacht wird. Benson hat im Laufe der Jahre die Improvisationsthematik vom musikalischen Bereich zunehmend auch auf den theologischen bzw. von seiner Warte her religionsphilosophischen Bereich bezogen und dann auch darauf aufmerksam gemacht, worin sich die beiden Improvisationsbereiche unterscheiden würden. So verankert Benson Improvisation über die Schrift schließlich pneumatologisch, ekklesiologisch und trinitarisch, was sie von der Improvisation in der Musik unterscheide: »Our improvisational interpretation is made possible as gift, which in turn is made possible by our being incorporated within the *ekklesia*. Being part of the *ekklesia* makes communion (*koinonia*) possible not only with those in Christ's body but also with the *perichoresis* of the Trinity.«[25] Außerdem sieht Benson einen Unterschied, wenn er in kirchlicher Improvisation Gott als *cantus firmus* erkennt, wie er im hebräischen Testament und im Neuen Testament und besonders in Jesus Christus selbst offenbart sei, auch wenn er dem Jazz natürlich seinen *cantus firmus* nicht abspricht, sondern ihn an-

---

[20] Vgl. BENSON, Improvising (s. Anm. 13), KL 3299.
[21] Vgl. BENSON, Hermeneutics (s. Anm. 6), 199.
[22] BENSON, Hermeneutics (s. Anm. 6), 200.
[23] Vgl. BENSON, Improvisation (s. Anm. 5), 151.
[24] BENSON, Improvising (s. Anm. 13), KL 3295.
[25] BENSON, Improvising (s. Anm. 13), KL 3307.

ders besetzt sieht.[26] Bei beiden Unterscheidungen könnte meines Erachtens die Nähe zwischen Improvisation in Kirche und Improvisation im Jazz enger gefasst werden, vor allem dahingehend, dass auch die Improvisation im Jazz pneumatologisch gedacht werden könnte. Besonders wenn Benson selbst schreibt, dass Gott improvisiere und der Mensch in seinem Tun an seiner improvisatorischen Bewegung teilnehme: »made in the image of this original improviser – we take part in that improvisatory movement in all that we do.«[27] Aber hier ist nicht der Ort, dem nachzugehen.

Auch Jesus sei Improvisator gewesen. Benson führt in diesem Zusammenhang vor allem Jesu Improvisationen über Tora und Propheten ein. »Jesus repeats and alters. Such is the nature of improvisation.«[28] Dass Jesus in seinen Weisheitssprüchen und Gleichnissen auch Natur- und Kulturphänomene improvisatorisch verarbeitete, wird von Benson nicht berücksichtigt.

Im Zusammenhang von Jesu Improvisationen über Tora und Propheten, thematisiert Benson auch den Autoritätsaspekt und fragt: »what makes an improvisation not just ›good‹ but *valid*.«[29] Er antwortet und räumt dabei gleich selbst die entsprechende Schwierigkeit der Praktikabilität seines Kriteriums ein:

> »The simple answer to the question of what makes an interpretation valid – though hardly a simple answer in practice – is that improvisations that are authorized by the Holy Spirit are precisely those that are valid and provide the *rule* for future interpretations. As such, they prove *canonical*, either in the literal sense of forming the biblical canon or in the more metaphorical sense of providing a measure against which to measure other interpretations.«[30]

Dies ist ein erstaunlich strenger Maßstab für die Gültigkeit einer Improvisation. Warum sollte eine Improvisation, um gültig zu sein, gerade zum Maß für zukünftige Improvisationen werden? Meines Erachtens kann der Gedanke gerade durch Bezugnahme auf die Welt der Jazzimprovisation sinnvoll werden. Hier können vergangene Improvisationen auch als gültiger Maßstab bezeichnet werden, aber nicht in einem normativen Sinne, sondern so, dass es sich lohnt, sich mit ihnen auseinanderzusetzen und Bezug auf sie zu nehmen.

Nach Benson hat der christliche Glaube seinen eigenen Text generiert und dieser Text sei auf solche Weise auf denjenigen der Tora aufgepfropft worden, dass der neue Text zu einer Improvisation über den alten geworden sei.[31] Laut Benson stellt das Neue Testament also eine Improvisation über das Alte Testament dar. Das ist eine durchaus bedenkenswerte Option. Gerade auch wenn musikalische Werke und Schrift parallel gesetzt werden und wenn Benson über das musikalische Werk im Anschluss an Heidegger schreibt: »one way of thinking about a musical work is that it provides a world in which music making can take place. Performers, listeners, and even composers in effect dwell within the world it crea-

---

[26] Vgl. BENSON, Improvising (s. Anm. 13), KL 3315.
[27] BENSON, Liturgy (s. Anm. 7), 90.
[28] BENSON, Improvising (s. Anm. 13), KL 3363.
[29] BENSON, Improvising (s. Anm. 13), KL 3363.
[30] BENSON, Improvising (s. Anm. 13), KL 3367.
[31] Vgl. BENSON, Improvising (s. Anm. 13), KL 3379.

tes. And their way of dwelling is best characterized as ›improvisation‹«[32]. Wenn also musikalisches Werk und Schrift parallel gesetzt werden, so ist Improvisation gerade die Art und Weise, wie wir in der Schrift heimisch sind und wohnen. Benson schreibt weiter:

> »How does this ›dwelling‹ take place? Although we noted that the term ›improvise‹ derives from the Latin ›*improvisus*‹ (unforeseen) and so is at best only tangentially related to ›improve‹ (which derives from the old French ›emprouer,‹ meaning ›to invest profitably‹), there is an interesting similarity. We can take an early meaning of ›improvise‹ – ›to fabricate out of what is conveniently on hand‹ – and connect it with an early meaning for ›improve‹ – ›to make profitable use of, to take advantage of, to inclose [sic] and cultivate (waste land); hence to make land more valuable or better by such means.‹ Dwelling, then, is not simply ›taking up space.‹ Rather, it necessarily transforms the space in which one dwells. Or we might say that, in dwelling, one must ›fabricate‹ out of what is conveniently on hand. Thus, both improvisation and improvement work with the given in order to ›create‹ something new.«[33]

Die Schrift lädt zum Wohnen ein und damit zur Improvisation. Einzig muss zur Vorsicht gemahnt werden, was den Aspekt der Verbesserung im Begriff ›improve‹ bzw. ›emprouer‹ anbelangt, wenn das Neue Testament eine Improvisation über das Alte Testament sein soll oder wenn wir über die Schrift improvisieren. Es findet keine Verbesserung statt, aber durch Improvisation wohnen wir in diesem Raum, den die Schrift uns eröffnet und verändern diesen gleichzeitig auf geschmackvolle oder geschmacklose, auf passende oder unpassende Art und Weise:

> »While the space that a piece of music creates is a kind of context in which music can happen, that context is itself a *dependent* one – not something autonomous. Like composition, performance hovers around the limits of the musical space created by the piece – both respecting them and altering them (which can also be a way of ›respecting‹ them). That altering, of course, can be appropriate or inappropriate, welcome or unwelcome, tasteful or tasteless, useful or useless – but it cannot be absent.«[34]

Um ein kompetenter Improvisator zu werden, bedarf es der Eingliederung in die Gemeinschaft all derer, die auch damit improvisieren und bereits improvisiert haben. So schreibt Benson: »In jazz, knowing the past is what makes the future possible. In the same way, learning to be a *Christian* improviser, one must know the entire context: Scripture and the ways in which Scripture has been interpreted in the past. In short, one must be part of a *community* of improvisers.«[35]

Gerade auch in theologischer Hinsicht ist bedeutsam, dass sich Benson im Zusammenhang von Interpretation/Missinterpretation auch mit der historischen Aufführungspraxis beschäftigt, der an Werktreue und Authentizität der Aufführung gelegen ist. Dabei geht es ihm auch um die hermeneutische Frage, ob ein Performer im Falle von Musik oder ein Leser im Falle von Literatur anstreben müsse, einfach die Absicht eines Komponisten oder Autors zu erkennen und diese Intention dann schlicht in Klang oder Bedeutung zu übersetzen.[36] Benson führt

---

[32] BENSON, Improvisation (s. Anm. 5), 32.
[33] BENSON, Improvisation (s. Anm. 5), 32.
[34] BENSON, Improvisation (s. Anm. 5), 151.
[35] BENSON, Liturgy (s. Anm. 7), 42.
[36] Vgl. BENSON, Hermeneutics (s. Anm. 6), 195.

hier die Unterscheidung ein zwischen Treue zum Geist und Treue zum Buchstaben eines musikalischen Werks. Bis Mitte des 20. Jahrhunderts sei es in der musikalischen Performanz primär darum gegangen, dem Geist eines Werks zu entsprechen und er versteht darunter, die übergeordneten Absichten eines Komponisten zu respektieren. Er schreibt schließlich: »Here we have a rather different candidate for *Werktreue*, one defined not in terms of notes or instruments used but *effect* or *content to be conveyed*.«[37] Mit dieser Unterscheidung führt Benson eine notwendige Freiheit im Umgang mit einem bestehenden musikalischen Werk ein und zwar gerade deshalb, um dem Werk gerecht werden zu können in Treue zu dessen Geist.

Er geht aber noch weiter, indem er sich zunächst weigert, historische und zeitgenössische Kompositionen kategorisch zu unterscheiden mit dem Hinweis darauf, dass in einem wesentlichen Aspekt diese beiden gleich seien, denn Musik existiere nur in dem Moment, wenn sie erklinge und der Prozess, Musik erklingen zu lassen sei wesentlich derselbe unabhängig vom Alter der Komposition. Musikalische Performanz eines Werks sei in jedem Fall und unabhängig von dessen Alter Wiederbelebung. »All performance is resuscitation.«[38] Denn »What the score presents us is no more than a trace of the other's presence. In order for the sign to become a *living* presence, it must be transformed. Yet, if performance is both necessary for the piece to exist and has an essentially improvisational structure, then the ›life‹ of a piece of music is found only in and through the afterlife of improvisation.«[39] Die Wiederbelebung geschieht durch Improvisation.

Schließlich führt er im Zusammenhang mit dieser Wiederbelebung eines Stücks den Begriff der Verantwortung ein und entgeht damit der falschen Polarität von Treue und künstlerischer Freiheit, denn in beiden stecke die mögliche Gefahr fehlender Verantwortungsübernahme.

> »Were we to conceive of the activity of music making primarily in terms of ›reproduction,‹ then the binary opposition of ›fidelity‹ and ›license‹ might make sense (although, even in that case, it presents significant problems). But, having defined music making as essentially improvisational, that opposition is too simple, and also fails to describe the musical dialogue adequately. Note that *both* ›fidelity‹ *and* ›license‹ can be ways of *not* taking responsibility.«[40]

Während Benson die Gefahr der Unverantwortlichkeit durch künstlerische Freiheit als offensichtlich bezeichnet, sieht er doch gerade in ihr auch die Chance, Verantwortung zu übernehmen. Es sei gerade nur die Einsicht in die Unausweichlichkeit, auf jeden Fall selbst kreativ handeln zu müssen, nicht nur zu dürfen, welche dazu führt, Verantwortung für das eigene Wirken zu übernehmen.[41] Wenn Pfarrpersonen ihre Texte der Schrift ins Spiel bringen, so geschieht dies immer mit ihrer je eigenen Stimme; »since it is impossible for performers to speak for the other without adding their own voice, the true life of the piece of music always

---

[37] BENSON, Improvisation (s. Anm. 5), 105.
[38] BENSON, Improvisation (s. Anm. 5), 179.
[39] BENSON, Improvisation (s. Anm. 5), 182.
[40] BENSON, Improvisation (s. Anm. 5), 180.
[41] Vgl. BENSON, Improvisation (s. Anm. 5), 180.

already includes more than one voice. *Only* in the improvisational ›translation‹ of performance can there be any genuine speech.«[42]

Außerdem löst Benson die Frage, ob eine improvisatorische Interpretation dem Werk gerecht werde, indem er den Komponisten/Autor nicht als Schöpfer aus dem Nichts ansieht, dem der Performer zu dienen hätte, sondern fragt:

> »What if we conceived of composers and authors as improvising – that is, improvising along with the rest of us? Then there would be no need for either the abject submission to the author's intentions or the violent reaction that calls for the author's death. Interpreters could then see themselves as working alongside the composer or author (and still – at least in cases where it would be appropriate – give the author a measure of privilege).«[43]

Benson vergleicht, wie sowohl eine Jazz-Komposition (Round Midnight) als auch eine Komposition des Neuen Testaments (Lukasevangelium) im Laufe der Zeit in der aktuellen Gestalt durch das Zusammenwirken von Menschen entstanden sind. Im Falle von ›Round Midnight‹ wuchs und veränderte sich die Komposition von Thelonious Monk durch die Performanz von Cootie Williams, Dizzy Gillespie und Miles Davis und fand in dieser transformierten Form schließlich Eingang ins Real Book; im Falle des Lukasevangeliums sind es die Erzählungen der ersten christlichen Gemeinschaften, welche schließlich zu diesem Evangelium verwoben wurden, und letzteres fand schließlich Eingang in den Kanon.

Meines Erachtens kann die Bibel als Gesamtes in Anlehnung an die Jazztradition adäquat als Real Book betrachtet werden, in dem unsere Standardtexte gesammelt sind, mit denen die christliche Gemeinschaft improvisiert, so wie Jazzmusiker über Standardsongs improvisieren, welche zu einem großen Teil in ihrem Real Book gesammelt sind. Das Real Book des Jazz stellt eine Zusammenstellung der quasi kanonisierten Songs mit rudimentärer Verschriftlichung der Melodie und der Akkordfolgen dar. Es ist Resultat eines Verschriftlichungs- und Sammlungsprozesses aus zunächst eigenständigen Songs, vergleichbar mit dem Verschriftlichungs- und Sammlungsprozess der biblischen Erzählungen und Texte. Biblische Autoren und Redaktoren als Improvisatoren zu betrachten, scheint mir ein vielversprechendes Modell für die biblische Hermeneutik zu sein, gerade wenn die Bibel als das Real Book der christlichen Gemeinschaft betrachtet werden kann, mit dem wir verantwortlich zu improvisieren eingeladen sind.

Ver*antwort*liche Improvisation führt uns in die Figur des call-and-response, welche einen für den Jazz typischen Wesenszug darstellt. Vielfältig sind die Rufe auch in der pastoralen Arbeit, auf welche die Pfarrperson improvisatorisch zu antworten hat. Vom Ruf Gottes her über die Berufung zum Pfarramt über die Ordination durch die Kirche und über die biblischen Texte bis hin zu all den mannigfaltigen, teils auch widersprüchlichen Rufen seitens Gemeindeglieder, Pfarrkolleginnen, Kirchenpflege bzw. Kirchenvorstand, freiwilliger und angestellter Mitarbeiter. Dadurch ist die Pfarrperson vielseitig aufgerufen, verantwortlich zu improvisieren.

---

[42] BENSON, Improvisation (s. Anm. 5), 182.
[43] BENSON, Hermeneutics (s. Anm. 6), 195.

IMPROVISATION IN DER PREDIGT

Zunächst soll die Thematik mit dem für die Kirche konstitutiven Ereignis durchgespielt werden, dem Pfingstereignis in Apg 2. Schnell wird klar, dass unterschiedliche Beteiligte mögliche improvisierende Subjekte sind. Gott selbst greift Bestehendes auf und wirkt daraus etwas Neues. Aber auch einige in Jerusalem anwesende Leute setzen zu einer Improvisation an, greifen die seltsame Redeweisen der Galiläerinnen und Galiläer auf und verkünden spottend deren Trunkenheit. Auf welche Art und Weise improvisiert aber Petrus bzw. Lukas in dieser ersten christlichen Predigt für die in höchstem Maße multikulturell zusammengesetzte Hörerschaft? Petrus nimmt jene angebliche Trunkenheit als Ausgangspunkt für seine Improvisation auf. Die Situation des seltsamen Verhaltens der Galiläer sei nicht erklärbar durch diese Annahme, denn es sei ja erst Morgen. Wäre es Abend gewesen, hätte er also anders in seine Improvisation einsteigen müssen.

Improvisiert Petrus im weiteren Verlauf der Predigt mit dem Phänomen der fremdartig sprechenden Galiläer über den Joel-Text oder improvisiert er mit dem Joel-Text über das Phänomen der fremdartig sprechenden Galiläer? Er greift ja beide auf und macht daraus etwas Neues. Durch den weiteren Fortgang der Predigt wird klar, dass weder das eine noch das andere der Fall ist, sondern dass er mit diesem Phänomen und mit dem Joel-Text sowie unter Einbezug noch eines dritten Mittels in Form einiger Verse aus Ps 16 und Ps 110 über Jesus und das Wirken des dreieinigen Gottes improvisiert. Nach dem fulminanten Beginn und nach der Schilderung der lukanischen Figur, dass Jesus von Menschen verachtet und umgebracht, hingegen von Gott gerechtfertigt und erhöht worden sei, kulminiert die Predigt schließlich mit dem verheißenen Geist Gottes, den Jesus über diese Menschen ausgegossen habe, und mit der Proklamation, »dass Gott diesen Jesus, den ihr gekreuzigt habt, zum Herrn und Christus gemacht hat.« (Apg 2,36b).

Vom Joel-Text, von dem Petrus sagt, dass dieser sich nun in Jerusalem ereigne, wird nur ein Bruchteil in der Predigt aufgenommen und es passiert dort in Jerusalem auch nur ein Bruchteil dessen, was im Joel-Text beschrieben wird. Petrus geht frei mit diesem Text um und orientiert sich nicht an dessen Struktur. Die erste christliche Predigt ist keine Predigt über einen Text, sondern eine Improvisation mit Texten der Schrift und mit einem aktuellen Geschehen über das Wirken des dreieinen Gottes in Jesus Christus.

Meines Erachtens stellt diese Predigt von Petrus bzw. Lukas eine Improvisation dar, die dem Geist des Werks bzw. des Textes entspricht und die sich der notwendigen Freiheit in Verantwortung stellt, wie dies Benson ausführte. Die Berufung auf sogenannte Werktreue und wie sie dazu führen kann, keine Verantwortung zu übernehmen, ist ja nicht nur für Musiker verführerisch, sondern auch für Prediger.[44] Aber Petrus versteckt sich weder hinter dem Joel-Text noch gebärdet er sich als dessen Kanal, sondern er improvisiert mit dem Joel-Text.

Als zeitgenössisches Beispiel einer homiletischen Improvisation möchte ich eine Predigt von Robert Dykstra, Professor am Princeton Theological Seminary,

---

[44] Wer hat nicht schon einen Prediger sagen hören, dass eben nicht er dies oder jenes sage, sondern Matthäus, Lukas oder Paulus?

anführen, auch wenn anfänglich ein Ausdruck des Erstaunens über sein Gesicht huschte, als ich ihm sagte, seine Predigtweise habe meines Erachtens Züge einer Jazz-Improvisation.

Seine Predigten zeichnen sich durch Verantwortungsübernahme im Sinne Bensons aus und er versteckt sich auf keinerlei Art und Weise hinter dem Schrifttext, sondern improvisiert damit. Bereits seine Vorgehensweise ist improvisatorisch, wenn er in seinem Buch ›Discovering a Sermon‹[45] unter anderem die psychoanalytischen Werke Donald Winnicotts und Adam Phillips' aufgreift und damit seine anregende und kreative Homiletik entwickelt. Dykstra sieht die Predigt durch ein Zusammenspiel (Playing) mit dem Schrifttext, mit der Reflexion des eigenen Lebens und mit Begegnungen Fremder entstehen. Benson gebraucht die wörtliche Bedeutung von ›Komposition‹, also Zusammensetzung, einmal zur Beschreibung von Improvisation und es ist genau dies, was bei Dykstras Predigtweise geschieht: »improvisation is a kind of ›composition‹ in the sense of ›putting together‹«[46]. Dykstra setzt in seinen Predigten jeweils Stücke zusammen, die scheinbar nichts miteinander zu tun haben.

Auf die Frage, wie die Predigerin Kohärenz in diese Kakophonie der Bezüge bringen kann, schreibt Dykstra: »The answer, perhaps frustrating, is by the preacher's getting out of the way, allowing those several dissonant voices to negotiate their own unpredictable accord. The preacher seldom knows in advance what kinds of turns a sermon will take or what conclusions will be drawn, apart form the often painful process of actually writing it.«[47] Auch wenn Dykstra diesen Terminus nicht benutzt, so kann gesagt werden, dass die Predigerin mit diesem Material improvisiert und sich dabei auch der Wechselwirkung zwischen sich und diesem Material aussetzt. Auf diese Weise hat Predigtvorbereitung geradezu identitätsrelevante Wirkung, wenn Dykstra sich Michel Foucault anschließt:

> »The practice of getting out of the way of one's material, an intuitive art more than an exact science, probably needs to be ›caught‹ more than taught. Although I cannot fully explain it and though it remains for me almost always disconcerting, so frequently have I experienced what may best be described as being written *by* a sermon even while I am writing it that I now simply attempt to respect the sermon's own insistent claims on me. I try to maintain a playful trust and childlike openness not only at the earliest stage of the preparation process but also as I begin to write. I resonate in this with Michel Foucault, who in an interview not long before his death noted, ›The main interest in life and work is to become someone else that you were not in the beginning. If you knew when you began a book what you would say at the end, do you think that you would have the courage to write it?‹«[48]

Letzteres kann wohl auch hinsichtlich einer Predigt gesagt werden.

Dykstra zieht für seinen Ansatz die Filmwelt heran, nicht so sehr den Jazz. Dies ist eine in homiletischer Hinsicht seit Buttricks Buch ›Homiletic. Moves and Structures‹ etablierte Parallele. Durch Martin Nicol und Alexander Deeg wurde sie

---

[45] ROBERT C. DYKSTRA, Discovering a Sermon. Personal Pastoral Preaching, St. Louis 2001.
[46] BENSON, Improvisation (s. Anm. 5), 136.
[47] DYKSTRA, Discovering (s. Anm. 45), 110.
[48] DYKSTRA, Discovering (s. Anm. 45), 110.

inzwischen auch im deutschen Sprachraum als Wesenszug der dramaturgischen Homiletik etabliert. Dykstra zieht die Parallele aber etwas anders und thematisiert in seiner Homiletik keine Moves und Structures. Vielmehr sieht er die Predigerin als Besetzungschefin, wenn es um die Frage geht, welche Figur oder welcher Gegenstand aus dem Spiel mit Schrifttext, mit eigenen Lebenserfahrungen und mit Fremden mit welchem Gegenstand oder welcher Figur aus einem anderen Bereich korreliere.»The preacher, in essence, becomes here a casting director assigning actors to their various roles in the play. Who will play what part?«[49]

Dykstras Ansatz verstehe ich als improvisatorisch, weil er aus dem Aufgreifen und Zusammenwirken der verschiedenen Bereiche etwas Neues entstehen lässt. Meines Erachtens überschreitet Dykstra auch die von Benson schließlich doch eingeführte homiletische Begrenzung nicht, die vage ist und deren Begründung offenbleibt, wenn Benson schreibt:

> »Nor is a pastor allowed to ›improvise‹ on 1 Corinthians for a sermon in the same way that Paul was ›allowed‹ to improvise on Old Testament and early Christian texts in composing 1 Corinthians. There are ways in which an improvisation can be deemed ›faithful‹ to a text and ways in which it can be deemed ›unfaithful.‹ But the constraints on improvisation in interpretation are always dependent upon a given ›discourse‹ or ›practice,‹ and cannot be easily codified into something like an ›improvisational manual.‹ So hermeneutical practices vary, and that variance seems perfectly appropriate.«[50]

Dykstra lässt in seinen Predigten typischerweise eines oder mehrere Leitmotive von den verschiedenen Bereichen her erklingen, die im Zusammenhang verschiedener Erzählstränge immer wieder auftauchen und verbindend wirken. Da seine Predigt ›The Simple Power of Presence‹ zum Text aus Lk 24,13–32, gehalten am 12. April 2015 in der Riverside Presbyterian Church, New York, online verfügbar ist,[51] bespreche ich beispielhaft diese Predigt von ihm.

Dykstras Predigtvorbereitung hat anscheinend durch sein Zusammenspiel mit Schrifttext, mit der Reflexion des eigenen Lebens und mit der Begegnung Fremder folgende Motive ergeben: »Was it not necessary that the Messiah should suffer?« – »war es nicht notwendig, dass der Messias leiden soll?«, »It's not a bug, it's a feature« – »Es ist kein Fehler, es ist ein Feature« sowie »ancient feelings wanting to be expressed« – »alte Gefühle, die sich nach Ausdruck sehnen« und »from broken hearts to hearts burning within« – »von gebrochenen Herzen zu brennenden Herzen«. Mit seiner Predigt improvisiert Dykstra mit diesen Motiven sozusagen mehrere Chorusse, indem er durch verschiedene Erzählstränge die Motive immer wieder neu erklingen lässt. Er beginnt mit dem Motiv ›It's not a bug, it's a feature‹; eine Aussage, die von der Informatik her begegnet. Niemand höre gerne aus dem Mund eines Mitarbeiters der Computer-helpline die Worte: »it's not a bug, it's a feature«. Der Erzählstrang zum Osterbericht verkündet dann, dass Zweifel nicht ein Fehler sind, sondern eine Funktion haben, und webt dann ein Zitat von Riverside's Gründerpastor Harry Emerson Fosdick in die Predigt sowie eine

---

[49] Dykstra, Discovering (s. Anm. 45), 113.
[50] Benson, Hermeneutics (s. Anm. 6), 205.
[51] Rev. Dr. Robert C. Dykstra, Sermon: 04.12.15, https://www.spreaker.com/user/riversidenyc/the-simple-power-of-presence (letzter Zugriff am 23.03.2019).

Aussage von Frederick Buechner. Der Erzählstrang von Erfahrungen des Kinderbuchautors Ted Hughes kommt zum Schluss, dass Herausforderungen und Kämpfe unserer Kindheit nicht ein Fehler sind, sondern Merkmal unserer ehrlichsten und wichtigsten Lebensgeschichten. Mit weiteren Erzählsträngen über die Emmausgeschichte, über den Autor Domingo Martinez und dessen erstes Buch, über Rembrandts Bilder zu Emmaus und seine Leiden und über William James' Verlust eines Kindes improvisiert er immer wieder aufs Neue mit diesen Motiven, welche immerzu neue Aspekte erhalten. Die Motive tauchen immer wieder auf, manchmal in leicht variierter Form. Dykstra führt die Erzählstränge und Motive schießlich zu folgendem Ende:

> »Dear friends, what is your suffering? What is your shame? What is it that your family didn't talk about? The road to resurrection hope, healing, and new life need not bypass your doubts, your struggles, your grief or pain. Emmaus insists that these are not bugs but features of our Christian journey, of Jesus' own journey, too. If we are to find him at all, we will find him here, amid the terrible resistance of our ancient sorrows. We will find him to be human and present, a Jesus of matter, a Jesus who *matters*, a Jesus of brother and mentor, of neighbor and friend. You'll know him when you see him. He'll be the one asking, ›Have you anything here to eat?‹ He'll be the one breaking bread and making our hearts burn within.«[52]

Dykstra hat aus einem riesigen Schatz vieles aufgegriffen, möglicherweise zu vieles, und er hat damit durch gegenseitige Interaktionen etwas Neues entwickelt. Seine Predigt als eindrückliche Improvisation eröffnet einen Raum, in den eingezogen werden kann.

Improvisation in der Seelsorge

Ich saß in einem Spitalzimmer neben der Patientin. Sie hatte mir aus ihrem Leben erzählt. Schließlich fiel die Frage nach dem Warum. Warum lässt Gott zu, was ihr jetzt im Leben geschieht? Beantworten ließ sich diese Frage wenig überraschend nicht und das Gespräch mündete schließlich in ein Gebet. Als ich die Patientin fragte, ob sie noch ein Anliegen hätte, bevor ich weitergehe, sagte sie, sie würde gerne ein Abendmahl feiern und fragte, ob dies möglich wäre. Nachdem ich das Abendmahl bereit gemacht hatte, improvisierte ich mit den Einsetzungsworten: »Am Abend, als Jesus verraten wurde, feierte er das Mahl mit seinen Jüngern. Es war kurz bevor auch er die Warum-Frage stellte oder eher schrie, leidend am Kreuz, und auch bei ihm blieb die Frage unbeantwortet. Er nahm das Brot[...]«

An einem Sterbebett improvisierte ich folgendermaßen mit Abschnitten aus Psalm 23: »Der Herr ist mein Hirte, mir wird nichts mangeln. Und wenn ich auch wandere durch das Tal des Todes, fürchte ich kein Unglück, denn Gott ist bei mir. Und ich werde bleiben im Haus des Herrn ewiglich.« Die Improvisation erfolgte im Zusammenspiel mit einer Erzählung der inzwischen betagten Frau. Sie war bereits seit Jahrzehnten Witwe mit zwei Kindern gewesen. Als ihr Ehemann mit 50 Jahren starb, war es schwierig für sie gewesen, gerade auch in finanzieller

---

[52] Dykstra, Sermon: 04.12.15 (s. Anm. 51), ab 24:12.

Hinsicht. Immer wieder waren Leute aus dem Dorf gekommen und hatten »Hilfe« angeboten; wenn sie das Haus finanziell nicht halten könne, so würden sie es ihr schon abkaufen. Ihr Verbleib im Haus mit ihren damals jugendlichen Kindern war kontinuierlich unsicher. Genug hatten wir darüber gesprochen bei meinen früheren Besuchen; jetzt musste es nicht erneut ausgesprochen werden, aber es schwang mit im Kontrast zur Aussage: »Und ich werde bleiben im Haus des HERRN ewiglich.«

Jedes seelsorgerliche Gespräch hat improvisatorischen Charakter und durch den gemeinsamen Dialog wird miteinander aus Bestehendem Neues gewirkt. Steve de Shazer macht den Bogen zum Jazz in anderem Zusammenhang selbst, wenn er über die lösungsorientierte Kurzzeittherapie (solution focused brief therapy, SFBT) schreibt. Er stellt die komplexen Harmonien eines Big Band Sounds der endlosen Variation von Klängen gegenüber, die von einem Trio aus Piano, Kontrabass und Schlagzeug ausgehen und schließt dann: »Those who are drawn to SFBT may be more like those who enjoy jazz trios. The creativity and art in SFBT comes from learning to work within the frame the approach demands and to help clients create masterpieces from the everyday melodies of their lives.«[53] Nicht nur die Seelsorgerin improvisiert, sondern auch die Klientin wird durch das Zusammenspiel mit der Seelsorgerin bzw. Therapeutin zu einer Improvisatorin.

PASTORALE IDENTITÄT

Wenn es um die Identität der Pfarrperson geht, so beinhaltet dies einerseits die Frage nach einer generellen Pfarridentität bzw. nach einem Pfarrbild und andererseits die Frage, wie eine Pfarrperson ihr Amt individuell ausfüllt und es dadurch zu einer individuellen Identitätsbildung in diesem Amt kommt. Es ist die zweite Frage, der hier nachgegangen werden soll. Dies legt sich auch nahe, wenn nicht mehr das Amt die Pfarrperson trägt, sondern die Pfarrperson das Amt, wie es in der Schweiz immer wieder mit Nachdruck gesagt wird. Thomas Schaufelberger, Leiter der Pfarrausbildung im Kanton Zürich, sagt es in einem Interview zum neuen Konzept für das Pfarramt so: »Der ›Herr Pfarrer‹ steht nicht mehr auf einem Sockel, sondern ich muss mir den Status erarbeiten und mit meiner Persönlichkeit ausfüllen.«[54] Die Pfarrperson wächst nicht in eine gegebene Pfarridentität hinein, sondern bildet selbst eine solche aus. Dennoch tut sie dies nicht isoliert und alleine, sondern im Zusammenspiel mit all denjenigen, mit welchen sie zu tun hat.

Erinnern wir uns an die Frage Bensons, »how is even my identity as an improviser connected with those of other improvisers?«[55] Er fragt also nicht, ob, sondern

---

[53] STEVE DE SHAZER/HARRY KORMAN/YVONNE M. DOLAN, More than Miracles. The State of the Art of Solution-Focused Brief Therapy, New York 2007, 163.
[54] TILMAN ZUBER, »Selbst Kirchenferne haben grosse Ansprüche«. Interview mit Thomas Schaufelberger, Leiter der Pfarrausbildung der reformierten Kirche Zürich, 2016, https://www.ref.ch/news/selbst-kirchenferne-haben-grosse-ansprueche/ (letzter Zugriff am 23.03.2019).
[55] BENSON, Liturgy (s. Anm. 7), 94.

wie denn die Identität eines Improvisators mit denjenigen von anderen Improvisatoren verbunden sei. Wenn also die Identität der improvisierenden Person mit anderen Improvisatorinnen, verbunden ist, so liegt es nahe, dass Monson schreibt, in Davis' Metapher fungiere die Band und nicht die Zuhörer als Gemeinde, weil gerade die Kommunikation und Interaktion der Bandmitglieder zu musikalischer Entwicklung führe. Musikalische Entwicklung kann parallel gesetzt werden mit der Ausbildung von Identität, wenn der afro-amerikanische Schriftsteller und Jazzmusiker Ralph Ellison schreibt:

> »Each true jazz moment (as distinct from the uninspired commercial performance) springs from a contest in which each artist challenges all the rest, each solo flight, or improvisation, represents (like the successive canvases of a painter) a definition of his identity: as individual, as member of the collectivity and as link in the chain of tradition.«[56]

Die individuelle Identität des Improvisators definiert sich in Relation zur Gemeinschaft und zur Tradition immer wieder neu und zeigt ihre jeweiligen Konturen in jeder neuen Performanz. Dies trifft nicht nur auf den einzelnen Jazzmusiker zu, sondern auch auf den einzelnen Christen und damit auch auf die einzelne Pfarrperson. Wenn die Pfarrperson improvisiert, so tut sie dies mit all dem, was sie sich angeeignet und internalisiert hat und sie improvisiert in Auseinandersetzung und Kommunikation mit anderen Pfarrpersonen aus Gegenwart und Vergangenheit, mit den biblischen Autoren, mit Exponenten der Kirchen- und Dogmengeschichte sowie mit den Gemeindegliedern. Gewiss gehen wir wohl theologisch von einer anderen Konstitution personaler Identität von Pfarrpersonen als auch von Jazzmusikern aus, gerade auch in rechtfertigungstheologischer Hinsicht, aber trotzdem kann gesagt werden, dass sich bei jeder Improvisation einer Pfarrperson deren Identität manifestiert, auch wenn sie nicht darauf reduziert werden kann. Die Pfarrtätigkeit lässt sich nur mit Einsatz der ganzen Person ausführen. Was eine Pfarrperson aufgreift oder auch nicht und wie sie es tut und was sie daraus macht, hat etwas mit der bisherigen Identität zu tun und wirkt mehr oder weniger stark ein auf die weitere Entwicklung der Identität, denn im Anschluss an den Arbeitspsychologen Theo Wehner ist Arbeit »immer eine Möglichkeit, die eigene Identität zu bilden. Wenn ich arbeite, stelle ich nicht einfach ein Produkt her oder erbringe eine Dienstleistung. Die Art und Weise, wie ich etwas tue, wirkt immer auf mich ein und formt oder deformiert mich.«[57]

Wenn Kommunikations- und Interaktionsprozesse zur Identitätsentwicklung der Beteiligten führen, so lohnt sich die Frage, wie es um die Interaktionen in einer Gemeinde bestellt ist. Unvergesslich bleibt das Votum eines mir bekannten Kontrabassisten: wenn er spiele, so gehe es ihm einfach darum, dass die Gesamtwirkung der Aufführung so gut und überzeugend wie möglich sei, und dass er durch seine

---

[56] RALPH ELLISON/JOHN F. CALLAHAN (Hrsg.), The Collected Essays of Ralph Ellison, Modern Library ed, New York 1995, 267.
[57] LUCIE MACHAC, »Wir kokettieren mit unserem Stress«. Interview mit Theo Wehner, Prof. Dr. emer. für Arbeits- und Organisationspsychologie ETH Zürich, Berner Zeitung, 2016, https://www.bernerzeitung.ch/leben/gesellschaft/wir-kokettieren-mit-unserem-stress/story/22242142 (letzter Zugriff am 04.03.2019).

Beiträge die anderen Mitspieler so gut wie möglich unterstützen und das Beste aus ihnen zutage fördern wolle. In welcher Gemeinde und bei welcher Pfarrperson finden wir eine solche Haltung und Bereitschaft, wenn es um die kirchgemeindliche Aufführung der Schrift geht? Benson nimmt diesbezüglich Bezug auf Gadamer:

> »For Gadamer, ›good will‹ is demonstrated not when one attempts ›to prove that one is always right‹ but when ›one seeks instead as far as possible to strengthen the other's viewpoint so that what the other person has to say becomes illuminating.‹ *If* there is to be anything resembling reciprocity, *then* it must begin with me. True reciprocity is only possible if I make the first move – without knowing that the other will reciprocate. Of course, whether I am a composer, performer, or listener, making the first move makes me vulnerable.«[58]

Was würde es bedeuten, wenn es im dialogischen Geschehen der Kirche nicht primär um das eigene Rechthaben ginge, koste es was es wolle, sondern darum, den Beitrag des anderen so weit wie möglich zu stärken, damit er einleuchten kann?

Im Sammelband ›Musical Communication‹ bemerkt Sawyer: »Unlike product creativity – which involves a long period of creative work leading up to the creative product – in musical performance, the process *is* the product.«[59] Im Jazz ist der Prozess das Produkt und es geht dabei auch gerade um die kontinuierliche, konstruktive Auseinandersetzung mit dem Gegenüber in stetigem Rückgriff auf die Sprachtradition. Meines Erachtens trifft es auch auf die Art und Weise des kirchgemeindlichen Zusammenwirkens zu, dass sein Prozess das Produkt ist. In der Kirchgemeindearbeit wird dies hingegen oftmals anders gesehen.

Musikalische Identität im Jazz bedeutet, dass der Musiker allein durch das Hören erkannt werden kann. Große Jazzmusiker sind aufgrund ihres ganz eigenen Stils bereits nach wenigen Tönen klar zu identifizieren. Ein Jazz-Musiker entwickelt seinen Stil, für den Individualität, Authentizität und Originalität einen hohen Stellenwert haben, paradoxerweise gerade dadurch, dass er zunächst einmal andere Jazzmusiker imitiert. Im Gegensatz zu Jazzmusikern, hat Imitation für die Entwicklung von Pfarrpersonen keinen hohen Stellenwert, zumindest nicht explizit und nicht bewusst. Meines Erachtens liegt aber durchaus Potential für ein bewusstes, aktives Lernen durch Imitation in den Bereichen Homiletik und Poimenik.

Die Imitation ist nicht Selbstzweck, sondern soll dazu führen, dass sich daraus im Laufe der Zeit und durch die Imitation ganz verschiedener Exponenten der eigene schöpferische Stil entwickelt, der dadurch geprägt und verankert ist in der Sprache und Tradition des Jazz. Dass sich diese Entwicklung nicht immer bis zu ihrem Ziel ergibt, macht eine tragische Begebenheit im New Yorker Jazzclub Birdland deutlich, welche Milt Hinton von einem jungen Jazzfan berichtet, welcher sein Vorbild intensiv nachgespielt hatte: »He copied him note for note, phrase for phrase. One night he went down to hear his idol at Birdland. And this copier was

---

[58] BENSON, Improvisation (s. Anm. 5), 168.

[59] KEITH R. SAWYER, Music and Conversation, in: DOROTHY MIELL/RAYMOND A. R. MACDONALD/DAVID J. HARGREAVES (Hrsg.), Musical communication, Oxford 2005, 45–60, 57.

real high. Well, the man he had copied all this time wasn't up to par that night. So the copier went right up to him on the stand and said, ›Man, you ain't you, I'm you!‹«[60] Es ist kaum vorstellbar, dass die Identität einer Pfarrperson auf solche Weise in Frage gestellt würde, und sicher nicht wünschenswert. Dennoch legt Paulus der Gemeinde in Philippi die Kategorie der Imitation und Nachahmung als Lernweg nahe: »Folgt meinem Beispiel, liebe Brüder und Schwestern, und richtet euren Blick auf die, welche ihr Leben auf diese Weise führen; ihr habt ja uns als Vorbild.« (Phil 3,17)

Wenn die Identitätsentwicklung der Pfarrperson mit derjenigen eines Jazzmusikers verglichen wird, die durch Imitation der großen Vorgänger entwickelt wird, wird damit nicht ein Prozess nahegelegt, vor dem der ehemalige Neuenburger Praktologe Dubied warnt, wenn er schreibt, dass »der Verlust des theologischen und beruflichen Gerüsts der Pfarrer-Identität zu Gunsten einer Verschwommenheit, die häufig aus eilends zusammengebastelten Bruchstücken besteht, zuweilen – selten genug – glanzvoll ist.«[61] Es ist gerade nicht so, dass die sich auf solche Weise angeeigneten Sprachstücke eines Jazzmusikers einfach eilends zusammengebastelt werden, sondern zutiefst internalisiert und integriert werden. Benson bringt dies treffend auf den Punkt: »To be a musician – whether classified as a ›composer‹ or ›performer‹ – is not only to know certain things but to have so internalized these skills that one *acts* as a musician acts.«[62] Um Musiker zu sein, braucht es nicht nur gewisse Kenntnisse, sondern Fähigkeiten, die jemand so verinnerlicht hat, dass er oder sie handelt wie ein Musiker handelt. Mag das klingen, als ob kaum jemand als Musiker oder Pfarrperson anfangen könnte, so führt Benson hier eine Zirkularität ein: »How does one *become* a jazz musician or a musician of any kind? The answer is: by *being* one.«[63] Wie die Identität eines Musikers, so ist auch die Identität einer Pfarrperson ein fortwährender Prozess der Aneignung und Weiterentwicklung seiner Fähigkeiten durch Imitation, Einübung und Praxis. Jazzmusiker üben musikalische Sprachbrocken, die sie von anderen Musikerinnen empfangen haben und weiterentwickeln, immer wieder in allen zwölf Tonarten ein, bis sie Teil ihrer musikalischen Identität sind. So lädt eine Jazz-Theologie dazu ein, Sprachbrocken in allen möglichen Kontexten durchzuspielen, zu beleuchten und zu prüfen, bis sie in die eigene Persönlichkeit integriert sind.

Imitation wurde auch für Dykstra entscheidend, schreibt er doch folgendermaßen, wie er vom schottischen Prediger Ian Pitt-Watson zu predigen lernte:

> »It happened that I attended a college halfway across the country from my home and that, despite the great distance between them, my hometown and college city were connected by a single interstate freeway. I noticed in making that long and monotonous drive by myself many times through my college years that I would sometimes remain silent for the entire trip. I could drive for days without ever turning on the radio, but would sometimes listen

---

[60] NAT SHAPIRO/NAT HENTHOFF, Hear Me Talkin' to Ya. The Story Of Jazz As Told By The Men Who Made It, New York 1955, 405.
[61] PIERRE-LUIGI DUBIED, Die Krise des Pfarramts als Chance der Kirche, Zürich 1995, 135.
[62] BENSON, Improvisation (s. Anm. 5), 139.
[63] BENSON, Improvisation (s. Anm. 5), 140.

to tapes of six sermons of a dynamic Scottish minister whose preaching I had once heard and admired. Over the course of those years of driving so often that I eventually could preach each of them right along with the tape, word for impassioned word and complete with Scottish accent. I am convinced today that in hearing and memorizing a mere six sermons of a master preacher over extended periods of utter silence, my fears of public speaking were calmed and my present passion for preaching was born.«[64]

Wenn Dykstra hier über Imitation schreibt und wie er dadurch seine Furcht vor öffentlichem Sprechen verlor und seine Leidenschaft für die Predigt gewann, so ist meines Erachtens dennoch die Prägung Dykstras durch Ian Pitt-Watson homiletisch noch weitergehend. Es ist genau die Art und Weise wie Jazzmusiker die Soli der großen Vorgänger nachspielen. Ist ein solcher Lernweg möglicherweise Teil der Lösung für die Identitätskrise des Pfarrberufs? Dubied vertritt:

»Wer sich mit den wichtigsten Merkmalen der Identitätskrise des Pfarrers beschäftigt, den erstaunt das Ausmaß dieser Krise. Alle konstitutiven Elemente seiner Identität sind in Fluss geraten. Auf personaler, sozialer, beruflicher, institutioneller und theologischer Ebene ist die durch das frühere Modell gegebene Identität in Frage gestellt. Das besagt, dass keine gemeinsame stabile Basis mehr vorhanden ist, die als Ausgangspunkt für den Aufbau eines Pfarrer-Ich dienen könnte. Damit wächst die Versuchung, trotz allem nach einem tragfähigen Fundament zu suchen. Wie selbstverständlich bietet sich da als erstes das Fundament des aus Schrift und Tradition abgeleiteten Modells an. Dann wird es heißen, ›der Pfarrer muss so und so sein [...]‹, wobei nur schwer vorstellbar ist, wie er es werden könnte und was er wirklich ist.«[65]

Dass ein Pfarrer so und so sein müsse, erinnert an die schmerzvolle Episode, welche der Tenorsaxophonist Lester Young 1934 durchlebte, aufgrund der Vorstellung, dass ein Tenorist doch so und so spielen müsse. Als Young die Nachfolge von Coleman Hawkins in der Band von Fletcher Henderson antrat, war die Band wenig begeistert. Die übrige Band hätte sich Leon »Chu« Berry als Nachfolger gewünscht, dessen Ton und Stil demjenigen von Coleman Hawkins ähnlich war. Dass Lester Young den Vorstellungen nicht entsprach, führte zu einer Konfliktsituation. Lester Young-Kenner Frank Buchmann schreibt und zitiert schliesslich Young selbst:

»To try to help Lester and get things going smoothly, Fletcher Henderson's wife, Leora, wanted to teach him to imitate Hawkins! This bitch to Fletcher Henderson's wife would take me down to the basement to the old windup phonograph and ask me, ›Lester, can't you play like this?‹ – Coleman Hawkins things. Every morning that bitch would wake me up at nine o'clock to try to teach me to play like Coleman Hawkins.«[66]

Es ist zu hoffen, dass einer Pfarrperson kaum jemals so übel mitgespielt wird. Trotzdem kann nicht nur in einer musikalischen Big Band, sondern auch in einer kirchengemeindlichen Big Band mit mehr oder weniger Druck die Imitation eines bestimmten Pfarrers bzw. Pfarrstils gefordert werden. Dies hat nichts zu tun mit

---

[64] DYKSTRA, Discovering (s. Anm. 45), 103f.
[65] DUBIED, Krise (s. Anm. 61), 163f.
[66] FRANK BÜCHMANN-MØLLER, You just fight for your life. The story of Lester Young, New York 1990, 50.

dem positiven Potential der Imitation als Lernweg, die ich meine, sondern ist deren Karikatur.

Ein Jazz-Musiker spielt ein improvisiertes Solo unter den gegebenen Umständen, Möglichkeiten und Begrenzungen und kreiert genau darin etwas Neues, Überraschendes und macht dadurch etwas von seiner Identität erfahrbar. Nicht anders ist dies im Pfarramt. Jeder neu ordinierten Pfarrperson wird wohl bereits kurz nach Antritt der ersten Stelle bewusst, dass sie sich innerhalb gegebener Umstände, Möglichkeiten und Begrenzungen bewegt, die oftmals wenig ideal aussehen. Wird dies manchmal als negativ erlebt, so ist vom Jazz zu lernen, dass es genau diese Begrenzungen und Umstände sind, welche zur Kreativität des Solos anregen können.

Ein Jazz-Musiker muss aber auch seine durch vergangene Improvisationen manifestierte Identität loslassen, um neue Improvisationen wagen zu können. Eine routinierte Pfarrperson muss ihre durch ihre vergangenen Improvisationen ins Spiel gebrachte Identität loslassen, um die Pfarrperson werden zu können, welche Gott aus ihr formen möchte, durch ihr Wechselspiel mit Schrifttexten, theologischen Studien, Umständen und Gemeindesituation.

Anlässlich eines Konzerts von Joshua Redman mit der Band The Bad Plus, fragte ich ihn, ob es einen Unterschied für sein Spiel mache, wenn er mit The Bad Plus spiele oder mit seinen regelmäßigen Bandkollegen Reuben Rogers (Kontrabass) und Gregory Hutchinson (Schlagzeug). Er meinte, dass es selbstverständlich einen Unterschied mache und dass er dies eben gerade auch suche. Sind die Bandmitglieder Metapher für die Kirchgemeinde, so wird die Aussage erstaunlich, wenn wir sie auf die Pfarrperson beziehen. Macht es denn einen Unterschied für eine Pfarrperson, in welcher Gemeinde sie wirkt? Selbstverständlich und hoffentlich. In diesem ersten Teil wird es wohl keine Differenz geben. Erstaunt hat mich aber der zweite Teil seiner Antwort. Dass er dieses andere Umfeld gerade »sucht«. Er sucht es, *weil* es für ihn einen Unterschied macht und zwar deshalb, weil es anderes in ihm aktualisiert und seine Identität und Möglichkeiten weiterentwickelt. Auch Pfarrpersonen predigen und wirken in unterschiedlichen Gemeindesettings und auch bei ihnen macht es einen Unterschied, weil selbstverständlich auf die Gemeinde eingegangen werden muss. Aber noch nie hätte ich eine Pfarrperson sagen hören, dass sie gerade deswegen in unterschiedlichen Gemeindesettings zu wirken suche, weil dies zu einer Erweiterung ihrer Identität und Möglichkeiten führe und sie sich auf diese Weise weiterentwickeln könne. Es wäre auch für Pfarrpersonen ein denkwürdiger Gedanke, zur Identitätsentwicklung auch immer wieder bewusst einmal in anderen Bands zu spielen.

Ob in der Heim-Band oder auswärts, es wird einen Unterschied für unsere Identitäten machen, wenn wir den Mitspielern als Bandmitglieder begegnen, mit denen wir gerade in eine Performanz des christlichen Glaubens involviert sind. Pfarrpersonen und Gemeindeglieder sind berufen, verantwortlich improvisieren zu lernen und durch das gemeindliche Leben die Schrift aufzuführen. Hoffentlich können sie dies in einer Atmosphäre tun, in der sie sich gegenseitig tragen. »That was cool, man!« »Really?« »Yeah.« Es brauchen nicht diese Worte zu sein, geht es doch um den Geist, nicht um den Buchstaben. Es bleibt, der Leserin, dem Leser viel Spielfreude für die kommenden Improvisationen zu wünschen!

ZUGANGS- UND TIEFENDIMENSIONEN IN DER BILDUNG PASTORALER IDENTITÄT

Eine systemische Perspektive auf die Arbeit
mit Vikarinnen und Vikaren

Thilo Auers

VORWORT

Wie kann Freiraum entstehen, damit Vikarinnen und Vikare ihre pastorale Identität mit Freude und Leichtigkeit bilden können? Diese Frage ist für mich deshalb zentral, weil die Bildung pastoraler Identität heute von sehr wirkmächtigen Faktoren beeinflusst wird: Dazu zähle ich die Diskussion um den Pfarrbildprozess, die Kompetenzerwartungen der Landeskirche an den Pfarrberuf, die Ausbildung in Universität, Predigerseminar und Gemeinde und die Werte einer neuen Generation von Vikarinnen und Vikaren.

Das Berufsbild Pfarrer/Pfarrerin im Wandel. Der Pfarrbildprozess der Evangelisch-Lutherischen Kirche in Bayern (2013-2015) brachte konkrete Ergebnisse: Musterdienstordnungen sollen entstehen mit klaren Beschreibungen der Aufgaben und der genauen Berechnung des Zeitbedarfs innerhalb eines verlässlichen Zeitrahmens (48 Stunden als durchschnittliche wöchentliche Arbeitszeit). Eine neue Pfarrerurlaubsverordnung wurde geschaffen. Es soll ein guter Rahmen geschaffen werden für den Beruf. Daneben sind die Bildung der eigenen pastoralen Identität und die Pflege der theologischen Existenz der zweite große Fokus. Zum Pfarrbildprozess hinzu kommen die aktuellen Prozesse »Miteinander der Berufsgruppen« und »Profil und Konzentration« und die daraus resultierenden Perspektiven.

In der zweiten Ausbildungsphase ist u. a. die Frage zentral, wie Vikarinnen und Vikare ihre Person und Rolle so in Beziehung bringen können, dass sie den Beruf Pfarrerin/Pfarrer einmal *gut, gerne* und *wohlbehalten*[1] ausüben. In der Bildung pastoraler Identität sind kommunikative, hermeneutische, spirituelle und

---

[1] Gut gerne und wohlbehalten arbeiten ist das Ziel, das sich die Evangelisch-Lutherische Kirche in Bayern gesetzt hat mit der Handreichung für die Erstellung von Dienstordnungen für Pfarrerinnen und Pfarrer. Vgl. Gut, gerne und wohlbehalten arbeiten. Handreichung für die Erstellung von Dienstordnungen für Pfarrerinnen und Pfarrer der Evangelisch-Lutherischen Kirche in Bayern, http://www.berufsbild-pfr.de/files/files/Handreichung%20f%C3%BCr%20die%20Erstellung%20von%20Dienstordnungen.pdf (letzter Zugriff am 03.12.2018).

kybernetische Prozesse bedeutsam. Zugleich gilt es diese Bildung für die Handlungsfelder Seelsorge, Pädagogik, Gottesdienst und Gemeindeentwicklung anzulegen. Predigerseminar und Gemeindementor/in haben hier die doppelte Aufgabe, den Vikar/die Vikarin zu begleiten (d. h. übergreifende und individuelle Bildungsprozesse zu ermöglichen) und zu beurteilen (d. h. anhand von 59 Kompetenzerwartungen im Dienstzeugnis die Eignung festzustellen).

Zentral für den Bildungsprozess ist auch, dass sich die Grundorientierung der meisten Vikarinnen und Vikare verändert hat und sich weiter verändert. Alltagsbewusstsein, Lebensstil und Lebensziel werden entwickelt in Auseinandersetzung mit den Themen, die die Generation Y in die aktuelle Diskussion einbringt. Viele Vikarinnen und Vikare zeigen sich versiert, engagiert und motiviert. Sie wollen arbeiten, aber anders: mit Spaß und Leichtigkeit und mehr im Einklang mit ihren Bedürfnissen.

Die vorliegende Arbeit bietet zunächst Überlegungen zur grundsätzlichen Unverfügbarkeit der Bildung von pastoraler Identität und zur Themen der Generation Y. Danach entfalte ich eine Wahrnehmungshilfe, um Zugangs- und Tiefendimensionen in der Bildung pastoraler Identität aus systemischer Perspektive zu beschreiben. Dabei stütze ich mich auf Erfahrungen, die ich als Ausbilder im Vikariat in der Evangelischen-Lutherischen Kirche in Bayern gemacht habe.

Die Dimensionen *Zeit, Raum* und *Energie* bieten hilfreiche Zugänge, um Informationen und Sachverhalte in Bezug auf Person und Rolle zu ordnen. Die Dimensionen *affect, power* und *meaning* beschreiben Aspekte, die Identität in ihrer Tiefe bestimmen. Die genaue Wahrnehmung dieser sechs Dimensionen kann die Hypothesenbildung in der Ausbildung günstig beeinflussen und zu Interventionen führen, die die Bildung pastoraler Identität fördern. Zugleich kann die konkrete Arbeit mit den Dimensionen die Eigenreflexion des Vikars/der Vikarin oder der Gruppe stärken. Wenn es gut geht, entstehen so Bildungsprozesse, in denen die Beteiligten Sicherheit entwickeln und Freiraum finden.

1 Kontexte

1.1 Die Bildung pastoraler Identität ist unverfügbar

Bildungsprozesse sind immer auch unverfügbar. Sie sind selten *einfach*, manchmal *kompliziert*, meistens *komplex* und teilweise auch *chaotisch*.[2] *Einfach* kann es sein, Wissen zu vermitteln: z. B. »Wenn Du Pfarrer wirst, hat Deine Arbeitswoche durchschnittlich 48 h.« Für die Vermittlung dieses Wissens kann man optimale Formen finden, wenn es gelingt, die relevanten Faktoren des Systems zu berück-

---

[2] Im Hintergrund meiner Ausführungen steht das von Dave Snowden entwickelte Cynefin-Framework (s. die Graphik auf Seite 167). Mit Hilfe von vier Feldern unterscheidet er vier Kategorien (Lebensräume) von Herausforderungen, Problemen und Handlungsmöglichkeiten. Vgl. hierzu: ISABELLE HARTMANN/RAINER KNIELING, Gemeinde neu denken. Geistliche Orientierung in wachsender Komplexität, Gütersloh 2014, 13–19.

komplex sondieren – wahrnehmen – antworten *emergent practice*	**kompliziert** wahrnehmen – auswerten – antworten *good practice*
chaotisch handeln – wahrnehmen – antworten *novel practice*	**einfach** wahrnehmen – einteilen – antworten *best practice*

sichtigen, in dem die Vermittlung stattfindet. Vielleicht gibt es unter sehr reduzierten Bedingungen sogar eine *best practice*.

Aber schon die Umsetzung der durchschnittlichen 48-Stunden-Woche führt auf *kompliziertes* Terrain. Zeitplanung ist kompliziert: Feste, weiche und unvorhergesehene Termine wechseln einander ab. Arbeit und Freizeit sollen kombiniert werden. Wichtiges und Unwichtiges, sowie Kurz-, Mittel- oder Langfristiges sollen unterschieden werden. Arbeitswochen mit mehr und weniger Arbeitszeit sollen ausgeglichen werden. Elementare Strukturen von Zeitplanung können hier erarbeitet werden, sodass es zu einer *good practice* kommen kann.

Nimmt man die Eigenheiten der planenden Person hinzu (ihre Bedürfnisse, Arbeitsrhythmen, Vorlieben, Werte, ihren Willen, ihr Vermögen) und die Notwendigkeit, sich mit anderen planenden Personen und Gegebenheiten abzustimmen, dann bewegt man sich in *komplexen* Lebensräumen. In diesem Bereich gibt es keine dauerhaft guten Lösungen. Lösungen erwachsen aus dem Prozess und verändern sich, sobald sich die Faktoren verändern, die den Prozess beeinflussen. Bildung kann hier zu einer *emergent practice* beitragen.

Ereignen sich in einer solchen Zeit Krisen, die dazu führen, dass bewährte Handlungsmuster nicht mehr ausgeführt werden können und Strukturen nicht mehr tragen, bewegen wir uns im *chaotischen* Bereich. Hier handeln Menschen unmittelbar, instinktiv und unberechenbar. Es entstehen neuartige Umgangsformen, *novel practice*, die – wenn es gut geht – neue Horizonte eröffnen und die Chance in der Krise nutzen.

Meistens bewegt sich Bildung im komplexen Bereich. Bildungsprozesse sind hier grundsätzlich unverfügbar: Sie können nicht gemacht oder beherrscht werden. Bildung geschieht, wenn es gelingt, das, was da ist, wahrzunehmen, Resonanzen aufzunehmen, Hypothesen zu entwickeln und experimentelle Handlungen durchzuführen. Dies führt zu Entwicklung und Veränderung.[3]

1.2 Themen der Generation Y

Etliche Vikarinnen und Vikare fordern heute nicht nur die kontinuierlich-langsame Weiterentwicklung des Berufsbild Pfarrer/Pfarrerin, sondern ein neues Berufsbild, das gekennzeichnet ist von deutlich höherer Selbstbestimmung. Das prägt den Diskurs um den guten Rahmen und um die Bildung pastoraler Identität im Vikariat. Unter Einbezug von Selbstbeschreibungen und Fachliteratur[4] versuche ich einige Aussagen von Vikarinnen und Vikaren zu ordnen.

»*Wir sind vernetzt und flexibel und sind an Lebensstandard gewöhnt.*« Die Generation Y ist mit der medialen Vernetzung aufgewachsen und denkt sich vernetzt. Vernetzung bedeutet: nicht jede/r muss alles können, sondern jede/r bringt seine Gaben und seine Perspektive in das Ganze ein. Es entstehen teilbares Wissen und teilbarer Besitz (z. B. Carsharing) und die Forderung, arbeitsteilig zu handeln. Die Mobilität hat zugenommen. Es gibt offene Grenzen. Flexibilität ist vorhanden, wenn sie selbstbestimmt ist. Lebensstandard äußert sich nicht darin, viel zu haben, sondern darin, viel tun zu können.

»*Wir sind gut, motiviert und selbstbewusst.*« Die »am besten ausgebildete, internationalste und vielsprachigste Generation, die jemals den Arbeitsmarkt betreten hat«[5] tritt selbstbewusst auf. Leistung bedeutet nicht, möglichst viel zu arbeiten, sondern mehr Arbeit in kürzerer Zeit zu erledigen. Die Motivation auf abwechslungsreiche, freie und sinnorientierte Arbeit mit Menschen ist groß. Zugleich soll die Arbeit konzentrierter und abgegrenzter sein. Die Einsatzbereitschaft für die eigene Überzeugung ist hoch. »Eine ganze Bandbreite von Studien belegt, dass Beschäftigte, die die Wahl haben, wo und wann sie arbeiten, produktiver, kreativer und effizienter sind als jene, die über die Maßen kontrolliert werden.«[6]

»*Wir wissen, dass wir gebraucht werden und wollen als Individuen wahrgenommen werden.*« Viele sind damit aufgewachsen, die große Wahl zu haben. Es gibt mehr Berufsmöglichkeiten und mehr Möglichkeiten zum Umstieg oder Quereinstieg. Die junge Generation weiß, dass der Arbeitsmarkt sie braucht und stellt

---

[3] Vgl. zu meinen Ausführungen auch die Überlegungen von Hartmut Rosa/Wolfgang Endres, Resonanzpädagogik. Wenn es im Klassenzimmer knistert, Weinheim ²2016, bes. 16–25.

[4] Vgl. die Selbstbeschreibungen der Vertreterinnen der Generation Y wie Kerstin Bund (Kerstin Bund, Wir sind jung ... und brauchen das Glück: Wie die Generation Y die Berufswelt verändert und warum alle von diesem Wandel profitieren, Zeit Online, https://www.zeit.de/2014/10/generation-y-glueck-geld [letzter Zugriff am 03.12.2018]) und Steffi Burkhart (Steffi Burkhart, Wie tickt die neue Generation?, https://www.youtube.com/watch?v=vO5zfDbJJtg [letzter Zugriff am 03.12.2018]) sowie den Diskussionsbeitrag vom Roman Herzog Institut e.V. (Hrsg.), Die Generation von Morgen. Neue Werte, neue Gesellschaft, neue Arbeitswelt?, München 2016.

[5] Bund, Wir sind jung (s. Anm. 4).

[6] Bund, Wir sind jung (s. Anm. 4).

selbstbewusst Forderungen. Dabei gewinnt die Aufmerksamkeit für den Einzelnen zunehmend große Bedeutung. Individuelle Authentizität ist im Konfliktfall wichtiger als die Rolle.

»Der Beruf muss sich ins Leben integrieren lassen und sinnvoll sein.« Die Erkenntnis: »*Was mich ausmacht, ist nicht nur der Beruf*«, ist bei vielen erfahrungsbezogen verankert. Deshalb ist es entscheidend, dass der Beruf in den Lebensentwurf passt und in Einklang zu bringen ist mit bedeutenden Bedürfnissen, wie z. B. für die eigenen Kinder da zu sein und Zeit zu haben für Familie, Freunde und sich selbst: nicht nur am Rande, sondern auch im Zentrum. Es soll mehr geschützte Bereiche und Freiräume geben für individuelle Umstände und Eigenheiten. Zugleich soll die Arbeit sinnvoll und sinnstiftend sein. »Selbstbestimmung ist das Statussymbol meiner Generation.«[7] Dabei darf Selbstbestimmung nicht als Selbstverliebtheit missverstanden werden. Selbstbestimmung meint Wirksam-Werden des individuellen Lebenssinns in Bezug auf Sozialität und Gemeinschaft.

»Wir wollen frei sein und Verantwortung übernehmen.« Freiheit bedeutet auch, Hierarchien in Frage zu stellen. Augenhöhe und wechselseitige Kompetenz sind zentral. Derjenige, der etwas (sehr) gut kann und dies gerne tut, soll Verantwortung und Leitung übernehmen. Zusammenarbeit, Teamfähigkeit und klare Aufgabenbeschreibung ist bedeutsam.

Neben diesem Auf- und Umbruch gibt es auch Voten, die stärker aus einer pragmatischen Grundhaltung kommen: »*Wir wollen unsere Sache gut machen, geben Sie uns Informationen und Handwerkszeug, mit denen das geht.*« Beiträge und Lernprozesse, Arbeitsbedingungen und Engagement werden danach beurteilt, inwiefern sie einsichtig sind und nützlich.

Für den Pfarrberuf kann aus diesem Befund zweierlei festgestellt werden: Zum einen passt er aufgrund seiner Vielseitigkeit gut zu etlichen Interessen der Generation Y. In vielen unterschiedlichen Arbeitsfeldern kann viel individuell gestaltet und abwechslungsreich gefüllt werden. Zum andern passen manche Muster des Pfarrberufs nicht mehr zu den Bedürfnissen der Generation Y. Neue Formen sollen bzw. müssen entwickelt werden. Dazu gehören: Mitbestimmung des Einsatzortes statt Gesandt-Werden ins Vikariat und auf die erste Stelle, neue überindividuelle Definition von Residenz und Präsenz vor Ort statt individuelle Residenz und Präsenz, individuelle Sinnstiftung statt Standesdenken, Freude statt Pflicht, sanfte statt steile Karriere. Kommunikation soll sowohl von Angesicht zu Angesicht stattfinden als auch in den virtuellen Medien. Arbeiten soll gabenorientiert sein statt universell, Leitung soll nicht hierarchisch gebunden sein, sondern wechseln. Individuelle Fürsorge ist wichtiger als kollektive Verbundenheit.[8]

Die oder der Einzelne entwickelt unterschiedliche Positionen zu diesen Themen. Und zugleich prägen diese Themen die Atmosphäre der Zusammenarbeit. Ich möchte diese Themen im Folgenden unter systemischen Aspekten nutzen: als Sachverhalte und Ideen, die die Kommunikation prägen. Viele Personen mit starker individueller Identität stehen vor der Herausforderung, eine berufliche Iden-

---

7   BUND, Wir sind jung (s. Anm. 4).
8   Vgl. auch ROMAN HERZOG INSTITUT E.V. (Hrsg.), Generation (s. Anm. 4), 24.

tität zu entwickeln, die in wesentlichen Punkten konsensfähig ist mit dem Pfarrerbild innerhalb der Evangelisch-Lutherischen Kirche in Bayern.

1.3 Eine Wahrnehmungshilfe für systemische Arbeit in der Ausbildung

Bildungsprozesse können – wenn es gut geht – dem Einzelnen und der Gruppe helfen, in einer von Krisen und Veränderung geprägten Welt so etwas wie Stabilität zu entwickeln und Ordnung zu erhalten. Zugleich können auch verkrustete, blockierte, zwanghafte Strukturen ein Stück weit aufgeweicht und gelöst werden. So kann die Freiheit entstehen, dem Fremden und dem Schönen zu begegnen – hoffentlich immer wieder auch mit Spaß und Leichtigkeit.

Besonders hilfreich erweist sich in diesem Zusammenhang der Entwurf familiärer Beziehungsdimensionen von David Kantor und William Lehr.[9] Arist von Schlippe und Jochen Schweitzer haben diese Dimensionen für die grundsätzliche systemische Therapie und Beratung reflektiert.[10] Ich beziehe dieses Modell nicht nur auf das Verhältnis zwischen den Menschen und zu den Informationen und Dingen, sondern auch auf das Verhältnis des Menschen zu sich selbst.

Zusammenfassend beschreibt das Modell, dass es im Leben um die Verwirklichung dreier großer Zieldimensionen (*target dimensions*) geht:

- Gefühl (*affect*): *Wie wir verbunden sind und uns verbunden fühlen.* Hier geht es um Liebe und Nährung – d. i. was uns ernährt, bestärkt und emotional aufrecht erhält –, um Empfindung und Gemütsbewegungen, Bindungen und Stimmungen untereinander und zu den Dingen; und auch um das Selbstverhältnis zu den eigenen inneren Anteilen.
- Wirksamkeit (*power*): *Wie wir gestalten und gestalten wollen.* Hier geht es um die Machtverhältnisse und die Möglichkeiten von Selbstwirksamkeit, Einflussnahme und Entscheidungen.
- Sinn (*meaning*): *Wie wir denken und Sinn erfahren.* Hier geht es um Werte, Überzeugungen und Glaubenssätze in der Verbindung zur eigenen Lebenspraxis. Hier zeigt sich, welche Bedeutung wir Dingen und Ereignissen geben, welche Weltanschauungen und Glaubenssätze uns prägen.

Diese Dimensionen sind das eigentliche Zentrum in der Bildung.[11] Ich spreche im Unterschied zu Kantor/Lehr nicht von Zieldimensionen, sondern von Tiefen-

---

[9] Vgl. DAVID KANTOR/WILLIAM LEHR, Inside the Family. Toward a Theory of Family Process, Cambridge ²2003, bes. 36–65.
[10] Vgl. ARIST VON SCHLIPPE/JOCHEN SCHWEITZER, Lehrbuch der systemischen Therapie und Beratung I. Das Grundlagenwissen, Göttingen ²2013, 175–199.
[11] Empfindung, Wirksamkeit und Sinn können als Herz, Kopf und Hand (oder Bauch) auch als Annäherung an die Ganzheitlichkeit des Menschen verstanden werden.

dimensionen.¹² Verhandelt werden Empfindungen, Macht und Werte aber häufig zunächst in einer der Zugangsdimensionen (*access dimensions*)¹³:

- Zeit (*time*): *Wie wir Zeit einteilen und erleben.* Hier geht es um unseren Umgang mit Gegenwart, Vergangenheit und Zukunft, unserem Lebensrhythmus und um das, was gleichzeitig oder zeitversetzt geschieht.
- Raum (*space*): *Wie wir zueinander, zu den Dingen und zu uns selbst stehen.* Hier geht es darum, wieviel Raum wir uns nehmen, wo wir uns einengen lassen, wo wir Grenzen ziehen und durchlässig sind.
- Energie (*energy*): *Wie wir uns bewegen lassen und bewegen.* Hier geht es um das, was uns lebendig sein lässt und motiviert, antreibt, aber auch einschränkt und Kraft kostet.

In den Zugangsdimensionen kann man in der Regel leichter arbeiten. Sie bieten eine gute Möglichkeit, ein soziales System kennenzulernen. Vikarinnen und Vikare können hier oft freier erzählen und eigene Erlebnisse und Erfahrungen leichter auch aus der Distanz betrachten. Wenn es gut geht, können hier Handlungsmöglichkeiten erarbeitet werden, die zu mehr Ordnung und Freiheit führen und Wohlempfinden, Gestaltungsmöglichkeiten und Bedeutungszuschreibung günstig beeinflussen. Zugleich wird deutlich, dass auch die Arbeit in einer Zugangsdimension oft vernetzt ist mit Fragestellungen, die aus den anderen Zugangsdimensionen oder aus den Tiefendimensionen her entwickelt sind.

Um mit den Tiefendimensionen direkt zu arbeiten, braucht es eine stabile Beziehung, die gekennzeichnet ist von Verlässlichkeit, Zutrauen und Wohlwollen. Veränderungen im Bereich von Bindung, Wirksamkeit und Sinn brauchen häufig länger, werden aber oft als nachhaltiger, tiefer oder weitreichender erlebt.

Im Anschluss an Kantor/Lehr kann man einen Zusammenhang der Dimensionen wie folgt beschreiben: In der Übertragung von Informationen und Sachverhalten durch Energie in Raum und Zeit regulieren wir unsere Zugänge zu den Tiefendimensionen Gefühl, Wirksamkeit und Sinn.¹⁴

---

[12] Das Wort Zieldimensionen finde ich missverständlich, da es weder definiertes öffentliches noch geheimes Ziel von Bildung sein sollte, diese Dimensionen als das Eigentliche zu erreichen. Auch könnte Zieldimensionen die Vermutung nahelegen, dass alle Prozesse auf diese Dimensionen zielen. *Affect*, *power* und *meaning* können aber auch Ausgangspunkt von Prozessen sein, die sich in Zeit, Raum und Energie abspielen. Deshalb verwende ich lieber die Bezeichnung Tiefendimensionen, die zur Wahrnehmung und Hypothesenbildung berücksichtigt werden sollten.

[13] Kantor/Lehr beschreiben Zeit, Raum und Energie als physikalische Dimensionen, in denen oder aus denen heraus Erleben stattfindet (Vgl. KANTOR/LEHR, Family [s. Anm. 9], 36).

[14] Den Zusammenhang zwischen target und access dimensions bilden bei KANTOR/LEHR, Family (s. Anm. 9) folgende These: »*Through the transmission of matter and information via energy in time and space, familiy members regulate each other`s access to the targets of affect, power and meaning.*« (39).

2 Zugangsdimensionen

2.1 Zeit: Wie wir Zeit einteilen und erleben

Der Pfarrberuf setzt die Fähigkeit voraus, Zeit geschickt einzuteilen und Zeit effektiv und effizient zu nutzen. Vielfältige Aufgaben sollen koordiniert und mit angemessenem Aufwand gestaltet werden.

Zu Beginn des Vikariats zeigen sich manche Vikarinnen und Vikaren unsicher in Bezug auf das, was Arbeitszeit ist. Die Klärung ist für die Rollenwahrnehmung und die Zufriedenheit in der Berufsgattung »Profession« von zentraler Bedeutung.

In einer Arbeitsgruppe zum Thema Zeit stellen Vikarinnen und Vikare Fragen wie: Was ist frei und was ist fix? Wo ist Freizeit und wo beginnt Arbeit? Darf ich einkaufen in einer Leerstunde? Wie heilig ist der freie Tag? Muss ich meine Life-Balance öffentlich machen? Wie kann ich Arbeit und Freizeit trennen? Wo sind Grenzen von Arbeit und Freizeit? Diese Fragen machen deutlich, dass eine klare Grenzziehung zwischen Arbeit und Freizeit notwendig ist, und zeigen zugleich ein Gespür dafür, dass dies nicht immer geht.

Als hilfreich hat sich erwiesen, hierfür zu unterscheiden zwischen konzentrierter Kernarbeitszeit, Zeit für Arbeit und Freizeit und freier Zeit.

Konzentrierte Kernarbeitszeit lässt sich klar abgrenzen. Dazu gehören Besuche, Gottesdienste, Kasualien, Unterricht, Besprechungen sowie die Vorbereitung von Veranstaltungen, Telefonate und die Arbeit am Schreibtisch.

Bei der Zeit für Arbeit und Freizeit ist die Grenze durchlässig. Der Spaziergang gehört in die Freizeit, ein Gespräch mit der Nachbarin am Gartenzaun kann zur Alltagsseelsorge und zur Arbeit werden. Die Arbeit am Schreibtisch ist Arbeit und kann, sofern sie zuhause geschieht, spontan unterbrochen werden zum Spiel mit den eigenen Kindern, zum Cappuccino mit dem Ehepartner oder zum Beantworten einer privaten eMail. Ein nettes Gespräch mit der Sekretärin in der Mittagspause ist Freizeit und wird zur Arbeit, sobald Arbeitsthemen gezielt besprochen werden. Eine Stunde beim Essen anlässlich der Taufe ist Arbeitszeit, wenn jemand drei Stunden bleibt ist das seine freie Entscheidung – außer in seelsorgerlichen Notfällen oder kybernetischen Notwendigkeiten. Der Besuch des Sonntagsgottesdienstes in der Gemeinde ist Freizeit und wird zur Arbeit, wenn einer Absprachen für die nächste Woche trifft. Das Mitsingen im Chor ist Teil von Freizeit, es sei denn, es gehört zum Dienstauftrag oder es gibt Momente, in denen eine in ihrer Rolle angefragt ist. Der Bereich »Arbeit und Freizeit« ist grundsätzlich durchlässig und erst im Nachhinein kann entschieden werden, was Arbeitszeit war und was nicht.

Die freie Zeit ist in der Profession Pfarrberuf immer auch durchlässig in Notfällen und Krisensituationen. Bei plötzlichem Sterben, einem großen Unfall oder dem Bereitschaftsdienst in der Notfallseelsorge gehört es zum Profil des Berufs, dass sich auch geplante Freizeit in Arbeitszeit verwandeln kann. Für manche Vikarinnen und Vikare ist es kein Problem, dienstliche eMails auch in der Freizeit zu beantworten.

Zugleich ist es wichtig, hier konzentrierte Kernfreizeit abzugrenzen, wie den freien Tag oder den Urlaub. In der konzentrierten Kernfreizeit muss die Vertretung klar geregelt und kommuniziert sein.

Diese Unterscheidung macht es möglich, Arbeitszeit im Rahmen von durchschnittlich 48h/Woche zu ordnen. Dies kann in der Anfangszeit zu mehr Sicherheit führen. Nach ca. 8 Monaten fragen dann Vikarinnen und Vikare erneut und vermehrt wieder nach Hilfen zum Zeitmanagement.

Deutlich ist, dass viele Gespräche mit Vikarinnen und Vikaren zum Thema Zeit sich auf die äußeren Strukturen beziehen. Für Berufsleben und Familienleben soll ein guter Rahmen geschaffen werden. Dabei achten viele darauf, Arbeit zu optimieren und viel Arbeit in kürzerer Zeit zu erledigen.[15]

Die ELKB gestaltet die neuen Dienstordnungen so, dass die Arbeit allein über die Arbeitszeit geregelt wird. Dabei wird deutlich: Eine durchschnittliche Arbeitszeit von 48 Stunden/Woche ist genug. Arbeitspakete sollen so organisiert werden, dass sie da hineinpassen. Auch Standards für Qualität werden über Zeitkontingente geregelt. Dabei werden auch die Pflege der eigenen theologischen Existenz und Zeiten für Unvorhergesehenes berücksichtigt.[16] Dieses Modell ist für einen ersten Zugang zur Arbeitszeit hilfreich: es wird deutlich, mit welcher Arbeit wieviel Zeit verbracht wird. Und es sollen Mechanismen entwickelt werden, um Arbeitszeit zu begrenzen. Die Gemeindeakademie der ELKB hat ein Coachingmodell erarbeitet, das den Dienstordnungsprozess begleitet.[17]

---

[15] Für die Erarbeitung äußerer Rahmenmodelle gibt es viel Fachliteratur. Übersichtlich und hilfreich ist: LOTHAR J. SEIWERT, 30 Minuten für optimales Zeitmanagement, Offenbach ²¹2015.

[16] Für einen Gottesdienst mit Durchführung werden 8,5h berechnet, für eine Beerdigung 5h, für einen seelsorgerlichen Besuch 1h, für eine Unterrichtseinheit 2h usw. Für Unvorhergesehenes sollen wöchentlich 4h eingeplant werden. Die Aufgabe der Pfarrerin ist es, als Spezialistin für die eigenen Aufgaben mit dem Dekan als Dienstvorgesetzten und Mentor und dem Kollegenkreis als Berater die durchschnittlichen wöchentlichen Arbeitszeitpakete zu berechnen. Wenn die Pakete für die durchschnittliche wöchentliche IST-Arbeit ermittelt sind, kommt es zur Entwicklung der SOLL-Arbeit. D. h. die Pfarrerin macht deutlich: So stelle ich mir meine Arbeit vor, passend zur Aufgabe, passend zu mir und im Rahmen von durchschnittlich 48h/Woche. Die Arbeitspakete werden hier so verändert/neu geschnürt/zusammengestellt, dass zeitnah eine durchschnittliche Arbeitszeit/Woche von 48h erreicht werden kann. Vgl. Gut, gern, wohlbehalten (s. Anm. 1), bes. 25, 32f.

[17] Das Modell ist durchdacht: In der Vorbereitung des Prozesses werden Ist- und Soll-Arbeit ermittelt und verglichen. Aus dem Vergleich formuliert die Pfarrerin, was zu klären ist, um von *Ist* auf SOLL zu kommen, und welche Themen mit wem bearbeitet werden müssen. Aus Coaching- und Supervisionsperspektive rate ich an, vor dem Schritt zum *Soll* noch die *Vision* zu schalten. In der *Vision* geht es um das Heben von Berufsidealen, abgesehen von der Machbarkeit. Personale Zugänge, Träume und Inspiration können sich hier frei entfalten. Aus dem hier entstehenden Bild kann dann das *Soll* entwickelt werden, das dann die Berufsanforderungen und die Machbarkeit in den Blick nimmt.

Neben der Arbeit an der Beziehung zum äußeren Rahmen und der Einteilung von Zeit können Bildungsprozesse auch dazu beitragen, das innere Erleben von Zeit zu erschließen und zu entwickeln. Auffällig ist, dass dieses öffentlich weniger zur Sprache kommt. Dabei ist das Erleben von Zeit ein wesentlicher Aspekt von Zufriedenheit in Arbeit und Freizeit. Aus meiner Sicht wäre es hilfreich, wenn sich Vikarinnen und Vikare etwa nach einem Jahr Vikariat in kleineren Gruppen gezielt mit ihrem Erleben von Zeit beschäftigten.

Hierfür eröffnet die Landkarte von Kantor/Lehr Fragen, die das Erleben von Zeit erschließen und einordnen helfen. So kann es zu einem aktiveren Umgang mit der Zeit kommen, die erfüllt und Spaß macht, und auch zu einem bewussteren Umgang mit der Zeit, die als schwer erlebt wird und Energie kostet. Es ist gut möglich, die Zugangsebene Zeit mit Fragen zu *energy, affect, power* und *meaning* zu verbinden.

Die ELKB hat entschieden, dass auch 2–5h/Woche zur Pflege der eigenen theologischen Existenz zur Arbeitszeit gehören. Gemeint ist damit: Supervision, Pflege der eigenen Spiritualität, Fort- und Weiterbildung. Diese Zeit kann völlig frei gestaltet werden. Im Vikariat steht dem Vikar/der Vikarin eine Studienzeit von 8h/Woche innerhalb der Arbeitszeit zur freien Verfügung. Dabei kann der Vikar/die Vikarin eigenständig entscheiden, was er/sie studiert, d. h. mit was er/sie sich eifrig beschäftigt. Die Zeit muss nicht nur mit theologischer Wissensaneignung gefüllt sein. Erfahrene Ausbilder empfehlen Menschen in anspruchsvollen Berufen, sich wöchentlich 10 Stunden Zeit für sich selbst zu nehmen. Zumindest einen Teil dieser Zeit kann der Vikar/die Vikarin in die eigene Arbeitszeit integrieren.

Für das Erleben von Zeit ist das Erleben von Vergangenheit, Gegenwart und Zukunft von hoher Bedeutung. Unverarbeitetes aus der Vergangenheit und Befürchtungen in der Zukunft können das Erleben der Gegenwart lähmend beeinträchtigen, zu Energieverlust und Enge führen. Umgekehrt können Ressourcen aus der Vergangenheit und Hoffnung für die Zukunft dazu verhelfen, gegenwärtige Herausforderungen selbstbewusster und mutiger, sicherer und freier anzugehen.

Zu der Entwicklung von pastoraler Identität gehört es, einen eigenen Arbeits- und Freizeit- Rhythmus zu finden. Effektivität, Effizienz und Leichtigkeit, Zuverlässigkeit und Flexibilität, momentanes und langfristiges Wohlergehen, Selbstbestimmung, Arbeit und Leben sollen in ein passendes Verhältnis kommen. So kann Zufriedenheit entstehen.

Wenn es gut geht, kommt es gelegentlich zu der Aussage wie der einer jungen Frau: »Ich und die Zeit sind grad richtig gut zueinander. Ich fühl mich richtig zeitsouverän.« Arbeit wird so für eine Zeit lang zum Ausdruck der eigenen Souveränität.

2.2 Raum: Wie wir zueinander, zu den Dingen und uns selbst stehen

Pastorale Identität in der Raumdimension: Wahrnehmung und Umgang mit inneren und äußeren Grenzen. Beispiel: *Verhältnis von Person und Rolle für den Auftrag, zu predigen und den Gottesdienst zu gestalten.*

2.2.1 Die Rolle nimmt mehr Raum ein als die Person
Mögliche Kennzeichen: Kleidungsstil rollengemäß (Sakko, Collarhemd - Blazer, Hosenanzug), gehobene Sprache, Traditionsverbundenheit. Die Rolle und ihre Definition sind für die Person sehr bedeutsam (*meaning*) und bestimmen das Verhalten (*power*). Die Person bindet sich an die Rolle (*affect*).

Mit einer solchen Rollenvorstellung wirkt die Person manchmal verunsichert. Das kann sich zeigen am häufigen Blick zur Studienleitung oder der Frage: Passt das so, wie ich es mache? Bestätigung gibt Sicherheit, aber schon ein kritischer Blick verstärkt Unsicherheit, eine Nachfrage wird leicht als Infragestellung verstanden. Hilfreich kann es sein, nachzufragen, wo und wann sich die Wahrnehmung der Rolle (nicht) gut anfühlt (*affect*) oder wo und wann die Person sich in der Wahrnehmung der Rolle als wirksam/ohnmächtig erlebt (*power*) oder wo und wann die Person erfährt, dass die Wahrnehmung der Rolle sinnvoll/sinnlos erscheint (*meaning*). Man kann die Informationen heben, die mit der Rolle verbunden sind, sowie Handlungsalternativen wahrnehmen und entwickeln. Nach und nach können Erwartungen der Interaktionspartner und die eigenen Erwartungen so ins Verhältnis gesetzt werden, dass mehr Handlungssicherheit entsteht.[18]

Konstruktiv kann dieses Modell gelebt werden, wenn die Person sich als Kern der Rolle wahrnimmt, die durch die Rolle nach außen wirksam wird. Supervision/Coaching kann hier mit der Person daran arbeiten, welche Teile der Grenze sie zu sich selbst gestrichelt zeichnen könnte und welche Teile sie mit festen Strichen schützen will. Hilfreich ist, wenn die Vikarin wahrnimmt, dass sie das Verhältnis zwischen Person und Rolle im Laufe der Zeit immer wieder neu konstruieren kann.

2.2.2 Die Rolle und die Person nehmen gleich viel Raum ein und überschneiden sich
Mögliche Kennzeichen: Kleidungsstil unterschiedlich, dem Anlass angemessen. Unterscheidung von Arbeits- und Privatleben, gleichberechtigt, teilweise unabhängig. Absicht: begrenzen sowie ansprechbar sein und durchlässig bleiben.

Dies kann erkennbar werden an Aussagen wie: »Ich finde, ich kann auch manche Sachen tun, ohne dass immer meine ganze Person dahinterstehen muss. Ich stehe mit den Leuten beim Abendmahl nicht gerne Hand in Hand, aber wenn das in der Gemeinde so Tradition ist, dann mach ich das halt.« Oder: »Für mich gibt es auch klare Grenzen: Wenn es darum geht, dass bestimmte Menschen grundsätzlich ausgeschlossen werden, nur weil sie anders denken, kann ich das nicht mehr tolerieren.«

Wenn Person und Rolle vom Bild her ungefähr gleich viel Raum einnehmen, kann man gut mit der Sozialisationstheorie von Jürgen Habermas[19] weiterarbeiten: Er blickt auf die Interaktion zwischen mindestens zwei Partnern. Rollen bewegen sich zwischen Integration und Repression, Identität und Diskrepanz, Konfor-

---

[18] Diese Rollensicht kann soziologisch gut in Beziehung gebracht werden mit der Rollentheorie im Strukturfunktionalismus von Talcott Parsons oder auch neueren Theorien zu der Funktion von Systemen von Niklas Luhmann.

[19] JÜRGEN HABERMAS, Thesen zur Theorie der Sozialisation. Stichworte und Literatur zur Vorlesung im Sommer-Semester 1968, Frankfurt a. M. 1968.

mität und Rollendistanz. Zur Stabilisierung und Wiederherstellung eines balancierten Verhältnisses zwischen sozialer und persönlicher Identität ist es förderlich, Repressionen wahrzunehmen, Frustrationstoleranz zu entwickeln, Rollen zu interpretieren, sich selbst als Person zu repräsentieren und flexibel verinnerlichte Normen reflexiv anzuwenden.

2.2.3 Die Person nimmt mehr Raum ein als die Rolle
Mögliche Kennzeichen: Kleidungsstil und Aussehen: profiliert (Lederjacke, Tattoos, ökologisch oder topmodisch), klare Positionierung, streitbar, mutig, unabhängig, individuell, guter Blick für Grundsätzliches und Ungelöstes. Ablehnung oberflächlicher Moral. Hohe ethische Ansprüche. Authentizität.

Ein solches Rollenbild kann sich zeigen an Aussagen wie »Ich predige, was ich denke und nicht, was die Leute hören wollen. Was ich sage, verantworte ich vor Gott, nicht vor den Menschen.« »Ob die Leute im Aufsichtsrat von einem großen Unternehmen sitzen oder Straßenkehrer sind, ist egal. Entscheidend ist, dass Gott sie annimmt.« Damit können leidenschaftliches Engagement, Respekt vor jeder Person und intensives Leben verbunden sein. Konflikte und Auseinandersetzungen gehören zum täglichen Leben und werden aktiv geführt. Zugleich kann Anstrengung, Stress, Müdigkeit damit verbunden sein und das Denken selten zur Ruhe finden.

Voraussetzung für die Arbeit an der pastoralen Identität ist es in der Regel, dass der Vikar/die Vikarin den Begleiter/die Begleiterin als vertrauenswürdig und kompetent anerkennt, sich in der Beziehung wohl fühlt (*affect*) und die Kontrolle über den Prozess behält (*power*).

Wenn jemand der Rolle einen Raum in der eigenen Person zuordnet, finde ich es hilfreich, aufmerksam zu sein auf narzisstische Anteile. Unter Narzissmus verstehe ich das Getrieben-Sein, bestimmte internalisierte Bilder und Ideale erreichen zu müssen. Diese Bilder und Ideale haben sich im Laufe eines Lebens herausgebildet und entsprechen nicht dem wahren Selbst. Im günstigeren Fall empfindet die Person die Differenz zwischen den Bildern und Idealen auf der einen und dem wahren Selbst auf der anderen Seite. Ungünstiger ist es, wenn die Person die Differenz nicht mehr empfindet, sondern die Bilder und Ideale mit dem wahren Selbst gleichsetzt. Stimmigkeit wird dann nicht zum wahren Selbst gesucht, sondern zu Bildern und Idealen. Hier kann es zu zwanghaften Verschmelzungen zwischen Person und Rolle kommen, die in der Regel nur in langen Prozessen hilfreich getrennt und weiterentwickelt werden können.

Der Pfarrberuf bietet viele Möglichkeiten, Räume und Felder zu gestalten. In der Zugangsdimension Raum kann man mit diesen Möglichkeiten aktiv arbeiten. Enge kann geweitet und Freiräume können gewonnen werden. Eine gute Balance von Nähe und Distanz kann entwickelt werden.

2.3 Energie: Wie wir uns bewegen und bewegen lassen
In der Zugangsdimension Energie fragen wir danach, wie wir uns in Zeit und Raum bewegen oder bewegen lassen. Wir suchen nach dem, was Energie schenkt und

Energie kostet, was motiviert und behindert. Es geht darum, dass Energie fließen kann, Antreiber stimmig reguliert, Druck abgebaut und Blockaden gelöst werden.

Wir stehen in einem ständigen Austausch mit unserer Umwelt und nehmen sie auf. Zugespitzt formuliert: Wir verleiben uns ein, was wir erleben. Wenn uns manche Dinge sehr stark bewegen, kostet das Zeit und Energie, oft auch Konzentration und Schlaf. Wenn alte Erlebnisse, neue Befürchtung und gegenwärtiges Sein sich so vermischen, dass sie viel Energie kosten, ist es wahrscheinlich, dass auch Gemüt (*affect*), Handlungsfähigkeit (*power*) und Intellektualität (*meaning*) eingeschränkt werden. Hier sind Interventionen hilfreich, die es ermöglichen, Vermischtes zu trennen, ihnen einen neuen Ort zu geben und Freiraum zu schaffen.[20]

Energieniveaus beeinflussen Bildungsprozesse in starker Weise. Hohe Energieniveaus können begleitet sein von Schwung und Leichtigkeit, aber auch von Getrieben-Sein und Konfrontation. Niedrige Energieniveaus können begleitet sein von Ruhe und Gelassenheit, aber auch von Apathie und Langeweile. Wenn es gelingt, hier mehr Freiraum zu schaffen, kann Energie neu verteilt und mehr Leichtigkeit und Zufriedenheit erlebt werden.

Die Pflege von Energie ist in einem Beruf zentral, der sich mit Krisen beschäftigt und hohe Herausforderungen zu bewältigen hat. Wie und wo kann man überschüssige Energie abbauen, sich erholen, gute Energie tanken, den Akku aufladen, Leichtigkeit spüren und Schönheit erleben? Salutogenese und Burnout-Prophylaxe haben im Bewusstsein von Kirchenleitung an Bedeutung gewonnen.[21]

Wo finden Vikarinnen und Vikare Zeiten und Orte, um ihren Energiehaushalt zu pflegen? Eine Vikarin und ihre Mentorin nennen ihre wöchentlichen Reflexion »Oasengespräche«. Ein Vikar und sein Mentor lesen zu Beginn ihrer Reflexion einen Bibelvers und tauschen sich darüber aus. Eine Vikarin legt Wert auf zwei bis viermal Joggen in der Woche, ein Vikar geht regelmäßig ins Fitnessstudio. Eine Vikarin trifft sich in einem guten Rhythmus mit einer »älteren Freundin«, ein Vikar findet geistliche Begleitung. Eine Vikarin singt in einem Chor außerhalb der Gemeinde, ein Vikar läuft in seinem Sommerurlaub durch die schottische Hochebene. Eine Vikarin lebt einmal jährlich für eine Woche in einer Schwesternkommunität mit, ein Vikar besucht seine Mitvikarinnen und -vikare an ihrem Ausbildungsort. Eine Vikarin liest ein theologisches Buch, ein Vikar geht monatlich ins Kino. Eine Vikarin sammelt siebenmal Schönheit und Leichtigkeit am Tag, ein Vikar spielt Gitarre in einer Rockband. [...] Sie antworten mit ihrem Tun auf Fragen wie: Worauf freuen Sie sich? Wie erholen Sie sich? Womit belohnen Sie sich? Wie tanken Sie auf?

Spielerische Kreativität, Fantasie und Lebendigkeit können dazu helfen, die eigene pastorale Identität flexibel zu entwickeln. Rollenidentität kann im Zusammenspiel von verschiedenen Persönlichkeits- und Rollenanteilen gebildet und in

---

[20] Die Arbeit mit inneren Persönlichkeitsanteilen und Focusing stellen hier einfache und wirksame Möglichkeiten zur Verfügung. Vgl. die Werke von SUSANNE KERSIG, Freiraum finden bei Stress und Belastung. Ein praktisches Übungsbuch auf Basis von Focusing und Achtsamkeit, Freiburg i. Br. 2014; RICHARD C. SCHWARTZ, IFS. Das System der Inneren Familie. Ein Weg zu mehr Selbstführung, Norderstedt 2008.

[21] Vgl. Gut, gern, wohlbehalten (s. Anm. 1), 9–17.

einem dynamischen Prozess gestaltet werden. Ein konstruktiver Umgang mit dem, was uns bewegt, und der Art, wie wir uns bewegen kann zu mehr Gelassenheit, Stimmigkeit und Leichtigkeit der Person im Berufsleben führen. So kann Motivation erhalten und weiterentwickelt werden.

3 Tiefendimensionen

3.1 Gefühl (*affect*): Wie wir verbunden sind und uns verbunden fühlen

In der Entwicklung pastoraler Identität geht es bei der Dimension *affect* um das Gefühl von Verbundenheit zu Gott, meinem Nächsten, meinem Beruf und mir selbst.

Die Ausbildung im bayerischen Vikariat zielt auf die Förderung von Kompetenzen für den Pfarrberuf. Diese haben auch das Gefühl von Verbundenheit zu Gott im Blick (»ist sprachfähig im Hinblick auf die eigene Spiritualität«) und verschränken die eigene Person, das christliche Glaubenszeugnis und die Menschen von heute kommunikativ und hermeneutisch. Im Predigerseminar gibt es keine strukturierte Arbeit zum Umgang mit »inneren Unsicherheiten und Ambivalenzen im Glauben«. Im Kontext von Beurteilung würde eine solche persönliche Arbeit auch schnell an Grenzen stoßen. Gerade hier kann externe Supervision Raum geben für den aktiven Umgang mit inneren Brüchen und Ungereimtheiten der eigenen Gottesbeziehung im beruflichen Kontext.[22]

Viele Vikarinnen und Vikare der Generation Y fordern mehr Zeit für Familie und Freunde. Sie pflegen eine hohe Verbundenheit zum privaten Kreis, die im Konfliktfall oft deutlich über der Verbundenheit zum Beruf steht.[23] Die oft hohe Nähe zum Privaten kann dazu führen, im beruflichen Bereich schneller auf Distanz zu gehen. Während frühere Generationen im Pfarramt oft ein Familienmodell mit ihrer Gemeinde lebten, tritt heute die klare Trennung von Beruf und Privatleben immer deutlicher hervor. Die kommende Generation von Pfarrerinnen und Pfarrer steht weniger in der Gefahr, mit Gemeinde und Beruf zu verschmelzen. Die Frage ist eher, wie es gelingt, die Bindung an den Beruf so zu leben, dass Abspaltung vermieden und Beziehung zu Gemeinde und Beruf professionell gelebt werden.

Die Frage, wie die Bindung an den Beruf professionell gelebt werden kann, ist abhängig von der persönlichen Veranlagung oder den vorherrschenden persönlichen Mustern. Bei einigen herrscht das Bedürfnis nach Nähe vor, bei anderen das Bedürfnis nach Distanz. In jedem Fall ist es Aufgabe, zu lernen, professionell Beziehung zu gestalten.

---

[22] Die Evangelisch-Lutherische Kirche in Bayern finanziert den Vikarinnen und Vikaren 6 Stunden Supervision. Die Möglichkeit nimmt derzeit ca. jeder dritte Vikar/jede dritte Vikarin in Anspruch.

[23] Aus meiner Beobachtung stellt die Generation der heute 40- bis 60-Jährigen Pfarrerinnen und Pfarrer Privatleben und Berufsleben eher auf gleiche Stufe und versucht einen Ausgleich zu schaffen. Die Generation der heute 60- bis 80-Jährigen stellt(e) eher die Trennung von Privatleben und Berufsleben in den Vordergrund. Für die Generation der heute über 80-Jährigen Pfarrer stand das Privatleben häufig ganz im Dienst des Berufslebens.

Es fällt auf, dass viele Vikarinnen und Vikaren sich gut fühlen, wenn sie einander und anderen auf Augenhöhe begegnen. Für die Rollenwahrnehmung z. B. in der Seelsorge bedeutet dies für etliche mit einem vorherrschenden Bedürfnis nach Nähe, dass sie dem anderen als Mitmensch und Freund/in begegnen wollen. Dabei geht es oft darum, den anderen anzunehmen. Für manche soll Gottes Annahme des Menschen so spürbar werden. Zugespitzt könnte man sagen: Die gute Seelsorgerin ist eine Freundin, die Gottes bedingungslose Annahme spürbar macht.[24] Ein solches Bild kann leicht zu Überforderung führen, da möglicherweise innere Konflikte oder Apathie zurückgedrängt werden. Zugleich ist die Seelsorgerin auch nicht die persönliche Freundin und Freundin-Sein kein Beruf. Professionalisierung heißt hier: sich damit auseinanderzusetzen, wie man auf Gottes Liebe verweisen kann, statt Gottes Liebe zu repräsentieren. Und: Wie man »anderen professionell und begrenzt wie ein Freund/eine Freundin begegnen kann.« Dabei wird es immer auch zu dem Gefühl von Fremdheit kommen. Im beruflichen Kontext wird schnell erfahrbar, dass andere nicht fühlen, was ich fühle (*affect*), nicht wollen, was ich will (*power*) und nicht denken, was ich denke (*meaning*). Es gehört zur Professionalität im Pfarrberuf, hierfür konstruktive Handlungsmöglichkeiten zu entwickeln.

Die Art, wie ich mich meinem Nächsten, meinem Beruf und Gott verbunden fühle, findet ihren Spiegel oft in der Art, wie ich mein Verhältnis zu mir selbst empfinde. Innere Muster, Vorstellungen, Gefühle und Empfindungen übertragen sich direkt oder gebrochen, bewusst oder unbewusst in die Außenbeziehungen. In der Arbeit mit dem inneren System hilft mir die Vorstellung, dass unsere verschiedenen inneren Persönlichkeitsanteile eine Art innere Familie oder ein inneres Team bilden, die fühlen, mit- und manchmal auch gegeneinander agieren und sich Botschaften mitteilen. Teile können unser Leben managen, uns schützen, verletzt sein, Feuer bekämpfen und in Kommunikation mit unserem Selbst treten.[25] Systemische Arbeit kann hier vor allem dazu beitragen, hilfreiche Managementsysteme zu entwickeln und mehr Selbstführung zu ermöglichen. Um direkt mit verletzten Anteilen zu arbeiten, sind therapeutische Settings hilfreicher.

Um sich auch im beruflichen Kontext mit sich selbst gut verbunden zu fühlen, ist die professionelle Entwicklung von Selbstsorge elementar. Es gehört zu den pastoralen Aufgaben, sich ausreichend Zeit und Raum zu nehmen, um den beruflichen Energiehaushalt zu pflegen und auf Körper, Geist und Seele zu achten. Hierfür stellt die Kirche auch Zeit, Raum und Mittel innerhalb der Arbeit zur Verfügung.[26] Daneben ist es hilfreich, wenn die/der Einzelne Rituale entwickelt,

---

24 Diese Vorstellung hat theologiegeschichtliche Wurzeln. Sie verbindet einen theologischen Gedanken mit einem paritätischem Beziehungsmodell: Zum einen, dass Seelsorge aus dem Glauben an Gott geschieht, der in Jesus Christus den Menschen bedingungslos annimmt und sich im Leiden solidarisch zeigt. Zum andern, dass Seelsorge geschieht durch gegenseitiges Unterreden und Trösten der Brüder (Vgl. Schmalkaldische Artikel III, 4).
25 Vgl. Schwartz, IFS (s. Anm. 20).
26 Kostenfreie Auszeiten im Pastoralkolleg und Zeiten zum Atem holen auf dem Schwanberg sowie Bezuschussung zur Supervision/Coaching (derzeit 70% der Kosten bis zu

sich Regeln für Notfälle setzt, sich ein Netz von Personen schafft, in dem sie/er sich auch mit seinen Fragen und Zweifeln gut aufgehoben weiß, Orte aufsucht, die gut tun und Strukturen findet, die die Selbstsorge unterstützen.[27]

Zum Bereich des *affect* gehören auch das Klima oder die Atmosphären »als die Gesamtheit der Stimmungen, die in einem sozialen System zu einem Zeitpunkt anzutreffen sind.«[28] Das Klima in Seelsorge, Unterricht, Gottesdienst und Gemeinde kann sehr unterschiedlich sein und empfunden werden. Jede Vikariatsgruppe, jedes Dozententeam hat ein eigenes Klima, das in der Selbstbeobachtung körperlich erlebbar ist: »Es wird einem heiß oder kalt, man fühlt sich beengt oder frei, unruhig oder entspannt.«[29] In der Arbeit mit Gruppen kann man die Eindrücke zur Atmosphäre zusammentragen und daraus Hypothesen bilden, die es ermöglichen, die Atmosphäre konstruktiv zu beeinflussen durch die Gestaltung der Räume und Arbeitsformen, der Pausen und Arbeitszeiten sowie der Kommunikationsformen. Mit der einzelnen Person kann man daran arbeiten, wie sie das Klima so beeinflussen kann, dass sie sich damit wohler fühlt – in ihrem Verhältnis zu Gott, ihrem Nächsten, ihrem Beruf und sich selbst.

3.2 Wirksamkeit (*power*): Wie wir gestalten und gestalten wollen

Der Pfarrberuf bietet viele Gestaltungsmöglichkeiten. Dies passt gut zu den Bedürfnissen der Generation Y. Die Person kann auf vielfältige Weise wirksam werden: z. B. in der Art, in der sie den *Inhalt* der Geschichte vom barmherzigen Samariter im Gottesdienst predigt oder im Unterricht mit der Lebenswelt von Jugendlichen in Verbindung setzt. Oder in der *Gestalt* ihrer Gesprächsführung in der Seelsorge, die dazu führt, dass das Gegenüber sich angenommen fühlt. Oder in der Entwicklung eines neuen *Formats* in der Erwachsenenbildung. In solchen Situationen kann sich die Person in der Rolle entfalten. Die Erfahrung »von *Selbstwirksamkeit* [...] ist ein wesentliches Moment psychischer Stabilität.«[30] Zugleich stößt der oder die Einzelne auch schnell an Grenzen: Die Schulklasse will nicht so wie der Lehrer, die Trauergemeinde singt nicht mit, der Krebs ist nicht heilbar und die neue Idee stößt auf wenig Resonanz. Die Person kann sich hier als wenig wirksam oder gar als machtlos erfahren. Und manchen Entscheidungen Vorgesetzter fühlt man sich hilflos ausgeliefert. Macht und Ohnmacht können im Erleben nah beieinanderliegen.

In der Theologie spielen Macht und Ohnmacht eine zentrale Rolle. So in der Frage nach der Allmacht und Güte Gottes angesichts von Leid. Oder auch im Kreuzesgeschehen, in dem Jesus seine Ohnmacht so radikal erlebt, dass er sie auch in

---

800 Euro jährlich) und zu Fort- und Weiterbildungsmaßnahmen (derzeit 50% der Kosten bis zu jährlich 520 Euro).

[27] Vgl. dazu z. B. die vielfältigen Hinweise von FRIEDERIKE BRACHT, Liebe deinen Nächsten, wie dich selbst ... Seelsorge braucht Selbstsorge, in: Altenheimseelsorge, Impuls 7 (2017), hg. von der Arbeitsgemeinschaft Altenheimseelsorge in der Evang.-Luth. Kirche in Bayern.

[28] SCHLIPPE/SCHWEITZER, Systemische Therapie I (s. Anm. 10), 198.

[29] SCHLIPPE/SCHWEITZER, Systemische Therapie I (s. Anm. 10), 198.

[30] SCHLIPPE/SCHWEITZER, Systemische Therapie I (s. Anm. 10), 191.

der Gottesbeziehung nicht mehr ausgleichen kann: »Mein Gott, mein Gott, warum hast Du mich verlassen?« (Mk 15,34) Diese Spannung kann im konkreten Erleben nicht aufgelöst werden. Sie kann, wenn es gut geht, als Teil von Lebenswirklichkeit ausgehalten werden, durch die Erfahrung von Solidarität und »des Mit-Leidens an der Sinnlosigkeit des Leidens«[31]. Es kann gefragt werden, was der Einzelne in der Ohnmacht brauchen kann und ihm guttut. Und sie kann eingebettet werden in andere Glaubenserfahrungen der Geborgenheit, des Aufgehoben-Seins und des Verwandelt-Werdens.

Trotzdem fällt es immer wieder schwer, Hilflosigkeit und Ohnmacht zu akzeptieren. Da kann es hilfreich sein, über einen begrenzten Zeitraum (z. B. über zwei Wochen) bewusst wahrzunehmen, wo man Ohnmacht und Hilflosigkeit wahrnimmt. In einem zweiten Schritt kann man sich dann auf die Suche zu begeben, wie Ohnmacht schadet (z. B. indem sie lähmt und Verletzungen zulässt) und wie Ohnmacht nützt (z. B. indem sie davor bewahrt, alles managen zu müssen). Dies könnte dann wieder mit einer theologischen Reflexion der Ohnmacht und der Rechtfertigungslehre verbunden werden.

Es ist verständlich, dass Vikarinnen und Vikare nach Handwerkszeug suchen, mit dem sie in schwierigen Situationen bestehen und diese gestalten können. Die Frage nach Methoden führt aber nur begrenzt weiter. Daneben braucht es die Bildung der Haltung, auch dann noch da zu bleiben, wenn nichts mehr getan werden kann. Die Wahrnehmung und Akzeptanz der eigenen Grenzen und der Grenzen anderer kann dazu führen, die eigene Machtlosigkeit zu akzeptieren. Man kann sich einüben in ein aktives Sein-Lassen und Loslassen. So kann man z. B. in der Seelsorge »dazu beitragen, dass Menschen, die in der Situation der Krankheit ihre power to be zu verlieren drohen, trotzdem an der Kraft zum Leben festhalten, und sie im Sterben langsam loslassen können.«[32]

Die Wahrnehmung von persönlichen und professionellen Grenzen kann vor den Fantasien schützen, überall zuständig und grenzenlos wirksam zu sein bzw. nirgends zuständig und ohnmächtig zu sein.[33] Sie kann davor bewahren, Macht zu missbrauchen oder von der Notwendigkeit zu Helfen abhängig zu werden. Sie kann dazu helfen, sich im Pfarrberuf als gestaltend zu erleben und Gelassenheit gegenüber dem zu entwickeln, was man nicht ändern kann.

Im Schulunterricht erfährt die Vikarin ihre/der Vikar seine Grenzen oft unmittelbar. Schülerinnen und Schüler zeigen oft ein großes Gespür für die Persönlichkeitsanteile der Lehrkraft, die unsicher sind. Um Halt zu finden, ist es hilfreich, wenn die Vikarin/der Vikar sich die Haltung bewusst macht, in der sie/er unterrichten will. In einer Einzel- und Gruppenarbeit entstehen Perspektiven zu der Frage: Wie will ich als Lehrerin/Lehrer den Schülerinnen und Schülern gegenübertreten? Gemeinsam ist fast allen Vikarinnen und Vikaren der Wille, gerecht, respektvoll und konsequent, kompetent und offen, fordernd und fördernd aufzu-

---

[31] MICHAEL KLESSMANN, Macht und Ohnmacht in Seelsorge und Beratung, in: Wege zum Menschen. Zeitschrift für Seelsorge und Beratung, heilendes und soziales Handeln 67.4 (2015), 344–357, 349.
[32] KLESSMANN, Macht und Ohnmacht in Seelsorge und Beratung (s. Anm. 31), 345.
[33] KLESSMANN, Macht und Ohnmacht in Seelsorge und Beratung (s. Anm. 31), 357.

treten. Damit hängt der Wunsch zusammen, natürliche Autorität zu entwickeln. Individuell sind Gewichtungen wie humorvoll, eine klare Reibungsfläche bietend, begeistert, den Einzelnen im Blick habend, flexibel oder streng jemand sein will. Der Austausch darüber und die Überlegung, was die/der Einzelne braucht, um das eine und das andere umzusetzen, festigen die Haltung. In fortlaufender Reflexion kann die Person wahrnehmen, was ihr wann gut gelingt, wann sie an Grenzen kommt und wie sie damit umgeht. So kann die Haltung im Prozess weiterentwickelt werden.

In den Bereich der *power* gehören auch Themen wie »sich beweisen wollen«, »bestimmen und kontrollieren wollen«, »abhängig und bedürftig sein wollen«, »helfen wollen«, »selbst-los sein wollen«, »aggressiv-entwertend sein wollen«, »sich distanzieren wollen«, »mitteilungsfreudig-dramatisierend sein wollen«. Hilfreiche Hinweise zur Persönlichkeitsentwicklung gibt Friedemann Schulz von Thun.[34] Hinzufügen kann man aus der Sicht der Generation Y den Wunsch, sich selbst optimieren zu wollen. Wenn das »Wollen« zum »Müssen« wird, dann kann es hilfreich sein, mit den inneren Antreibern der Person zu arbeiten.

Systemisch gesehen geht es um die Kräfte, die innerhalb der Bildung pastoraler Identität entstehen. Aus der Perspektive der soziologischen Rollentheorie bewegen sich diese Kräfte in der Interaktion zwischen einem Rolleninhaber und mindestens einer weiteren Person, einer Gruppe oder der Gesellschaft als die »Summe der Erwartungen und Ansprüche [...] an das Verhalten und das äußere Erscheinungsbild (Rollenattribute) des Inhabers einer sozialen Position.«[35] In diese Summe würde ich auch die Erwartungen und Ansprüche des Rolleninhabers an seine persönliche Rollenwahrnehmung mit einbeziehen.

Vikarinnen und Vikare können in ihrem Lernprozess konstruktiv selbstwirksam bleiben und Entscheidungen treffen, wenn es ihnen gelingt, inneren Freiraum zu wahren und sich in belastenden Situationen aktiv Freiraum zu schaffen, z. B. durch Partialisieren oder Distanzieren. Hilfreich können hier Übungen sein, die im Focusing entwickelt wurden, z. B.: einen guten Ort finden, Probleme sortieren und herausstellen, das, was da ist, als Teil wahrnehmen oder die Erfahrung des freien Raumes vertiefen.[36]

3.3 Sinn (*meaning*): Wie wir denken und Sinn erfahren
Sinn und Bedeutung gehören zu den zentralen Kategorien soziologischer und psychologischer Systeme.[37] Sowohl der Strukturfunktionalismus[38] als auch die perso-

---

[34] FRIEDEMANN SCHULZ VON THUN, Miteinander reden. Band 2. Stile, Werte und Persönlichkeitsentwicklung. Differentielle Psychologie der Kommunikation, Reinbeck bei Hamburg 1989.
[35] Definition von sozialer Rolle nach KARL-HEINZ HILLMANN, Wörterbuch der Soziologie, 5., vollst. überarb. u. erw. Aufl., Stuttgart 2007, 742f.
[36] Vgl. KLAUS RENN, Magische Momente der Veränderung. Was Focusing bewirken kann. Eine Einführung, München 2016, 35–62; KERSIG, Freiraum (s. Anm. 20), 37–69.
[37] Vgl. SCHLIPPE/SCHWEITZER, Systemische Therapie I (s. Anm. 10), 193.
[38] Vgl. TALCOTT PARSONS, The Social System, Classic Reprint 2015, Abingdon 1951/1964.

nenzentrierte Systemtheorie[39] beschreiben Sinn als elementaren Bestandteil von Rollenwahrnehmung. Die Erfahrung von Sinn und die Entwicklung von Selbstbewusstsein hängen eng zusammen. Psychologisch bildet sich das menschliche Bewusstsein aus Überzeugungssystemen. Haltungen und Werte, Vorstellungen und Assoziationen drücken sich in inneren Bildern und Mustern aus, die unser Denken prägen. Auch Fühlen und Handeln sind von solchen inneren Bildern beeinflusst.[40]

Manche Erlebnisse führen dazu, dass jemand negative Werturteile entwickelt (z. B. ich bin ein schlechter Lehrer/eine schlechte Lehrerin). Äußere Bewertungen (z. B. eine Nachforderung für das Dienstzeugnis oder eine vier in der Examensprüfung) verbinden sich oft leicht mit früheren Erlebnissen von negativer Bewertung und rufen den eigenen inneren Kritiker auf den Plan (Du bist zu schlecht!). So kann es zu destruktiven Verstärkungen kommen. Indem die einzelnen Aspekte bewusst werden, können belastende Muster gelockert werden. Gelingt es, dies mit einer neuen positiven Sichtweise zu verbinden (*reframing*), können Muster von Entwertung, Selbstanklage und destruktiven Vorstellungen unterbrochen und neue innere Bilder generiert werden. So kann – wenn es gut geht – ein Geschehen in einem neuen Rahmen eine neue Bedeutung erhalten.

Mit dem Wahrnehmen, Reflektieren und Deuten von Wirklichkeit beschäftigen sich Vikarinnen und Vikare während des Studiums von Theologie vorwiegend kognitiv. Bei manchen steigert dies das Bedürfnis, das was ist, kognitiv einzuordnen, zu begründen und zu kontrollieren. Besonders ausgeprägt kann dieses Muster bei Personen sein, die über eine hohe Intelligenz verfügen. Solche Personen brauchen häufig die Kontrolle über den Bildungsprozess, um für sich lernen zu können. Eine hohe Verunsicherung entsteht bei etlichen, wenn sie in der Seelsorge dementen Menschen begegnen oder Gottesdienste auf einer Demenzstation gestalten sollen. Damit sie mehr Sicherheit entwickeln können, braucht es Wissen über Demenz, methodische Hinweise zu Validation und den Mut und die Neugier, sich in ein Land führen zu lassen, in der *affect*, *power* und *meaning* in neuer und manchmal völlig überraschender Weise verknüpft werden und die Suche nach dem Grund (warum?) in der Regel keine lohnenswerte Unternehmung ist.

Die Wahrnehmung von Wirklichkeit über die Dimension *meaning* kann bei manchen Personen auch dazu führen, dass sie aktuelle Gefühle oder Körperempfindungen kaum oder nur schwer benennen können. Wer als Seelsorger Trauernde begleiten, als Predigerin Taufansprachen verfassen, als Lehrer Kinder unterrichten oder als Pfarrerin Personal führen will, braucht eine Beschäftigung mit Gefühlen und Körperempfindungen. Dies muss nicht dazu führen, dass am Ende der Ausbildung alle auch die Sprache von *affect* wie eine Muttersprache beherrschen. Auch eine Ausweitung der Fähigkeiten im Bereich von *meaning*, kann Kommunikation ausreichend ermöglichen. Eine Person, die wenig Zugang zu den eigenen Gefühlen zeigt, kann beispielsweise einen ausgesprochen guten Zugang zu inneren Bildwelten haben. Wenn die Person lernt, diese Bilder ins Gespräch ein-

---

[39] Vgl. HABERMAS, Sozialisation (s. Anm. 19).
[40] Vgl. GERALD HÜTHER, Die Macht der inneren Bilder. Wie Visionen das Gehirn des Menschen und die Welt verändern, Göttingen ^{9}2015, 43–48.

zubringen und auf die Reaktion des Gegenübers zu achten, kann dies zu einer bedeutungsvollen und dynamischen Begegnung führen. Die Person kann in Beziehung sein, indem sie ihre Resonanz und ihre Deutung als Sichtweise zur Verfügung stellt. Solche Gespräche können oft einen angenehm sachlichen Charakter haben.

Zum Bereich des *meaning* gehören auch Sinnfragen, spirituelle Bedeutungsgebungen, Mythen und Heilsgeschichten. Da der Pfarrberuf sich qua Beruf mit dem christlichen Glauben beschäftigt und sich von ihm her definiert, ist die permanente Entwicklung der eigenen Glaubensüberzeugung in Auseinandersetzung mit der kirchlichen Lehre Teil der Bildung von pastoraler Identität. Die eigene Überzeugung muss in eine sinnvolle Beziehung zu den Glaubensgrundsätzen der Kirche gebracht werden, bzw. müssen die Glaubenssätze der Kirche in sinnvoller Weise in Hinblick auf die eigene Überzeugung gedeutet werden. Dies kann ein spannungsvoller Prozess sein, mit mehr oder weniger Analogie und Differenz. Grundlegend ist das Bekenntnis zum »Evangelium von Jesus Christus, wie es in der Heiligen Schrift gegeben und im Bekenntnis unserer evangelisch-lutherischen Kirche bezeugt ist.«[41] Zugleich entwickelt sich auch die Deutung der grundlegenden Glaubensaussagen in der Kirche weiter.

Die Haltung gegenüber Homosexualität hat in den letzten 25 Jahren in der Evangelischen Kirche in Deutschland eine Öffnung erfahren. Die Evangelische Kirche in Bayern bekennt heute, dass mit der »Ausgrenzung homophiler Menschen ein Irrweg beschritten worden ist, der dem Evangelium widerspricht.« Zugleich hält sie fest: »Eine kirchliche Trauung homosexueller Paare ist im Augenblick in der Evangelisch-Lutherischen Kirche in Bayern (ELKB) dennoch nicht möglich, weil ein innerkirchlicher Konsens in dieser Frage bislang noch nicht hergestellt werden konnte.« Zugestanden wird die segnende Begleitung homophiler Menschen im seelsorgerlichen Kontext.[42] Homosexuelle Pfarrerinnen und Pfarrer haben heute die Möglichkeit, im Pfarrhaus zusammen zu wohnen - sofern sie in einer eingetragenen Lebenspartnerschaft leben und der Kirchenvorstand dies befürwortet. Diese Regelungen sind umstritten: konservative und evangelikale Christen bekämpfen sie. Manchen betroffenen und liberalen Christen gehen sie nicht weit genug. Die konkrete Begegnung mit homosexuellen Vikarinnen und Vikaren in Predigerseminarkursen und der aktive Umgang damit führen auch bei skeptischen Vikarinnen und Vikaren zu ernsthaften Auseinandersetzungen und neuen Deutungen.

Für die Generation Y ist es wichtig, dass Arbeit Spaß macht und Sinn stiftet. Die »Suche nach Sinnhaftigkeit und Bedeutung« wird auch bezogen auf andere Bereiche: Dem »Partner den Rücken frei halten, der Tochter ein Baumhaus bauen, sich um die eigenen Eltern kümmern – auch das sind Leistungen, über die wir uns

---

[41] Auszug aus dem Versprechen, das jeder Vikar/jede Vikarin zu Beginn des Vikariats ablegt und später bei der Ordination anlässlich der Übernahme in den Probedienst ausdrücklich bestätigt.

[42] https://trauung.bayern-evangelisch.de/segen-gleichgeschlechtlicher-paare.php (letzter Zugriff am 07.06.2017).

definieren.«[43] Werte wie Engagement und Selbstoptimierung, Verspieltheit und Ernst, Fleiß und Ehrgeiz und Selbstbestimmung sind zentral. »Wenn wir von einer Sache überzeugt sind (und der Kaffeeautomat nicht streikt), geben wir alles.«[44] Dies macht die Relevanz der Dimension *meaning* deutlich. Zugleich führt es zur Aufgabe, die entwickelten Werte hinsichtlich ihrer Möglichkeiten und Grenzen auszuloten.

4 Pastorale Identität und der Glaube an das Da-Sein Gottes

Den Glauben an das Da-Sein Gottes kann man als tragfähigen Grund oder als Interpretationshorizont für pastorale Identität betrachten. Zum Berufsbild eines Pfarrers/einer Pfarrerin gehört es, an das Gottes Da-Sein[45] zu glauben, d. h. sich Gott anzuvertrauen, die Zuversicht auf Gott zu setzen. Dieser Glaube verwirklicht sich in Zeit, Raum und Energie sowie in *affect*, *power* und *meaning* und umfasst und transzendiert diese zugleich.

Der Glaube an Gottes Da-Sein ist Voraussetzung für die Ausübung des Pfarrberufs. Es gibt Zeiten, in denen dies durch Fühlen, Denken und Wollen der Pfarrperson (weitgehend) gedeckt ist – und Zeiten, in denen auch für die Pfarrperson wenig oder nichts von Gott zu spüren ist, Fragen vorherrschen und das Handeln blockiert ist.

Deshalb ist es in der Bildung von pastoraler Identität wichtig, die jeweils individuelle Ausformung von Glauben und seine Bezüge zu Person, Rolle und Beruf wahrzunehmen. Konstruktive, funktionale Glaubensmuster können bewusst gemacht und als Ressource herausgearbeitet werden.[46] Destruktive, dysfunktionale Glaubensmuster können aufgedeckt und weiterentwickelt und neu gedeutet werden.[47] So können Bildungsprozesse dazu beitragen, dass einer mit sich und seinem Glaubensgrund gut in Kontakt ist.

Konstruktiv kann der Glaube an Gottes Da-Sein verstanden werden als Antwort auf die Wahrnehmung von Welt. Glaube kann entlasten, Sicherheit geben und

---

[43] BUND, Wir sind jung (s. Anm. 4).
[44] BUND, Wir sind jung (s. Anm. 4).
[45] In Ex 3,14 offenbart Gott seinen Namen als »Ich bin da« oder »Ich werde sein« oder »Ich werde sein, der ich bin da«. Der Gottesname kann als Ausdruck präsenter sich entwickelnder Identität verstanden werden.
[46] Ein funktionales Glaubensmuster z. B. im Umgang mit Ohnmacht kann die Erkenntnis sein, dass Jesus am Kreuz seine Gottverlassenheit Gott entgegenhält, und so nicht nur seine eigene Ohnmacht, sondern auch die Ohnmacht Gottes aufnimmt und sich damit zugleich Gott anvertraut.
[47] Dysfunktionale Glaubensmuster können hinter zwanghaften Kommunikationsmustern stehen, hinter einem starken Getrieben-Sein (z. B. hinter Narzissmus) oder einem altruistischen Verhalten, das abhängig ist von der Anerkennung durch andere (Helfersyndrom).

in die Freiheit führen. Glaube kann helfen, sich der Welt aufmerksam zuzuwenden und sich auch in komplexen Prozessen mutig zu bewegen.

Glaube kann zu Herzen gehen und das Gemüt bewegen (*affect*). Wer glaubt, geht eine Beziehung zu Gott ein und bindet sich an Gottes Da-Sein. Eine Glaubende muss sich nicht selbst halten, sondern kann in aller Gebrochenheit erfahren, angesehen und getragen zu sein.

Glaube kann das Handeln bestimmen (*power*). Wer glaubt, kann stellvertretend handeln und zugleich wissen um die Begrenztheit allen Tuns. Ein Glaubender braucht weder sich noch andere in einem eschatologischen Sinn zu retten, denn: Der Platz des Retters ist schon vergeben.

Glaube kann dem Denken grundlegenden Sinn geben und Werthaltungen vermitteln auch über das Wahrnehmbare hinaus (*meaning*). Eine Glaubende muss Sinn nicht in sich selbst finden, sondern kann aus der Gewissheit leben, dass uns nichts von der Liebe Gottes scheiden kann (vgl. Röm 8,38).

An Gott zu Glauben heißt auch, darum zu wissen, dass das Leben nicht perfekt ist. Dies kann entlasten von Zwängen, etwas erreichen oder machen zu müssen (z. B. sich optimieren, sich beweisen oder helfen zu müssen). Es kann dazu beitragen, mit dominanten inneren Kritikern umzugehen, ihren Absolutheitsanspruch zurückzuweisen und sie in ihrer relativen Bedeutung zu würdigen. Rechtfertigung zu leben kann bedeuten, Unvollkommenheit und Scheitern als Teil des Lebens zu akzeptieren und Fehlerfreundlichkeit zu entwickeln. Auch ein zu 66% guter Pfarrer ist ein guter Pfarrer. Wer sich selbst als unvollendet erlebt, kann der Gelassenheit mehr Raum geben. Absolutheitsansprüche und Allmachtfantasien können als destruktive Bilder entlarvt werden. Wahrheit kann als perspektivisch erkannt werden, Wahrnehmung als subjektiv und Denken als konstruktivistisch. Dies wiederum kann öffnen für das, was sich ereignet und Resonanz und Veränderung hervorrufen.

5 Impulse für die Bildung pastoraler Identität in Bayern

Aus systemischer Perspektive zeigt sich die Arbeit mit den Zugangs- und Tiefendimensionen nach Kantor/Lehr als differenzierte und weitreichende Wahrnehmungshilfe. In diesen Dimensionen bewegen wir uns in elementarer Weise, sind angesprochen und entwickeln Resonanz. Die Zugangs- und Tiefendimensionen ermöglichen die Wahrnehmung von Vorstellungen, Gefühlen und Körperempfindungen und eröffnen so die Möglichkeit sowohl intellektuell als auch körperbezogen zu arbeiten.

Die Dimensionen Zeit, Raum und Energie sowie *affect*, *power* und *meaning* lassen sich klar beschreiben und abgrenzen. Zugleich bleiben sie schillernd und durchlässig. Die Klarheit ermöglicht Fokussierung, Konzentration und Struktur. Die Weite eröffnet neue Bindungs-, Handlungs- und Deutungsmöglichkeiten. Dabei fällt auf, dass in der Arbeit mit den Dimensionen Zeit und Raum die Verschränkung mit den Dimensionen Energie, *affect*, *power* und *meaning* immer schon durchscheint. Es gibt kein energieloses, affektfreies, gestaltungsunabhängiges und bedeutungsloses Verhältnis zu Zeit und Raum. Darauf kann Ausbildung in besonderer Weise achten.

Die Arbeit mit den Zugangs- und Tiefendimensionen erweist sich als grundsätzlich geeignet, die Themen der Generation Y aufzunehmen. Sie unterstützt die Entwicklung einer eigenständigen pastoralen Identität und stärkt die Selbstreflexion. Die spielerische Kreativität und die Innovationsfreude der Generation Y eignen sich gut für die fantasievolle und experimentelle Arbeit in komplexen Lebensräumen.

Die Erkenntnis, dass komplexe Bildungsprozesse grundsätzlich nicht verfügbar sind, begründet prozessorientiertes Arbeiten. Sie setzt möglichen Allmachtfantasien klare Grenzen: Bildung ist nicht beherrschbar oder kontrollierbar. Zugleich weist sie hin auf eine Haltung von Aufmerksamkeit, Kongruenz und Wertschätzung. Die interaktive Wahrnehmung dessen, was sich ereignet und dessen, was dies an Resonanz bewirkt, und der interaktive Austausch von Hypothesen und Handlungsmöglichkeiten eröffnen selbstbewusste Entwicklungs- und Wandlungsprozesse.

Für die Bildung pastoraler Identität ist es bedeutsam, die Dimension des Unverfügbaren und den Glauben an das Da-Sein Gottes ins Spiel zu bringen. Das eigene Verhältnis dazu ist wesentlich für die Entwicklung pastoraler Identität. Deshalb ist es wichtig, weiter Freiräume zu schaffen, in denen Vikarinnen und Vikare Spiritualität als grundlegende und richtungsweisende Kategorie bilden können.

Vikarinnen und Vikare brauchen Zeit für die Entwicklung einer eigenständigen pastoralen Identität. Um einen guten Lernrahmen im Vikariat zu gestalten, ist es wichtig, auch Zeit für das Wahrnehmen, für das Entwickeln von Fragestellungen, für Krisen und für Neuorientierung einzuplanen. Um insgesamt Ausbildungszeit einzusparen, wird derzeit in Bayern auch die Verkürzung des Vikariats diskutiert. Eine solche Diskussion macht m. E. nur Sinn, wenn sie die ganze Ausbildungszeit, also auch die erste Ausbildungsphase an der Universität, die Aufnahmeprüfung (1. Examen), die Anstellungsprüfung (2. Examen) und die Fortbildung in den ersten Amtsjahren mit in den Blick nimmt. Ohne eine deutliche Reduktion bzw. Konzentration der Erwartungen an den Pfarrberuf ginge eine Verkürzung des Vikariats derzeit v. a. auf Kosten der Entwicklung von pastoraler Identität.

Die Bildung pastoraler Identität ereignet sich gegenwärtig in institutionalisierten, spontanen und geschützten Orten. In den *institutionalisierten Bereichen* Predigerseminar, Mentoratsgespräch und Regionalgruppe könnten m. E. die Anregungen zur Arbeit in der Peergroup noch weiterentwickelt werden, z. B. in Form von regelmäßiger Triaden- und Regionalgruppenarbeit, die das, was sich ereignet, gezielt reflektiert auf die Bildung pastoraler Identität. Die Rückmeldungen/Resonanzen, die Vikarinnen und Vikare *spontan* erhalten (z. B. von Schülerinnen, Schülern und Gemeindegliedern), könnte projektorientiert gesammelt und reflektiert werden. Resonanz und Reflektion könnten in *geschützten* Bereichen bewusst ergänzt werden, wie z. B. in Supervision, Coaching, geistlicher Begleitung, frei gewählter kollegialer Beratung, Therapie oder in dem Austausch mit Freunden/innen und der Familie. Die geschützten Bereiche haben die besondere Qualität, dass sie außerhalb von Beurteilung, Bewertung und Produktionsnotwendigkeit stehen und so einen besonderen Freiraum eröffnen.

WIE EIN HERBERGSVATER

Die pastoralen Herausforderungen der Gegenwart im Spiegel
von Manfred Josuttis' Klassiker »Der Pfarrer ist anders«

Oliver Georg Hartmann/Ralf Matthes

Efeuumrankt[1] und abgebrannt, so lässt sich scheinbar der Pfarrberuf[2] und sein Amt in der Gegenwart umschreiben. Michael Klessmann spricht gar von einer »Gefahr der Überlastung«[3]. Die Diskussionen um Person, Amt und Beruf des Pfarrers und die damit verbundenen Veränderungsprozesse stehen seit geraumer Zeit sowohl innerhalb der wissenschaftlichen Theologie[4] als auch bei den kirchenleitenden Organen[5] im Fokus. Wandel und Umbruch sind in den diesbezüglichen Publikationen häufig anzutreffende Stichworte und Situationsbeschreibungen.[6] Allen

---

[1] So beschrieb es Evelyn Finger in ihrem Artikel zu Joachim Gauck in der Wochenzeitung *Die Zeit* (10.06.2010 Nr. 24).

[2] Die Inhalte im vorliegenden Aufsatz beziehen sich in gleichem Maße sowohl auf Frauen als auf Männer. Aus Gründen der besseren Lesbarkeit wird jedoch die männliche Form (Pfarrer, Theologe, etc.) für alle Personenbezeichnungen gewählt. Die weibliche Form wird dabei stets mitgedacht, sofern dies historisch möglich ist. Eine Ausnahme bilden die Inhalte, die ausdrücklich auf Frauen bezogen werden.

[3] MICHAEL KLESSMANN, Das Pfarramt. Einführung in die Grundfragen der Pastoraltheologie, Neukirchen-Vluyn 2012, 111. Umfassend wurde die Problemlage dargestellt von ANDREAS VON HEYL, Zwischen Burnout und spiritueller Erneuerung. Studien zum Beruf des evangelischen Pfarrers und der evangelischen Pfarrerin, Frankfurt a. M. 2003.

[4] Vgl. exemplarisch den Überblick bei KLESSMANN, Pfarramt (s. Anm. 3).

[5] Vgl. hierzu die Debatte zum Berufsbild des Pfarrers in der bayerischen Landeskirche, vorgestellt von STEFAN ARK NITSCHE, Berufsbild Pfarrerin, Pfarrer. Pfarrer und Pfarrerin sein in verschiedenen Kontexten. Die Erträge des Prozesses. Abschlussbericht des Projektleiters OKR Dr. Stefan Ark Nitsche, vorgelegt auf der Landessynode in Schweinfurt im November 2015, http://www.berufsbild-pfr.de/abschlussbericht (letzter Zugriff am 07.01.2019).

[6] Auf folgende Veröffentlichungen sei beispielhaft verwiesen: MICHAEL KLESSMANN, Pfarrbilder im Wandel. Ein Beruf im Umbruch, Neukirchen-Vluyn 2001; ULRIKE WAGNER-RAU, Auf der Schwelle. Das Pfarramt im Prozess kirchlichen Wandels, Stuttgart 2009; CLAUDIUS KIENZLE, Mentalitätsprägung im gesellschaftlichen Wandel. Evangelische Pfarrer in einer württembergischen Wachstumsregion der frühen Bundesrepublik (KoGe 45), Stuttgart 2012.

Unkenrufen zum Trotz: Der Pfarrberuf lebt und mit ihm die spezifischen Herausforderungen der alltäglichen Berufspraxis, die freilich mehr und mehr von der Persönlichkeit der Person getragen werden muss und immer weniger mit »Amtslogiken« einer institutionell geordneten Gesellschaft rechnen kann.[7] Die bleibende Bedeutung des Pfarrberufs zeigt jedoch nach wie vor auch die jüngste Kirchenmitgliedschaftsuntersuchung, wenn sie darauf verweist, dass gerade der Pfarrberuf die Kirche symbolisiert. »Zum Kirchenbild der Mitglieder gehört, dass sie ›Kirche‹ vorrangig mit Gottesdiensten, mit Glaube, Gott und Religion und mit Personen, ganz besonders Pfarrerinnen und Pfarrern assoziieren. [...] Unter den kirchlich beruflich Tätigen nimmt die pastorale Rolle eine herausragende Stellung ein. Die Institution Pfarramt symbolisiert par excellence Kirche, repräsentiert sie in der Gesellschaft.«[8]

Der vorliegende Aufsatz beschreibt an der Schnittstelle von Theorie und Praxis im Sinne einer »gebildeten Souveränität«[9] aktuelle Herausforderungen pfarramtlicher Praxis und zeichnet diese in die »komplexe Gemengelage«[10] der Umbrüche des 20. Jahrhunderts ein. Dieses »Nachdenken«, unter Berücksichtigung der gegenwärtigen Bedingungen und Entwicklungen, ist die bleibende Herausforderung einer Pastoraltheologie. So verstanden, knüpft eine Pastoraltheologie auch an die alte Tradition der Pastoralklugheit an. Dieser Begriff bezeichnet »eine von Pfarrer und Pfarrerin erforderte persönliche Geschicklichkeit, sich in den zahlreichen ungeregelten Situationen der pastoralen Amtsführung angemessen zu verhalten.«[11] Die bleibende Bedeutung solcher Reflexionsbemühungen zeigen die patoraltheologischen Debatten spätestens seit den 70er Jahren.[12] Denn »es kann nicht die Aufgabe der wissenschaftlichen Universitätstheologie sein, [...] [eine] praktische Theorie des Pfarrerberufs zu entwerfen oder auch zu lehren. Ihr

---

[7] Vgl. VOLKER DREHSEN, Vom Amt zur Person: Wandlungen in der Amtsstruktur der protestantischen Volkskirche. Eine Standortbestimmung des Pfarrberufs aus praktisch-theologischer Sicht, in: International Journal of Practical Theology 2 (1998), 263–280.

[8] FRANZ GRUBAUER/EBERHARD HAUSCHILDT, Religion und Kirche in personaler Kommunikation, in: HEINRICH BEDFORD-STROHM/VOLKER JUNG (Hrsg.), Vernetzte Vielfalt. Kirche angesichts von Individualisierung und Säkularisierung. Die fünfte EKD-Erhebung über Kirchenmitgliedschaft, Gütersloh 2015, 69–89, 69ff.

[9] Im Anschluss an CHRISTIAN ALBRECHT, Gebildete Souveränität. Pastoraltheologische Argumente für die neue Einübung eines alten Zieles theologischer Ausbildung, in: ZThK 114 (2017), 315–329.

[10] TOBIAS BRAUNE-KRICKAU, Wie der Pfarrer ›anders‹ wurde. Pastoraltheologische Umbrüche in den langen 1960er Jahren, in: Praxisrelevanz und Theoriefähigkeit. Transformationen der Praktischen Theologie um 1968, hrsg. v. JOHANNES GREIFENSTEIN (Praktische Theologie in Geschichte und Gegenwart 27), Tübingen 2018, 59–84, 59.

[11] REINHARD SCHMIDT-ROST, Art. »Pastoralklugheit«, in: RGG[4] (2003), 991–992, 991.

[12] Vgl. DIETRICH RÖSSLER, Grundriß der Praktischen Theologie, Berlin/New York ²1994, 139–142.

didaktischer Ort ist das Pfarrseminar, das Pastoralkolleg«[13] und die »gebildete Subjektivität.«[14]

Für die Umsetzung eines solchen Programms steht besonders Manfred Josuttis' Band »Der Pfarrer ist anders« von 1982.[15] Josuttis gehört zu den einflussreichsten Praktischen Theologen der 80er und 90er Jahre und hat auf eine Generation von Pfarrerinnen und Pfarrern enorme Wirkung ausgeübt.[16] Im Blick auf die Fragen von Person, Amt und Beruf des Pfarrers hat er »wie kein anderer [...] die pastoraltheologische Diskussion der letzten [...] Jahre mitgestaltet und mitgeprägt.«[17] Dabei hat er sich gleich mit drei pastoraltheologischen Publikationen in die Debatte eingebracht und sich intensiv mit dem Pfarrberuf auseinander gesetzt.[18] Gerade Josuttis' erster Entwurf bleibt jedoch wegen seines heuristischen Prinzips des »Andersseins«, das die Berufswirklichkeit von Pfarrern analysiert, von bleibender Aktualität.[19] Diese liegt gerade darin, dass er eine Pastoraltheologie nicht aufgrund von dogmatischen und/oder gesellschaftlichen Prämissen deduziert. Josuttis' Verfahren bleibt ein diskursives, insofern es versucht, diverse Elemente und Problemhintergründe des Pfarrberufs vor den Herausforderungen und Erfahrungsebenen mit Hilfe soziologischer, psychologischer, religionswissenschaftlicher und theologischer Einsichten zu plausibilisieren.[20] Sie dienen somit als Vorlage für eine Reflexion unter den Bedingungen und Erfahrungen der Gegenwart.

Im ersten Teil dieses Aufsatzes wird zunächst der gesellschaftsgeschichtliche Entstehungshintergrund des Werkes beleuchtet. Im zweiten Teil werden exemplarische Kapitel des Werkes von Josuttis vorgestellt und fortgeschrieben.

---

[13] WOLFGANG STECK, Der Pfarrer zwischen Beruf und Wissenschaft (TEH.NF 183), München 1974, 56.
[14] ALBRECHT, Souveränität (s. Anm. 9), 329.
[15] Vgl. RÖSSLER, Grundriß (s. Anm. 12), 140.
[16] Vgl. MICHAEL MEYER-BLANCK, Zu diesem Heft, in: EvTh 67 (2007), 164, 164.
[17] MICHAEL MEYER-BLANCK/BIRGIT WEYEL, Studien- und Arbeitsbuch Praktische Theologie (UTB 3149), Göttingen 2008, 65.
[18] Vgl. CHRISTIAN GRETHLEIN, Pfarrer/in – ein theologischer Beruf, in: MARKUS IFF/ ANDREAS HEISER (Hrsg.), Berufen, beauftragt, gebildet – pastorales Selbstverständnis im Gespräch. Interdisziplinäre und ökumenische Perspektiven (BThSt 131), Neukirchen-Vluyn 2012, 108–126, 120.
[19] Neben dem Band »Der Traum des Theologen« von 1988, setzte Josuttis 1996 noch einmal neu mit seiner Pastoraltheologie von 1996 ein. Sie nimmt zwar Einsichten seiner früheren Werke auf, fokussiert sie jedoch gerade im Blick auf die Rollenbeschreibung der pastoralen Tätigkeit als Führer ins Heilige. Die noch im »Der Pfarrer ist anders« beschriebene Bipolarität von Prophet und Priester wird zugunsten der priesterlichen Dimension zumindest zugespitzt. Vgl. auch RÖSSLER, Grundriß (s. Anm. 12); KLESSMANN, Pfarramt (s. Anm. 3), 162ff.
[20] Vgl. KLESSMANN, Pfarramt (s. Anm. 3), 160.

Wie der Pfarrer anders wurde ...[21]

»Die evangelische Pfarrerschaft bot immer ein [...] buntes Bild.«[22] Das gilt erst recht und vielleicht noch verstärkt für die Pfarrer der bundesrepublikanischen Zeit. Dennoch lassen sich, ausgehend von theologischen,[23] kirchlichen und gesellschaftlichen Entwicklungen und Rahmenbedingungen, gewisse Wandlungsprozesse beschreiben, die auf die Existenz des Pfarrers einwirkten ihn zugleich beeinflussten und das »Amt« nachhaltig veränderten. Im Blick auf die Bonner Republik kann man von einem unvermeidlichen »Sleeper-Effekt« von Entwicklungen aufgrund von Alterskohorten und Systembedingungen, wie sie von Kirchenverfassungen und Gemeindestrukturen ausgebildet werden, sprechen.[24] Nimmt man die sozialgeschichtliche Generationenforschung auf, so lassen sich drei Pfarrergenerationen für die Zeit von 1945 bis in die 70er Jahre unterscheiden: Die sogenannte »Kirchenkampfgeneration« (vor oder während des 1. Weltkrieges geboren), die »HJ- und Flakhelfer-Generation« (um 1930 geboren) und die »Kriegskindergeneration«.[25] Für die Zeit nach dem Zusammenbruch des nationalsozialistischen Deutschlands, genoss jedoch kaum eine andere Institution und somit auch ihre Amtsträger »eine derart privilegierte Stellung wie die Kirchen.«[26] Trotz diverser Verstrickungen während der NS-Zeit und der virulenten Schuldfrage füllten die Kirchen ein Macht- und Sinnvakuum, sodass die Kirchenführer – aber auch die (noch vorhandenen) Pfarrer – zu den ersten Ansprechpartnern sowohl der Besatzungsmächte wie der notleidenden Bevölkerung vor Ort gehörten, und ihnen eine moralische Integrität zugesprochen wurde.[27] In der Gemeindeerfahrung spielte, neben den enormen wirtschaftlichen und psychischen Problemen, vor allem der enorme Pfarrermangel eine Rolle, sodass viele Pfarrer »durchweg überlastet und oft regelrecht ausgelaugt waren.«[28] Theologisch und kirchlich versuchte man Kirche und Amt »so weit wie möglich von der Gesellschaft abzusetzen und sie [...] als

---

[21] In Aufnahme des Titels von BRAUNE-KRICKAU, Pfarrer (s. Anm. 10), 59.

[22] EBERHARD WINKLER, Evangelische Pfarrer und Pfarrerinnen in der Bundesrepublik Deutschland (1949–1989), in: LUISE SCHORN-SCHÜTTE/WALTER SPARN (Hrsg.), Evangelische Pfarrer. Zur sozialen und politischen Rolle einer bürgerlichen Gruppe in der deutschen Gesellschaft des 18. bis 20. Jahrhunderts (KoGe 12), Stuttgart/Berlin/Köln 1997, 199–211, 199.

[23] Josuttis selbst spricht von drei theologischen Pfarrbildern (das Pfarrbild der kerygmatischen, der entmythologisierenden und der politischen Theologie), die die den Studenten der Theologie bis in die 70er Jahre maßgeblich beeinflusst haben. Vgl. hierzu: MANFRED JOSUTTIS, Theologie und Berufsbild des Pfarrers, in: Deutsches Pfarrerblatt 70 (1970), 3–7, passim.

[24] Vgl. JOSUTTIS, Theologie (s. Anm. 23), 4.

[25] Vgl. DIMITRIJ OWETSCHKIN, Zwischen Glaubensvermittlung und »kritischer Sozialisationsbegleitung«, in: MRKG 60 (2011), 225–246, 231ff.

[26] MARTIN GRESCHAT, Der Protestantismus in der Bundesrepublik Deutschland (1945–2005) (KGE IV.2), Leipzig 2010, 9.

[27] Vgl. KURT NOWAK, Geschichte des Christentums in Deutschland, München 1995, 226.

[28] GRESCHAT, Protestantismus (s. Anm. 26), 11.

eine Größe eigener Art zu beschreiben.«[29] Rollenverständnis und Identität wurden aus dem Verkündigungsauftrag und/oder aus dem Amtsverständnis abgeleitet.[30] Hierin fanden die Generationen, die im späten Kaiserreich und der Weimarer Republik geboren und sozialisiert waren, Halt, die vielfältigen Umbrüche, die der Protestantismus in diesen Jahren erlitten hatte, zu kompensieren.[31] Damit waren freilich alle anderen Erwartungen, die vor allem im Zuge der liberalen Praktischen Theologie und der damit verbundenen empirischen Wende entwickelt wurden, in das theologische Abseits gedrängt worden.[32]

Im Zuge des beginnenden Wohlstandes und des damit verbundenen Lebenswandels in den langen 60er Jahren, geriet dieses Rollenverständnis zunehmend in die Krise.[33] Auch wenn keine offene Kirchenfeindschaft seitens der Bevölkerung zu konstatieren war, wandelte sich vor allem das ländliche Leben stark. Insbesondere die jüngere Generation konnte mit den überkommenen Formen der Kirchlichkeit kaum noch etwas anfangen.[34] Kompetenzverlust und Resignation seitens der Pfarrerschaft waren die Folge. Die Pfarrerschaft partizipierte dabei auch an einer allgemeinen Entwicklung des Bürgertums, das als sozial und kulturell fassbare Größe zunehmend verschwand, bzw. sich in stark veränderte Milieus transformierte.[35] Damit veränderte sich nicht nur eine Zielgruppe pfarramtlichen Wirkens mit ihren privaten und individuellen Frömmigkeitspraktiken, sondern auch das Rollenverständnis der Amtsträger. Hinzu kam, dass auch die Studenten der Theologie selbst zunehmend aus anderen Schichten bzw. Milieus stammten.[36] Die

---

[29] HANS MARTIN MÜLLER, Das evangelische Amtsverständnis und die Pfarrerrolle der Gegenwart, in: DERS.: Bekenntnis – Kirche – Recht. Gesammelte Aufsätze zum Verhältnis Theologie und Kirchenrecht (JuSEcc 79), Tübingen 2005, 369–383, 369.

[30] Hierin fanden die verschiedenen Bewegungen der 20er und 30er Jahre (liturgische Bewegung, Wort-Gottes-Theologie, etc.), bei aller Verschiedenheit in ihrem Ansatz ihre Mitte. Vgl. WALTER NEIDHART, Theologie des kirchlichen Amtes: der Pfarrer – ein Priester?, in: HANS-DIETER BASTIAN (Hrsg.), Kirchliches Amt im Umbruch (GT.P 7), München/Mainz 1971, 29–44, 29ff.

[31] Vgl. DIMITRIJ OWETSCHKIN, Zeuge – Berater – Krisenagent, in: WILHELM DAMBERG (Hrsg.), Soziale Strukturen und Semantiken des Religiösen im Wandel. Transformationen in der Bundesrepublik Deutsch-land 1949–1989, Essen 2011, 37–53, 40.

[32] Vgl. unter Rückgriff auf Trutz Rendtorff: JOSUTTIS, Theologie (s. Anm. 23), 5.

[33] Vgl. AXEL SCHILDT, Die Sozialgeschichte der Bundesrepublik Deutschland bis 1989/90 (EDG 80), München 2007, 326.

[34] Vgl. CLAUDIUS KIENZLE, Kirchlichkeit und Entkirchlichung, in: BWKG 103 (2003), 323–360, 328. Genauere Untersuchungen vor allem zu den regionalen Besonderheiten fehlen. Es ist davon auszugehen, dass die Wahrnehmungsperspektive für die langen 60er Jahre in hohem Maße divergiert und von einer Vielfalt von Faktoren abhängig ist: Geschlossenheit des konfessionellen Milieus, wirtschaftliche Prosperität der Region, Auswirkungen langer religiöser Prägeerfahrungen (pietistische Erweckungen), etc.

[35] Vgl. ANDREAS SCHULZ, Lebenswelt und Kultur des Bürgertums im 19. und 20. Jahrhundert (EDG 75), München 2005, 25ff.; OWETSCHKIN, Glaubensvermittlung (s. Anm. 25), 225.

[36] OWETSCHKIN, Zeuge (s. Anm. 31), 329; CHRISTIAN GRETHLEIN, Pfarrer(in)sein als christlicher Beruf, in: ZThK 98 (2001), 372–398, 387. Das ist gesondert hervorzuheben, da

Selbstrekrutierung der Pfarrerschaft kam zunehmend zum Erliegen.[37] »Die Selbstrekrutierungsquote der (angehenden) Theologen, die Mitte der 1950er Jahre noch ca. 22% betragen hatte, sank 1967/1968 [...] auf 14%, um [...] auf 7,5% (1971/1972) zu fallen.«[38]

Die seit den späten 60er Jahren und verstärkt in den 70er Jahren sich entwickelnde Tertiärisierung der Sozial- und Beschäftigungsstruktur, verbunden mit einer enormen Bildungsexpansion, veränderte nicht nur die Sozialstruktur der Gemeinden, sondern auch die kirchliche Berufslandschaft durch die Schaffung neuer kirchlicher Berufsgruppen.[39] Dies führte zwar einerseits zur Entlastung des bisherigen Pfarramtes, andererseits führte es zu Rollenkonflikten, sowohl theologisch (Amtsfrage) als auch arbeitssoziologisch.[40]

In den 70er Jahren setzte sich schließlich auch die Frauenordination in den meisten Landeskirchen durch.[41] Diese Gleichstellung führte zu einer gravierenden »Transformation des Pfarrhauses und der Pfarrfamilie [...], die sowohl das Erscheinungsbild und die Identität der Pfarrschaft als auch die Strukturen pastoraler Kommunikation [...] veränderte.«[42] Daneben führte die Zulassung von Frauen zur Ordination aber auch zu einer veränderten Berufspraxis und Stellenplanung, da die wachsende Erwerbsneigung nicht mit einem Rückgang der Zuständigkeiten für Familie und Erziehung einherging und daher neue Formen von Arbeitszeiten und Stellenstrukturierung gefunden werden mussten.[43]

Zugleich wurden all diese und andere Veränderungsprozesse nicht nur passiv erfahren, sondern im hohen Maße von Pfarrerschaft und Kirchenleitung aktiv mitgestaltet. Denn die gute Integration der Kirchen in den Gründerjahren der Bundesrepublik, hatte auch ein neues Rollenverständnis im Sinne einer »Verantwortung für die Welt« ermöglicht.[44] Im Zuge der Studentenrevolte und der da-

---

der Pfarrberuf in der Geschichte unter den akademischen Berufen der sozial offenste war Vgl. exemplarisch THOMAS NIPPERDEY, Deutsche Geschichte. 1866–1918, München ³1994, 90; MÜLLER, Amtsverständnis (s. Anm. 29), 380.

[37] Vgl. KARL-WILHELM DAHM, Beruf Pfarrer, München ³1974, 90; MÜLLER, Amtsverständnis (s. Anm. 29), 380.

[38] OWETSCHKIN, Glaubensvermittlung (s. Anm. 25), 228.

[39] Vgl. OWETSCHKIN, Zeuge (s. Anm. 31), 50; DERS., Glaubensvermittlung (s. Anm. 25), 227; GOTTFRIED BUTTLER, Art. »Kirchliche Berufe«, in: TRE (1990), 191–213, 260.

[40] Vgl. KLESSMANN, Pfarramt (s. Anm. 3), 272f.; EBERHARD HAUSCHILDT, Allgemeines Priestertum und ordiniertes Amt, Ehrenamtliche und Berufstätige. Ein Vorschlag zur Strukturierung verwickelter Debatten, in: Pastoraltheologie 102 (2013), 388–407, 378. Auf diese Problematiken verweisen auch Reiner Anselm und Peter Bubmann im Blick auf den Pfarrbildprozess der bayerischen Landeskirche. Vgl. hierzu REINER ANSELM, Professionalisierung und Demokratisierung, in: NELKB 70 (2015), 251, 251; PETER BUBMANN, Zum Miteinander der Berufsgruppen, in: NELKB 70 (2015), 251–257.

[41] Vgl. KLESSMANN, Pfarramt (s. Anm. 3), 264.

[42] OWETSCHKIN, Glaubensvermittlung (s. Anm. 25), 231.

[43] Vgl. CHRISTIAN GRETHLEIN, Pfarrer – Ein theologischer Beruf!, Frankfurt a. M. 2009, 386.

[44] OWETSCHKIN, Zeuge (s. Anm. 31), 41f.

mit verbundenen gesellschaftlichen Politisierung kam es schließlich auch unter der Pfarrerschaft zu einem enormen Mentalitätswandel gegenüber den kirchlichen Traditionen.[45] Träger dieses Wandels waren vorwiegend »Kohorten der um 1930 geborenen, nicht mehr durch den Kirchenkampf geprägten Theologen.«[46] So wuchs seit 1968 eine Generation von Pfarrern heran, die sich »mehrheitlich als politisch ›links‹, als sozialistisch oder sozialdemokratisch begriff.«[47] Die zunehmende Pluralisierung auf allen gesellschaftlichen Ebenen wurde »zu einem Moment, das das pastorale Berufskonzept vielfach bestimmte.«[48] Theologisch versuchte man durch die Rezeption außertheologischer Wissensgebiete, das bisherige Rollenverständnis zu verändern. Gegenüber dem kerygmatisch definierten Pfarrverständnis, trat nun ein humanwissenschaftlich-psychologisches in den Vordergrund. Die Impulse hierzu kamen aus vielfältigen Schulrichtungen, wie der humanistischen Psychologie, der Psychoanalyse und der Verhaltenstherapie und wurden für viele Pfarrer attraktiv.[49] »Die Seelsorgebewegung [...] [schien] das Versprechen zu enthalten [...], man könne vom dilettierenden Generalisten wegkommen und wenigstens in einem besonders gefragten Bereich [...] zum kompetenten und wieder neu gefragten Spezialisten werden.«[50] Die in den 60er Jahre entwickelten Ideen prägten das Selbstverständnis der Pfarrer bis in die 80er Jahre.[51] Die Adaption außertheologischer Professionen führte schließlich in den 70er Jahren zu Funktions- bzw. Sonderpfarrstellen.[52] Hiermit versuchte man auf die Ausdifferenzierung der gesellschaftlichen Teilbereiche zu reagieren und auch in außergemeindlichen kirchlichen Orten (Akademien, Kirchentage, etc.) Räume der Begegnung zu ermöglichen.[53] Getragen von der Idee der Planbarkeit und Steuerbarkeit kirchlich-religiöser Prozesse sowie den Chancen, die die prosperierende Wirtschaftslage und deren Koppelung an die Kirchensteuer dem kirchlichen Handeln ermöglichte, kam es zu einer enormen Ausweitung kirchlicher Tätigkeitsfelder und einer ansteigenden Bautätigkeit.[54]

---

[45] Vgl. KARL-WILHELM DAHM, Herausforderungen für Selbstverständnis und Rolle des protestantischen Pfarrers im Zuge der Modernisierung, in: DERS.: Evangelische Kirche im gesellschaftlichen Wandel. Herausforderungen an Kirchenverständnis, Pfarrberuf, christliche Ethik, Frankfurt a. M. 2015, 287–295, 294.
[46] OWETSCHKIN, Zeuge (s. Anm. 31), 42.
[47] Vgl. KLESSMANN, Pfarramt (s. Anm. 3), 51.
[48] OWETSCHKIN, Zeuge (s. Anm. 31), 42.
[49] Vgl. DAHM, Herausforderungen (s. Anm. 45), 294; KLESSMANN, Pfarramt (s. Anm. 3), 51.
[50] KLESSMANN, Pfarramt (s. Anm. 3), 51.
[51] Vgl. KLESSMANN, Pfarramt (s. Anm. 3), 51.
[52] Vgl. KARL-WILHELM DAHM, Art. »Pfarrer/Pfarrerin II. Geschichtlich«, in: RGG⁴ (2003), 1197–1200, 1199.
[53] Vgl. OWETSCHKIN, Glaubensvermittlung (s. Anm. 25), 233.
[54] Vgl. WOLF-DIETER HAUSCHILD, Evangelische Kirche in der Bundesrepublik Deutschland zwischen 1961 und 1979, in: SIEGFRIED HERMLE/CLAUDIA LEPP/HARRY OELKE (Hrsg.), Umbrüche. Der deutsche Protestantismus und die sozialen Bewegungen in den 1960er und 70er Jahren (AKiZ.B 47), Göttingen 2007, 51–90, 64. Die hier grund-

Entgegengesetzt zur Tendenz der Kirchenaustritte, erhöhten sich die Studierendenzahlen in den 70er und 80er Jahren stark.[55] Die Landeskirchen waren zu einer Fülle von Maßnahmen genötigt und die Folgen für die Gestalt des pfarramtlichen Dienstes waren erheblich.[56] Besonders in Fragen der Besoldung kam es zu Diskussionen, die einerseits um die Frage der Angleichung an die vergleichbaren akademischen Berufe, andererseits um die Frage nach möglichen Einschnitten im Blick auf zukünftige Pfarrergenerationen geführt wurden.[57] So votierten bspw. die bayerischen Theologiestudenten in der 1976 veröffentlichten »Tieringer Erklärung zur Übernahme von Theologiestudenten in den Pfarrdienst«, »angesichts der nahenden ›Pfarrerschwemme‹ gegen jegliches Auswahlverfahren der Kandidaten, das sachliche Kriterien übersteigt.«[58] Stattdessen sollten alle Kandidaten bei geringerem Gehalt übernommen werden, was sie als Glaubwürdigkeitsbeweis empfänden.[59] Die Gründe für die Zunahme der Studierendenzahlen lagen einerseits im bildungspolitischen Trend der Expansion der Gymnasien und Universitäten, andererseits in der gesellschaftlich stark wahrgenommenen Friedens- und Umweltbewegung, an der die Kirche in hohem Maße mitwirkte.[60]

Mit der Wiedervereinigung und unter einer veränderten politischen und gesellschaftlichen »Großwetterlage« verstärkte sich der Reformdruck und bisherige Paradigmen wie die Seelsorgebewegung verloren an Plausibilität.[61] So konnten die evangelischen Kirchen nicht davon profitieren, zu den wichtigsten Akteuren im Wendegeschehen gehört zu haben.[62] Die Pfarrer partizipierten an gesellschaftlichen Faktoren, die auch die Kirchen erreichten: schleichender Verlust beruflicher Identitäten, erhöhte Innovations- und Informationsflut sowie Stellenveränderungen.[63] »Das Gefühl der Überforderung und die Klage über zu wenig Freiraum für

---

gelegten Entwicklungen führten spätestens nach 1990 zu einer schweren Belastung schrumpfender Haushalte.

[55] Vgl. RICHARD RIESS, Pfarrer werden?, Göttingen 1986, 13–18.

[56] Vgl. KLESSMANN, Pfarramt (s. Anm. 3), 52f.; ANGELA HAGER, Ein Jahrzehnt der Hoffnungen (AKiZ.B 51), Göttingen 2011, 88f.

[57] Vgl. HERMANN VOGT, Die Rechtsstellung des Pfarrers, in: Deutsches Pfarrerblatt 70 (1970), 565–568, 567.

[58] HAGER, Jahrzehnt (s. Anm. 56), 105.

[59] Vgl. HAGER, Jahrzehnt (s. Anm. 56), 105.

[60] Vgl. ANDREAS RÖDDER, Die Bundesrepublik Deutschland 1969–1990 (Oldenbourg Grundriss der Geschichte 19A), München 2004, 506f.; GRESCHAT, Protestantismus (s. Anm. 26), 170ff.

[61] Vgl. KLESSMANN, Pfarramt (s. Anm. 3), 53f.

[62] Vgl. THOMAS GROSSBÖLTING, Der verlorene Himmel, Göttingen 2013, 254.

[63] Vgl. CHRISTIAN BOUILLON, Kompetenzorientierung für den evangelischen Pfarrberuf, in: MARKUS IFF/ANDREAS HEISER (Hrsg.), Berufen, beauftragt, gebildet - pastorales Selbstverständnis im Gespräch. Interdisziplinäre und ökumenische Perspektiven (BThSt 131), Neukirchen-Vluyn 2012, 127–148, 141; THEO SORG, Wir Pfarrer und Pfarrerinnen heute, in: HERMANN MITTENDORF (Hrsg.), »Gottes gesammelte Stückwerke«. Hundert Jahre Evangelischer Pfarrverein in Württemberg, Stuttgart 1991, 9–15, 11ff.

das private Leben«[64] waren gängige Beschwerden und eine verstärkte Diskussion um das Pfarramt war eine der Folgen.[65]

Der Pfarrer ist und bleibt anders ...

1982 veröffentlichte Josuttis nach etlichen Vorarbeiten seine erste Monographie zur Pastoraltheologie.[66] Sein Entwurf kann als Antwort auf eine kirchliche und gesellschaftliche Entwicklung gelesen werden, die aufgrund von Ausdifferenzierung, Individualisierung, etc. Bedingungen erzeugt hat, die bspw. nicht mehr mit einer aus der Dogmatik deduzierten pfarramtlichen Handlungslehre einzuholen sind.[67] Insofern möchte Josuttis Pfarrern und Theologiestudenten, die ja Produkt ein solcher Entwicklung sind, die unweigerlich zu einer Rollendiffusion führen muss, mit seiner Pastoraltheologie heuristische Kriterien an die Hand geben.[68]

Im namengebenden ersten Kapitel entfaltet er ausführlich die Hintergründe und Beobachtungen, die ihn veranlasst haben, diesen Entwurf vorzulegen. So waren es zunächst Irritationen und Zweifel, die durch Pfarrer und Theologiestudenten in Bezug auf die eigene Tätigkeit geäußert wurden. Diese fühlten sich wie »Fremdlinge« gegenüber der eigenen Familie, gegenüber Kommilitonen und der Gesellschaft, die sie sowohl durch eine veränderte religiöse Praxis wie auch durch einen veränderten Umgang mit Institutionen herausforderten.[69] Zugleich blieben jedoch auch Erwartungen beständig, die sich vor allem in Fragen der Lebens-

---

[64] Winkler, Pfarrer (s. Anm. 22), 210.
[65] Vgl. hierzu exemplarisch die Artikel im Deutschen Pfarrerblatt: Gustav A. Krieg, Wer jede Rolle spielt, spielt keine Rolle mehr. Bemerkungen über den Pfarrerberuf, in: Deutsches Pfarrerblatt 96 (1996), 522–524; Bernd Giehl, Wozu braucht man eigentlich noch Pfarrer? Gedanken zum Strukturwandel in der Kirche, in: Deutsches Pfarrerblatt 98 (1998), 719–722; Wilhelm Drühe, Pfarrbild 2000 – Zerrbild oder Zukunftsperspektive? Ein Blick in das Rheinland, in: Deutsches Pfarrerblatt 99 (1999), 283–285; Hans-Eberhard Rückert, Beruf oder Job. Zum »professions-ethischen Verhalten« im konkreten Notfall, in: Deutsches Pfarrerblatt 99 (1999), 208–210. Diese Liste ließe sich beliebig fortschreiben.
[66] Als Vorarbeiten dienten u. a. Josuttis, Theologie (s. Anm. 23), 3–7; ders., Pfarrhaus und alternativer Lebensstil. Eine Kontroverse zwischen Theologiestudenten und Kirchenleitung, in: Richard Riess, Haus in der Zeit, München 1979, 32–36; ders., Was muß ein Pfarrer heute wissen oder können?, in: HPB 1981, 7–15.
[67] Vgl. Josuttis, Theologie (s. Anm. 23), 3ff.; ders., Der Pfarrer ist anders. Aspekte einer zeitgenössischen Pastoraltheologie, München ²1983, 21; und zum Hintergrund ferner Müller, Amtsverständnis (s. Anm. 29), 369f.
[68] So Josuttis auch im Vorwort: »[I]ch möchte, indem ich in diesem Buch die theologischen Spannungen, die gesellschaftlichen Widersprüche und psychologischen Ambivalenzen nachzuzeichnen versuche, die sich in diesem Beruf kristallisieren, anderen helfen, gern Pfarrer zu sein.« (Josuttis, Pfarrer [s. Anm. 66], 9) Vgl. auch Harald Nehb, Veränderte Autotität 15 (1982), 634ff.; Peter C. Bloth, Pastorale Existenz heute, in: BThZ 1 (1984), 107–114, 107ff.; Herbert Pachmann, Pfarrer sein. Ein Beruf und eine Berufung im Wandel, Göttingen 2011, 70.
[69] Josuttis, Pfarrer (s. Anm. 67), 11.

führung (sexuelle Praxis, politische Mandate, etc.) äußerten. »Er [sc. der Pfarrer] soll[te] also leben wie alle und zugleich besser als sie, solidarisch mit den anderen und in Distanz zu ihnen.«[70] Aufgrund dieser »Rollendiffusion« schlägt Josuttis den Leitbegriff des »Andersseins« vor. Für ihn reflektiert eine zeitgenössische Pastoraltheologie wissenschaftlich »die Konfliktzonen, die an den Schnittpunkten zwischen der beruflichen, der religiösen und der personalen Dimension pastoraler Existenz lokalisiert sind.«[71] Der Pfarrer ist daher herausgefordert, stets neu das »Anderssein« in den verschiedenen Kontexten zu bedenken und damit auch praktisch zu leben. Denn das »Anderssein« ist zugleich Feststellung, Absichtserklärung und Vorwurf.[72] Diese »Mehrdeutigkeit« »enthält demgemäß soziologische, psychologische und theologische Implikationen und Konsequenzen«[73], die sowohl den Pfarrer beeinflussen als auch wissenschaftstheoretisch die verschiedenen Referenzgrößen der Pastoraltheologie bilden.[74]

Mit diesem Ansatz ist zugleich eine Weitung der in einer Pastoraltheologie zu verhandelnden Themen verbunden. Die Pastoraltheologie verfährt daher weder normativ, bringt also von »außen vorgegebene Prinzipien zur Anwendung«[75], die die Praxis als reines Anwendungsfeld versteht, noch professionstheoretisch und erhebt sich somit zur Grundlagenwissenschaft von Theologie.[76] Insofern kommen nach Josuttis in einer Pastoraltheologie theologisch-dogmatische, soziologisch-gesellschaftstheoretische und tiefenpsychologische Instanzen in den Blick, die »im Blick auf konkrete Einzelfragen pastoraler Existenz miteinander kombiniert werden«[77] müssen. Wenn Josuttis den Pfarrer schon in der ersten Zeile seines Vorwortes eine »merkwürdige Zwitterfigur«[78] nennt, dann deutet er damit dessen Lebensraum zwischen zu erleidender Uneindeutigkeit und zu erkämpfender Freiheit an. Das heißt aber auch, dass es nie »den« Ruhepol oder »das« Ziel geben wird, nach dem sich der Pfarrer, wie auch die, die es mit den Pfarrern zu tun haben, sehnen. Jeder, der diese Vorläufigkeit, Unbehaustheit[79] und Fremdheit nicht akzeptieren möchte, wird dann zu der großen Zahl der Jammernden gehören, die sich auf beiden Seiten reichlich finden. Wer aber damit furchtlos umzugehen lernt, wird in

---

[70] JOSUTTIS, Pfarrer (s. Anm. 67), 11f.
[71] JOSUTTIS, Pfarrer (s. Anm. 67), 20.
[72] JOSUTTIS, Pfarrer (s. Anm. 67), 12ff.
[73] JOSUTTIS, Pfarrer (s. Anm. 67), 14.
[74] Vgl. JOSUTTIS, Pfarrer (s. Anm. 67), 14–17.25.
[75] JOSUTTIS, Pfarrer (s. Anm. 67), 21.
[76] Vgl. JOSUTTIS, Pfarrer (s. Anm. 67), 21ff.
[77] JOSUTTIS, Pfarrer (s. Anm. 67), 25.
[78] JOSUTTIS, Pfarrer (s. Anm. 67), 9.
[79] Dies gilt auch im Blick auf die Debatten um Residenzpflicht und Pfarrhaus. Viele Beiträge lassen dieser Perspektive keinen Raum mehr. Vgl. hierzu exemplarisch KLAUS WEBER, Pfarrberuf, Pfarrerbild und Pfarrhaus. Die berufsständische Perspektive, in: Evangelische Pfarrhäuser in Bayern, hrsg. v. HANS-PETER HÜBNER/HERBERT MAY/KLAUS RASCHZOK, München 2017, 189-193 und die instruktiven Gedanken bei ALFRED AEPPLI u. a., Leben im reformierten Pfarrhaus – ein Gespräch, in: Das reformierte Pfarrhaus. Auslauf- oder Zukunftsmodell?, hrsg. v. SABINE SCHEUTER/MATTHIAS ZEINDLER (DenkMal 7), Zürich 2013, 12-24.

so manche Freiheit geführt, die Neues entstehen lässt, was wiederum gut gegen die Furcht ist und den Weg weiter zu gehen hilft. Denn der Pfarrer ist anders. »Er sollte es jedenfalls sein.«[80]

Der Pfarrer und das Amt
Die Andersartigkeit des Pfarrers wurde und wird klassisch in der Lehre vom Amt reflektiert, welcher sich Josuttis im zweiten Kapitel zuwendet. Er exemplifiziert die Spannungen anhand von drei Beispielen: »im Blick auf die Beerdigungspraxis, im Zusammenhang mit den christlichen Festen [und] im Konfliktfeld der politischen Predigt.«[81] Josuttis rekurriert somit auf drei Bereiche der Pastoraltheologie, welche damals vor allem von Seiten der Wort-Gottes-Theologie in der Tradition der Barmer Theologischen Erklärung mit ihrer starken dogmatischen Fixierung im Blick auf die genannten Praxisvollzüge des kirchlichen Lebens heftig diskutiert wurden und vor allem mit den Namen Götz Harbsmeier und Rudolf Bohren (beide in der Tradition der Dialektischen Theologie) verbunden waren. Diese wurden jedoch von der (wieder neu) beginnenden empirischen Kirchensoziologie stark hinterfragt.[82] Ohne auf eine nähere Klärung dieser Diskussionslagen einzugehen, fragt Josuttis nach dem Zustandekommen dieser Denkfiguren. Unter Einbeziehung religionsgeschichtlicher und religionssoziologischer Erkenntnisse zeichnet er religiöse Rollenbilder und ihre Verortung in gesellschaftlichen Prozessen nach und verbindet diese mit der biblischen Tradition der Prophetengestalten.[83]

Als bleibende Spannung konstatiert Josuttis, dass sich im Amtsverständnis unterschiedliche Traditionen verwoben haben, die sich nicht einseitig auflösen lassen, noch auflösen lassen sollten. So ist der Pfarrer eben kein klassischer, von Institutionen unabhängiger Prophet, noch kann er diese Rolle zu Gunsten priesterlicher Aufgaben aufgeben; der Pfarrer lebt im Widerspruch.[84] Diesen gilt es jedoch auszuhalten, da auch »prophetisches Selbstbewußtsein [...] [kein] Indiz für die Wahrheit«[85] ist. Von daher votiert Josuttis, unter Rückgriff auf Ernst Lange und Walter Neidhart, für einen bleibenden Antagonismus. »Ein Modell, das die Spannungen zwischen Erwartung und Auftrag der religiösen Praxis zugrunde legt, [ist] nicht inadäquat, [sondern] in mancher Hinsicht sogar unvermeidlich.«[86] Der Pfarrer ist anders und er muss auch anders bleiben.

Dabei will er in vielen Fällen nicht mehr anders sein. Er möchte eine eigene Wohnung haben, die er umgestalten darf. Er möchte zumindest finanziell mithal-

---

[80] Josuttis, Pfarrer (s. Anm. 67), 128.
[81] Josuttis, Pfarrer (s. Anm. 67), 31.
[82] Vgl. vor allem zur Geschichte der Kasualtheorie: Christian Albrecht, Kasualtheorie (Praktische Theologie in Geschichte und Gegenwart 2), Tübingen 2006, 27–34; zur politischen Predigt: Albrecht Grözinger, Politische Predigt, in: Katrin Kusmierz/ David Plüss (Hrsg.), Politischer Gottesdienst?!, Zürich 2013, 37–58; und zur Kirchensoziologie: Rössler, Grundriß (s. Anm. 12), 106–109.
[83] Vgl. Josuttis, Pfarrer (s. Anm. 67), 33ff.
[84] Vgl. Josuttis, Pfarrer (s. Anm. 67), 38.
[85] Josuttis, Pfarrer (s. Anm. 67), 41.
[86] Josuttis, Pfarrer (s. Anm. 67), 46.

ten können mit einem Gymnasiallehrer.[87] Er möchte einen privaten Freundeskreis haben, da, wo er wohnt. Er möchte private Zeit zu Hause verbringen dürfen, ohne Angst vor Störungen. Diese Anfragen sind ebenso berechtigt wie in vielen Bereichen notwendig. Eine alleinige Fokussierung auf diese Fragestellungen wird das Amt jedoch letztlich auflösen in eine reine Dienstleistung.

Kann so das Pfarramt existieren? Gegenläufig zu den vielen Sehnsüchten gegenwärtiger Pfarrergenerationen,[88] hat sich die Entwicklung massiv verschärft, die Josuttis schon Anfang der 80er Jahre aufgezeigt hat. Obwohl der evangelische Pfarrer nicht geweiht ist und man ihm weder sexuelle noch finanzielle Enthaltsamkeit abverlangt, ist ein gelungenes Gemeindeleben wesentlich mehr von seiner Person als solcher abhängig, als es in der römisch-katholischen Kirche mit ihrer stärkeren Ekklesiologie der Fall zu sein scheint. So ist zumindest

> »für das Erleben der protestantischen Christen der Pfarrer zum einzigen ›Bürgen‹ für Religion und Kirche geworden. [...] Nur in ihm ist die Kirche vor Ort real erfahrbar. Die Organisation, die hinter dem Pfarramt steht, die Gesamtkirche bleibt abstrakt [...] Das impliziert [...] einen erheblichen Widerspruch zur gängigen Kirchentheorie [...] Während der Kirchenbegriff die Vollzüge betont [...], betonen die Mitglieder die Person [...]. Und das enthält faktisch eine permanente Anforderung an den Pfarrer. [...] Faktisch wird er damit zum religiösen Symbol. [...] Faktisch ist er eine merkwürdige Zwitterfigur. Ein Bürge des Heiligen, der selber nicht mehr heilig sein kann oder soll oder will.«[89]

In der Praxis entscheidet vielfach mehr die »sympathische Art« des Pfarrers, wie viele Ehrenamtliche sich in der Gemeinde engagieren, als seine theologische Kompetenz.[90] An seiner »Ausstrahlung«, seiner Kommunikations- und Beziehungsfähigkeit hängt das Kirchenbild der Menschen. Manchmal sogar das Gottesbild! Nicht mehr das Amt trägt den Menschen, sondern bei jeder Kasualie, bei jeder

---

[87] Dies wäre auch nur »recht und billig«. Professionstheoretisch nachvollziehbarer wäre jedoch eine andere Besoldungslogik, analog zu den Entwicklungen im Bereich der Richter- und Ärzteschaft. Auch Josuttis äußert sich zu diesem Thema. Die Schwierigkeiten über »Pfarrer und das Geld« zu reden, liegen für Josuttis im Rollenkonflikt des Pfarrers zwischen Prophet und Priesterexistenz, in der ökumenischen Sonderstellung der mitteleuropäischen Pfarrerschaft und in den mannigfaltigen theologischen Traditionen, wie dem ntl. und urchristlichen Lohngedanken, der reformatorischen Ablasskritik, der frühchristlichen Christologie sowie dem alt. Opferkult. Von daher sei es nötig, das Schweigen zu brechen und zu bedenken, dass »es zur gegenwärtigen Situation in der Kirche und außerhalb der Kirche keine realen Alternativen gibt. Pfarrer und Kirche können weder aus dem geschichtlichen Prozeß noch aus dem gesellschaftlichen Kontext einfach aussteigen.« Das gilt auch für Fragen des Streik- und Koalitionsrechts in den diakonischen Arbeitsfeldern. Die »unbewusste Gebrochenheit«, die mit diesem Thema einhergeht, gilt es daher zu reflektieren und zu bearbeiten. Vgl. JOSUTTIS, Pfarrer (s. Anm. 67), 147–169, die Zitate auf 165.168.

[88] Vgl. exemplarisch die zuweilen irritierenden, da letztlich nicht begründeten und deutlich getrennten »Wahrscheinlichkeiten und Wünsche« bei KLESSMANN, Pfarramt (s. Anm. 3), 336–338.

[89] JOSUTTIS, Pfarrer (s. Anm. 67), 193ff.

[90] Zur durchaus problematischen Rolle des Pfarrers auch im Hinblick auf kirchlich Engagierte und Indifferente vgl. KLAUS RASCHZOK, Gefragt, nötig, präsent. Zur Diskussion um den Pfarrberuf, in: Korrespondenzblatt 123 (2008), 81–91, 81.

zufälligen Begegnung muss der Pfarrer die Relevanz und Bedeutung von Glaube, Kirche und Gott neu beweisen. Macht er seine Sache gut, finden die Leute auch die Kirche gut. »Auf den Pfarrer kommt es an.«[91] Somit ist er nicht mehr leitender Teil einer Gemeinschaft, sondern einsamer Streiter für eine statistisch vergehende Sache in einer säkularer werdenden Welt. Vielleicht ist das der Grund, warum so viele Pfarrer versuchen, oder sich zumindest danach sehnen, nach einer angemessenen Zeit im Gemeindepfarramt, in einem sogenannten Funktionspfarramt unterzukommen. Denn hier scheint es tatsächlich möglich zu sein, dass ein Rückzug ins Private wenigstens in der Freizeit gelingt. Es scheint ihm auch möglich zu sein, dort mehr in seiner Rolle zu agieren und anderen nur diese Seite der professionellen Attitüde zu zeigen; und so ist er weniger gezwungen, sich im Lebenszusammenhang eines Dorfes oder Stadtteiles als ganze Person preiszugeben.

Ob das nun an einer schwachen Ausbildung der Persönlichkeit liegt, an Bequemlichkeit, an erlebter Frustration oder tatsächlich an einer Sonderbegabung für eine Berufung in eine Sonderfunktion, sei dahingestellt. Die Zufriedenheit der Gemeindepfarrer mit den für sie zuständigen Funktionsstellen ist seit Josuttis auf jeden Fall nicht gewachsen.[92] Vielmehr scheint der Eindruck immer deutlicher zu werden, dass die Kirche auf den Kopf gestellt wurde. Da, wo das Evangelium gepredigt, in Sakramenten vollzogen und im Alltag gelebt wird, an der Basis also, braucht es Hilfe für die, die dafür einstehen. Alles andere, Verwaltung, Kirchenleitung und Sonderämter, haben demnach vor allem dienenden Charakter! Natürlich darf das finanziell gut honoriert werden und natürlich muss es Kontrolle geben. Aber Gemeinde kann ohne landeskirchlichen Apparat gut leben. Landeskirche nicht ohne Gemeinde. Diese Reihenfolge und Wertigkeit wird so nicht mehr wahrgenommen! Der Gemeindepfarrer erlebt sich dementsprechend als nicht gesehen, allein gelassen und zudem noch gegängelt. Und so brennt er für seine Gemeinde, opfert sich trotz allem auf, liebt seinen Beruf, ist aber innerlich schon lange von der verfassten Kirche getrennt, obwohl er für sie Dienst tut. Dieses einfach einmal wahrzunehmen und zu hören und nicht mit immer neuen Aktionen und sogenannten Konzepten anderen die Kräfte zu rauben, die letztlich nur als Promotion für die Öffentlichkeit oder als verdeckte Sparmaßnahme dienen, wäre ein Anfang. Will man die Gemeinde stärken, muss man den Pfarrer stärken. Seine Person ist entscheidend. Und er muss seinen Dienst in Freiheit vor Ort tun dürfen. Aber Freiheit braucht Vertrauen!

Der Pfarrer und die Zeit

Der Pfarrer ist anders. Das gilt auch für seine (Dienst-)Zeit. Ein Pfarrer hat Zeit und muss Zeit haben! Er wird dafür bezahlt und freigehalten, dass er Zeit für andere hat. Menschen zahlen Geld, um berufene Menschen von Arbeit frei zu halten, damit sie Zeit haben, wenn sie Zeit brauchen, damit sie einen Menschen haben, wenn sie einen Menschen brauchen. Abgearbeitete, überlastete, müde, aber auch methodensichere, glattgebügelte Pfarrer sind Zeichen einer ungeistlichen Kirche.

---

[91] Darauf hat deutlich Reinhard Bingener in der *FAZ* verwiesen (17.04.2014 Nr. 91).
[92] Vgl. zum Ganzen auch KLESSMANN, Pfarramt (s. Anm. 3), 288–290.

Denn nur wer Zeit hat, kann auch die große Aufgabe meistern, die wesentlich Inhalt und Ausdruck von pastoralem Handeln ist: er hat ein *offenes* Ohr. Denn in »der Religion überlebt die Hoffnung, daß der Mensch von den Zwängen und von den Ängsten geheilt werden kann [...]. Ein Vorschein dieser Freiheit darf den beruflichen Alltag des Pfarrers bestimmen.«[93] Jeder weiß, wie es ist, wenn man bei einem Arzt oder auf einem Amt mit seinem Anliegen einem Menschen begegnet, der zwar hört, aber nicht zuhört, der eben kein offenes Ohr hat, keinen Draht zu mir zulässt. Das löst Verzweiflung aus und Wut und lässt einen ohnmächtig und unglücklich zurück. Bei der Begegnung mit einem Pfarrer soll das anders sein.[94]

Wie aber gelingt es einem Pfarrer auf Dauer, ein waches Ohr zu haben, um zu hören, »wie Jünger hören«? Wie gelingt es, seinem Herrn nachfolgend, auch die Kraft und Zeit zu haben: *Und er sah ihn, und er jammerte ihn, und er blieb stehen, und er ging zu ihm.*[95] Zunächst muss er damit rechnen, dass aus alltäglichen Begegnungen, sei es am Telefon oder im Supermarkt, dass aus solch einfachen Begegnungen ein Kairos werden kann. Wer damit rechnet – sprich mit einem lebendigen Gott rechnet – muss das auch in seine Terminplanung einrechnen. Und das bedeutet, dass man – ehrlich und realistisch betrachtet – maximal fünfzig Prozent seiner Zeit einplanen, bzw. für sich und seine Vorhaben verplanen darf. Schon regt sich Widerstand: »Aber was ist, wenn nichts passiert?« Dann arbeitet man zu wenig, wird als faul angesehen und spürt den Rechtfertigungsdruck gegenüber der Gemeinde, dem eigenen Gewissen und der Landeskirche, die einem doch die Stunden so haarklein aufgelistet hat in der Dienstbeschreibung.[96] Mit solchen Menschensatzungen beschwert man nur die Herzen der Pfarrer. Denn jeder weiß aus schmerzlichem Erleben: das nächste Kind stirbt bestimmt und dann fragt keiner mehr nach Zeit und Möglichkeit.

Wie ein Herbergsvater muss ein Pfarrer da sein, wenn ihm einer gebracht wird, der unter die Räuber fiel. Dann muss er Kraft, Zeit und Ressourcen haben, ihn zu pflegen. Und sollte uns wirklich einmal kein Kairos überraschen, dann kann die liegengebliebene Arbeit abgebaut werden. Oder besser: man könnte sich wieder Zeit nehmen für die Predigt. Oder noch besser: man könnte sich als Pfarrer wieder bereiten im Studium der Schriften, in Meditation oder im Ruhen. Wer versuchen will, sein Ohr offen zu halten, der muss sich pflegen und erholen: *Und er zog sich in die Berge zurück.*[97] Der braucht störungsfreie Zeit. Zeit, um Begegnungen vor- und nachzubereiten. Zeit für eine Wüste, um mit seinen Anfechtungen und Ängsten umgehen zu lernen. Genügend Pause, dass sich inspirierende Gedanken wieder trauen die Predigt zu prägen und nicht verdrängt werden von gekauften Einfällen aus einem Vorbereitungsbuch. Denn aus Langeweile entsteht oft Kreativität, so dass der Geist auch mal wieder den Pfarrer selbst besuchen kommt. Dass er dadurch wieder wach, nüchtern, mutig und klar wird. Dass er wieder einer wird, der die 99 Aufgaben und Anliegen unbewacht zurücklässt und er dem

---

[93] JOSUTTIS, Pfarrer (s. Anm. 67), 146.
[94] Vgl. JOSUTTIS, Pfarrer (s. Anm. 67), 128.
[95] Lk 7,13–14; Lk 10,35.
[96] Vgl. JOSUTTIS, Pfarrer (s. Anm. 67), 129f.
[97] Lk 6,12.

Einzelnen, zunächst vielleicht Unscheinbaren hinterherläuft, weil es wichtiger ist, als das Viele.[98]

Da er aber nicht allein Herr über seinen Kalender ist, braucht der Pfarrer auch den Schutz seiner Kirche. Die muss verantwortlich mit seiner Zeit umgehen und darf ihm nicht die Zeit nehmen und verplanen. Dementsprechend dürfen Sitzungen nicht nerv- und kräftezehrend durchgeführt werden, sondern müssen dienen zur Klärung und gegenseitigen Stärkung, Ermutigung und Inspiration.[99] Dass auch ein Pfarrer selbst ein offenes Ohr findet und er nicht gleich am Anfang mit einer bemühten Andacht ermüdet wird. Gerade die kirchenleitenden Strukturen müssen als eine ihrer zentralen Aufgaben sehen, dass sie für die Pfarrer Begegnung, Austausch und Wandlung ermöglichen und zulassen. Bischöfe einer Region sollten mehr in den Wohnzimmern der Pfarrer sitzen, als in der Zeitung stehen. Sie sollten ihre Aufgabe als Hirten der Hirten und deren Seele wieder ernst nehmen und selbst ein offenes Ohr und einen offenen Terminkalender haben.[100]

Zur Ausbildung des Pfarrers

Ziel der Ausbildung zum Pfarrer in einer Volkskirche ist nach Josuttis nicht der Spezialist, sondern der Generalist, oder besser der »Dilettant«.[101] Bereits Ende der 70er Jahre standen Überlegungen im Raum, die in diesen Tagen im sogenannten PuK Prozess[102] als geistreiche Neuentwicklung gefeiert werden. An »die Stelle der parochialen Gliederung des pastoralen Dienstes sollte eine funktionale Aufteilung treten. Ein größerer Gemeindeverband sollte aus Fachleuten für die einzelnen Praxisfelder bestehen.«[103] Im Ergebnis wird aber bis heute weiterhin der Allrounder und nicht der »Funktionsspezialist«, der von ganz wenig ganz viel weiß, gebraucht.[104] Weiterhin scheint der Erfahrung nach immer noch gültig zu sein, dass die »Person [...] meist wichtiger, als die Funktion«[105] ist. Und hierin liegt das Problem. Denn bis heute hat sich nichts an der »Merkwürdigkeit unseres Ausbildungssystems«[106] geändert, so dass »die Ausbildung zum religiösen Beruf aufgrund von Eigeninitiative beginnen kann. Es gibt [jedoch] keine Person und keine Instanz, die den individuellen Entschluß überprüft und wegen persönlicher Un-

---

[98] Vgl. hierzu auch HERBERT PACHMANN, Pfarrer sein – Pfarrerin sein. Ein Beruf und eine Berufung im Wandel, Göttingen 2011, 220.
[99] Vgl. JOSUTTIS, Pfarrer (s. Anm. 67), 129.
[100] Vgl. RASCHZOK, Pfarrberuf (s. Anm. 90), 83: »Ein grundlegendes Problem besteht darin, dass die landesbischöfliche Sorge um den Pfarrberuf weitgehend nur als Hintergrundaufgabe ausgeübt werden kann, die in der medial orientierten Öffentlichkeit kaum Punktgewinne einträgt.«
[101] Vgl. JOSUTTIS, Pfarrer (s. Anm. 67), 213.
[102] Profil und Konzentration (*PuK*) bezeichnet den Zukunftsprozess der Evangelisch-Lutherischen Kirche in Bayern.
[103] Vgl. JOSUTTIS, Pfarrer (s. Anm. 67), 213.
[104] Vgl. JOSUTTIS, Pfarrer (s. Anm. 67), 214. In eine ähnliche Richtung votiert auch der professionstheoretische Ansatz von ISOLDE KARLE, Der Pfarrberuf als Profession. Eine Berufstheorie im Kontext der modernen Gesellschaft (PThK 3), Gütersloh 2001.
[105] Vgl. JOSUTTIS, Pfarrer (s. Anm. 67), 214.
[106] Vgl. JOSUTTIS, Pfarrer (s. Anm. 67), 214.

zulänglichkeiten zurückweist.«[107] Das bedeutet: in unserer Kirche arbeiten Menschen, die aus ungeklärten Motiven etwa sieben Jahre allein an der Universität verbringen. Formal steht ihnen immerhin in der ELKB die »Kirchliche Studienbegleitung« zur Seite. Nach dem ersten Examen bekommen sie für zweieinhalb Jahre einen Mentor zugewiesen. Anschließend müssen sie noch drei Jahre Fortbildungen absolvieren, um dann wiederum 30 Jahre lang allein und kaum unterstützt ihren Dienst zu tun. Nach der langen Ausbildungsphase wird von ihnen erwartet, als Pfarrer für andere Menschen in höchst relevanten Lebenssituationen »als Person« wichtig zu sein! Es bleiben also de facto zweieinhalb Jahre, um die künftigen Pfarrer zu prägen, zuzurüsten und auszubilden, wobei sie auch in dieser Phase nicht beigebracht bekommen, wie man betet, fastet, meditiert, schweigt, stirbt und Angstsituationen besteht.[108]

Doch es bleibt die Frage: Wer sollen diese Begleiter sein? Es können und müssen nur die Besten sein, die in dieser kurzen Zeit dieser Aufgabe gewachsen sind, zumal das Predigerseminar mit Raum- und Personalnot belastet, vor allem mit sich selbst genug beschäftigt zu sein scheint.[109] Wer soll diese Begleiter aussuchen und bestimmen? Wer in der Kirchenleitung hat diese Menschenkenntnis und diese Vollmacht? Man bedenke dabei nur, nach welchen Kriterien zurzeit solche wichtigen kirchenleitenden Funktionsstellen besetzt werden und nach welchen Motiven sich auf solche Stellen beworben wird. Wer kennt denn wirklich diese so wichtigen zukünftigen Ausbilder und kann dies auch gut entscheiden? Dass diese Entscheidungen nur »en passant« im Verborgenen getätigt werden, ohne nachvollziehbare Kriterien, zeigt, welchen Stellenwert man der Begleitung junger Menschen letztlich zugesteht. Dies gilt analog auch für Studienleiterstellen im Predigerseminar. Gerade in der zweiten Phase der Ausbildung müssten »gezielt Spezialisten [...] aus den sozialwissenschaftlichen Disziplinen herangezogen werden, die gleichzeitig [...] Kenntnis der pastoralen Praxis aufweisen.«[110]

So bleibt es schließlich weiterhin bei der textorientierten Ausbildung, die auf den Erwerb von »mehr Wissen« abzielt. »Der Mensch selber, der alle diese Kenntnisse aufnehmen und verarbeiten soll, verschwindet letztlich darunter.«[111] Aber das »höchste Ziel der Existenzweise des Seins ist tieferes Wissen.«[112] Das zu erwerben gibt man den angehenden Pfarrern zu wenig Raum und kaum Gelegenheit. Wer dergestalt alleingelassen eine solch wichtige Aufgabe, wie die des Pfarrberufs, anvertraut bekommt, der sollte doch zumindest ausgestattet werden mit dem, »was jede Tätigkeit, jede Arbeit allererst möglich macht – das Vertrauen, das

---

[107] Vgl. JOSUTTIS, Pfarrer (s. Anm. 67), 214f.
[108] Vgl. JOSUTTIS, Pfarrer (s. Anm. 67), 215.
[109] Vgl. ferner auch KLESSMANN, Pfarramt (s. Anm. 3), 324.
[110] Vgl. JOSUTTIS, Pfarrer (s. Anm. 67), 222. In eine ähnliche pointierte Richtung votiert auch KLAUS RASCHZOK, Überlegungen zu einer umfassenden Reform der Ausbildung zum evangelischen Pfarrberuf, in: HANNS KERNER/JOHANNES REHM/HANS-MARTIN WEISS (Hrsg.), Das geistliche Amt im Wandel. Entwicklungen und Perspektiven, Leipzig 2017, 53–76.
[111] Vgl. JOSUTTIS, Pfarrer (s. Anm. 67), 216.
[112] Vgl. JOSUTTIS, Pfarrer (s. Anm. 67), 216.

Selbstvertrauen.«[113] Umso verwunderlicher ist es, dass ein Vikariatskurs 40 Jahre nach Josuttis als Rückmeldung über ihre Erfahrungen offiziell an die Landeskirche schreibt und sich darin massiv über eine »Kultur der Abwertung« während der Examensprüfung beklagt.[114] Vielleicht könnte dies endlich ein Anlass sein, dass sich die verantwortlichen Gremien und Funktionsträger der Landeskirchen wieder mehr mit der Bereitung des Bodens, mit Düngen, Hegen und Pflegen und der Begleitung der Setzlinge beschäftigen, als über Besucherzahlen und Ernteoptimierung zu fantasieren. Dies alles könnte zu einem erneuten Ergrünen des Pfarramtes und der Kirche führen.

---

[113] Vgl. JOSUTTIS, Pfarrer (s. Anm. 67), 222.
[114] Die Formulierung »Kultur der Abwertung« ist der offiziellen Stellungnahme des bayerischen Vikariatskurses F16 entnommen und liegt den Verfassern vor.

Stichwortverzeichnis

Amt 11, 14, 17-24, 28, 31, 32, 36-38, 41, 42, 51-53, 67-74, 77, 82, 86, 91, 92, 104, 109, 111, 122, 158, 189-194, 199, 200, 202
Anwärter*innen 92, 94-99, 101
Anwärterliste, 91, 92
Ausbildung 15, 33, 34, 36, 41-44, 51, 69, 79, 81-83, 86, 91-93, 95, 98, 101, 103-106, 111, 123, 158, 159, 165, 166, 170, 177, 178, 183, 187, 201, 203, 204

Berufsbild 16, 18, 28, 41, 86, 109, 110, 112, 113, 119, 125, 126, 165, 168, 185, 189
Berufsgruppen 25, 26, 28-31, 37-40, 42-45, 165
Bildung 23, 32-35, 38, 40-42, 45, 68, 80-82, 86, 98, 102, 104, 105, 110, 121, 124, 125, 166-168, 170, 171, 174, 177, 181-185, 187, 194

Debatte 28, 69, 83, 87, 119, 120, 122, 189-191, 198
Dimension 11, 13-18, 22, 24, 26, 32-38, 41, 47-49, 52, 58, 61, 68, 69, 72, 84, 85, 103, 106, 149, 166, 170-172, 174, 176, 178, 183, 185-187, 191, 198

Ehrenamt/Ehrenamtliche 25, 26, 28, 32, 33, 36-39, 41-43, 45, 52, 71, 77, 97, 98, 101, 105, 110, 114-116, 146, 200
Energie 133, 135, 166, 171, 174, 176, 177, 179, 185, 186

Erleben 96, 133, 171, 174, 180, 181, 200, 202
Existenz 50, 58, 60, 62, 83, 86, 102, 103, 111-113, 119, 120, 136, 144, 165, 173, 174, 192, 198, 200, 204

Gefühl 16, 55-58, 156, 170, 171, 178, 179, 183, 186, 196
Generation Y 166, 168, 169, 178, 180, 182, 184, 187
Gestaltung 29, 32, 54, 55, 58, 68, 80, 85, 86, 102, 117, 118, 131, 171, 180, 186

Individuell 12-14, 45, 50, 54, 56, 60, 63, 64, 68, 72, 73, 77, 79, 81-83, 87, 97, 103, 133, 136, 138, 142, 158, 159, 166, 169, 176, 182, 185, 193, 203
Individuum 49, 54, 56, 58, 74, 77

Kirchenkreis 95, 114
Kirchenleitung 14, 53, 63, 80, 91, 92, 116, 117, 133, 177, 194, 201, 204
Kirchliche Studienbegleitung (KSB) 93, 103-106, 204
KMU 29, 30, 43, 112, 114, 120, 121, 126, 190
Kommunikation 29, 31, 33-35, 37, 38, 41, 71, 75, 76, 83, 93, 103, 106, 107, 115, 123, 139, 146, 159, 169, 179, 180, 183, 185, 194, 200
Kompetenz 23, 25, 38-44, 54, 72, 73, 75, 80, 82, 102-106, 115, 120, 121, 123, 126, 136, 143,

144, 165, 166, 169, 178, 193, 200
Kybernetik/Kybernetisch 43, 44, 104, 106, 166, 172

Landeskirchenamt 91, 94, 109, 114, 115

Nachwuchs 42, 71, 91, 93, 96, 97, 99

Pastoralkolleg 179
Pastoraltheologie 25-28, 42, 44
Person 11, 12, 14-18, 21-24, 29-31, 39, 40, 72, 74, 83, 86, 96, 102, 103, 106, 111, 119, 132, 159, 160, 165-167, 169, 174-176, 178, 180, 182-185, 189-191, 200, 201, 203, 204
Pfarrerbild 109, 110, 113, 115, 118-120, 125, 170
Praxis 12, 26, 40, 44, 45, 47, 49-51, 53, 59, 60, 62, 63, 67, 69, 72, 77, 79-82, 84, 91-94, 98, 99, 104-106, 117, 120, 137, 139, 142, 144, 148, 149, 151, 161, 170, 190, 194, 197-200, 203, 204
Profession 11, 14-18, 20, 24, 27, 68, 72, 103, 104, 106, 111, 172, 179, 195, 198, 200
Profil und Konzentration (PuK) 105, 106, 124, 126, 136, 138, 139, 203

Raum 65, 68, 72, 76, 87, 93, 114, 118, 125, 136, 138-141, 151, 157, 166, 171, 174-176, 178, 179, 182, 185-187, 198, 203, 204
Reflexion 12, 18, 20, 23, 41, 45, 62, 63, 69, 78, 80, 82, 85, 87, 104, 113, 117, 120, 122, 155, 156, 166, 177, 181, 182, 187, 190, 191

Rolle 18, 20, 26, 28, 29, 31, 38, 39, 42, 44, 45, 68, 69, 71-74, 77, 91, 92, 94, 96, 98, 99, 102, 106, 111, 112, 115, 116, 118, 120-122, 133, 138, 144, 146, 165, 166, 169, 172, 174-177, 179, 180, 182, 183, 185, 190-195, 197-201

Selbstverständnis 61, 62, 69, 79, 111, 131-133, 135, 195
Sinn 18, 20, 22, 23, 50-54, 67, 68, 76-78, 80, 81, 83, 99, 103, 170, 171, 182-184, 186, 187, 192
Spiritualität 67-69, 73, 75-79, 82-86, 105, 139, 174, 178, 187
Statistik 93, 94
Synode 110, 113-115, 125-127

Theorie 13, 17, 18, 25-28, 31, 37, 40, 44, 52, 60, 71, 104, 105, 175, 182, 183, 190, 199, 200

Vikar*in 99, 165, 166, 168, 171-179, 181-184, 187
Vikariat 92, 93, 166, 168, 169, 172, 174, 178, 180, 184, 187, 205
Volkskirche 86, 91, 99, 106, 203

Wahrnehmung 12, 13, 15, 16, 18, 20, 22-25, 28, 29, 35, 36, 41, 43, 45, 52, 53, 74, 76, 113, 114, 121, 122, 126, 133, 135, 166, 170, 171, 174, 175, 181, 183, 185-187
Wirksamkeit 170, 171, 180

Zeit 21, 23, 32-34, 39, 45, 58, 64, 65, 69, 71, 73, 76, 78, 80, 82, 85, 91-94, 98, 101, 105, 111, 115-117, 125, 131-136, 139, 153, 160, 165-169, 171-181, 185-187, 189, 192, 200-204

Autorenverzeichnis

AUERS, THILO, geb. 1965, Systemischer Berater, Coach und Superivisor (DGSF, IGSV), ist derzeit Gemeindepfarrer in Heroldsberg. Er arbeitete von 2007–2018 als Studienleiter am Predigerseminar der Evangelisch-Lutherischen Kirche in Bayern.

BUBMANN, PETER, geb. 1962, seit 2002 Professor für Praktische Theologie an der Friedrich-Alexander-Universität Erlangen-Nürnberg.

HARTMANN, OLIVER GEORG, geb. 1985, Studium der Ev. Religionspädagogik, Ev. Theologie (kirchl. Examen) und Diakoniewissenschaften in Moritzburg, Neuendettelsau, Zürich und Heidelberg, seit 2019 Pfarrer der ELKB bei Diakoneo KdöR.

MATTHES, RALF, geb. 1966, Studium der Ev. Theologie (kirchliches Examen) in Erlangen, Tübingen und Göttingen, seit 2006 Pfarrer an St. Martin in Memmingen, seit 2008 Schulreferent im Dekanat Memmingen-West.

MIKUSCH, STEPHAN, geb. 1988, Doktorand am Lehrstuhl für Systematische Theologie I (Dogmatik) bei Prof. Schoberth (FAU) und seit 2016 Studienleiter des Theologischen Studienhauses Werner-Elert-Heim in Erlangen.

NITSCHE, STEFAN ARK, geb. 1955, seit 2006 Regionalbischof im Kirchenkreis Nürnberg in Stellenteilung mit seiner Ehefrau. Seit 2011 Apl. Professor für Altes Testament an der Augustana Hochschule Neuendettelsau und Lehrtätigkeit an der FAU Erlangen. In den Jahren 2013–2016 hatte er die Leitung des Prozesses »Berufsbild: Pfarrer/Pfarrerin« inne und seit 2017 die Leitung des Prozesses »Miteinander der Berufsgruppen«.

PROKSCH, ALEXANDER, geb. 1988, Pfarrer der Evangelisch-Lutherischen Kirche in Bayern und seit 2017 Wissenschaftlicher Mitarbeiter am Lehrstuhl für Praktische Theologie der FAU Erlangen-Nürnberg.

SCHEIDEGGER, MARTIN, geb. 1973, Doktorand und Assistent am Lehrstuhl von Prof. Dr. Ralph Kunz, Praktische Theologie, Universität Zürich und Pfarrer in der reformierten Kirchgemeinde Stäfa, Schweiz.

SCHOBERTH, Wolfgang, geb. 1958, seit 2007 Professor für Systematische Theologie an der Friedrich-Alexander-Universität Erlangen-Nürnberg.

SCHMUCKER, ISOLDE, geb. 1962, KR.in, leitet seit 2016 das Referat Ausbildung und Personalentwicklung der Evangelisch-Lutherischen Kirche in Bayern.

SEIFERT, FRANK, geb. 1957, Pfr./Dipl.-Coach (CTAS), war von 1998–2015 Referent für Ausbildung und Personalentwicklung der Evangelisch-Lutherischen Kirche in Bayern (ELKB) und leitet seitdem die Stelle Personalberatung und -coaching der ELKB.

ZELINSKY, FRANK, geb. 1961, Pfarrer der Evangelisch-Lutherischen Kirche in Bayern, leitet seit 2016 das Pastoralkolleg der Evangelisch-Lutherischen Landeskirche in Bayern.

Ingolf U. Dalferth
God first
Die reformatorische Revolution
der christlichen Denkungsart

304 Seiten | Paperback
14 x 21 cm
ISBN 978-3-374-05652-1
EUR 28,00 [D]

Die Reformation war nicht nur ein historisches Ereignis mit weltweiter Wirkung, sondern eine spirituelle Revolution. Ihre Triebkraft war die befreiende Entdeckung, dass Gott seiner Schöpfung bedingungslos als Kraft der Veränderung zum Guten gegenwärtig ist. Gott allein ist der Erste, alles andere das Zweite. Das führte existenziell zu einer Neuausrichtung des ganzen Lebens an Gottes Gegenwart und theologisch zu einer grundlegenden Umgestaltung der traditionellen religiösen Denksysteme.

Das Buch des international bekannten Systematikers und Religionsphilosophen Ingolf U. Dalferth legt dar, was es heißt, Gott vom Kreuzesgeschehen her theologisch zu denken. Und es entfaltet den christlichen Monotheismus nicht als System der Vergewaltigung Andersdenkender, sondern als Lebensform radikaler Freiheit und Liebe, die sich als Resonanz der Gnade Gottes versteht.

EVANGELISCHE VERLAGSANSTALT
Leipzig   www.eva-leipzig.de

Tel +49 (0) 341/ 7 11 41-44   shop@eva-leipzig.de

Bernhard Dressler | Andreas Feige
Dietlind Fischer | Dietrich Korsch
Albrecht Schöll

Innenansichten

Zum professionellen Umgang
mit Religion im Pfarramt

352 Seiten | Paperback
15,5 x 23 cm
ISBN 978-3-374-05117-5
EUR 38,00 [D]

Das Pfarramt dient der Verantwortung für die christliche Religion und nimmt daher zu Recht eine Schlüsselstellung in der Organisation des kirchlichen Alltags ein. In den letzten Jahrzehnten sind seine theologischen Herausforderungen und seine institutionsspezifischen Belastungen erheblich gewachsen. Bisher gibt es keine methodisch gesicherten Erhebungen darüber, wie diese Situation von Pfarrerinnen und Pfarrern wahrgenommen wird. Diese Studie stellt nun eine mit Methoden der qualitativen sozialwissenschaftlichen Forschung arbeitende Untersuchung über die »Innenansichten« vor, die die Interviewten von ihrer Pfarramtsrealität haben. Die Ergebnisse basieren auf einer aufwändigen Analyse von 26 narrativen Interviews. In ihnen kommen Pfarrerinnen und Pfarrer unterschiedlichen Alters aus Stadt und Land zu Wort, die Auskunft über die elementaren Strukturen ihres aktuellen Berufsverständnisses geben. Begleitende Aufsätze des Forschungsteams, das aus Sozialwissenschaftlern und Theologen besteht, interpretieren und vergleichen die Ergebnisse der Auswertung dieser Interviews und stellen sie in einen soziologischen und theologischen Kontext.

EVANGELISCHE VERLAGSANSTALT
Leipzig   www.eva-leipzig.de

Tel +49 (0) 341/ 7 11 41-44   shop@eva-leipzig.de

Ricarda Schnelle
Gemeinsam autonom sein
Eine Untersuchung zu kollegialen Gruppen im Pfarrberuf

Arbeiten zur Praktischen Theologie (APrTh) | 76

296 Seiten | Hardcover
15,5 x 23 cm
ISBN 978-3-374-06113-6
EUR 68,00 [D]

Die Studie untersucht die Bedeutung kollegialer Gruppen für den Pfarrberuf. Dabei wird erstmals die in der pastoraltheologischen Forschung vorherrschende Fokussierung auf einzelne Pfarrer und ihre individuelle Praxis überwunden. Vor dem Hintergrund professionstheoretischer Ansätze untersucht die Autorin die gemeinsame Praxis von Pfarrerinnen und Pfarrern in Pfarrkonferenzen und selbstorganisierten Treffen mithilfe einer empirisch-qualitativen Erhebung. Kollegiale Gruppen dienen der gegenseitigen Vergewisserung, der Sicherung professionellen Handelns und der Wahrung der Autonomie einzelner Pfarrer sowie der gesamten Berufsgruppe.

Die Arbeit in diesen Gruppen wird erstmalig als ein eigenständiger Tätigkeitsbereich pastoralen Handelns beschrieben und gewürdigt. Davon ausgehend entwickelt die Autorin die pastoraltheologische These, dass dem Pfarrberuf eine kollektive Dimension innewohnt, und eröffnet eine neue Perspektive für die Reflexion der gemeinsamen Arbeit innerhalb der Berufsgruppe.

EVANGELISCHE VERLAGSANSTALT
Leipzig   www.eva-leipzig.de

Tel +49 (0) 341/ 7 11 41-44   shop@eva-leipzig.de

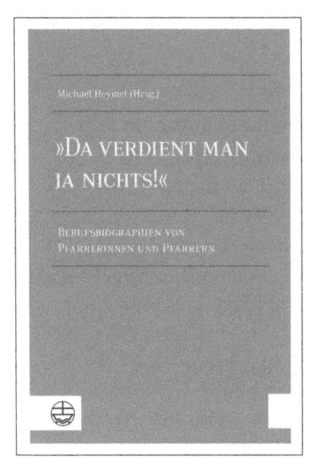

Michael Heymel (Hrsg.)
»Da verdient man ja nichts!«
Berufsbiographien von
Pfarrerinnen und Pfarrern

226 Seiten | Paperback
15,5 x 23 cm
ISBN 978-3-374-04920-2
EUR 34,00 [D]

Wie sind Lebensgeschichte und Pfarrberuf miteinander verknüpft? Dieser Frage geht Michael Heymel anhand von 21 Berufsbiographien evangelischer Pfarrerinnen und Pfarrer nach. Wie sehen sie in verschiedenen Lebensaltern sich selbst und ihren Beruf? Welche Rolle spielen Vorbilder, Pfarrbilder, Kirchenbilder und berufliche Ziele? Wie beschreiben sie ihren persönlich gelebten Glauben? Welche Bedeutung hat die Theologie für ihre berufliche Praxis? Die Antworten regen an zur Reflexion der eigenen Berufsbiographie und zum Gespräch über den Sinn des Pfarrberufs.

Das Buch liefert zugleich einen qualitativ-empirischen Beitrag zur Pastoraltheologie. Es gibt darüber Auskunft, welche biographischen Faktoren die Bildung von Pfarrpersonen beeinflussen und wie diese ihren Berufsalltag bewältigen.

EVANGELISCHE VERLAGSANSTALT
Leipzig   www.eva-leipzig.de

Tel +49 (0) 341/ 7 11 41-44   shop@eva-leipzig.de

Gunther Schendel (Hrsg.)
Zufrieden – gestresst – herausgefordert
Pfarrerinnen und Pfarrer unter Veränderungsdruck

312 Seiten | Paperback
12 x 19 cm
ISBN 978-3-374-04811-3
EUR 20,00 [D]

Für die flächendeckende Präsenz der evangelischen Kirche sind Pfarrerinnen und Pfarrer nach wie vor Schlüsselpersonen. Diese Berufsgruppe steht unter erheblichem Veränderungsdruck: Stellenkürzungen, Engpässe beim theologischen Nachwuchs, die veränderte Rolle von Kirche und Religion in der Gesellschaft – all das fordert Pfarrerinnen und Pfarrer heraus und lässt nach der Tragkraft bisheriger Bilder vom Pfarrberuf fragen.

Der vorliegende Band präsentiert aktuelle empirische Ergebnisse aus dem Sozialwissenschaftlichen Institut der EKD (SI), unter anderem zu den Belastungsfaktoren im Pfarrberuf, zur öffentlichen Bedeutung der Pfarrhäuser und zur Wirkung von Instrumenten der Personalentwicklung. Expertinnen und Experten aus Kirchenleitung, Wissenschaft und Pfarrerverband kommentieren diese Ergebnisse und präsentieren ihre Perspektiven für den Pfarrberuf.

EVANGELISCHE VERLAGSANSTALT
Leipzig www.eva-leipzig.de

Tel +49 (0) 341/ 7 11 41-44   shop@eva-leipzig.de

Thomas Klie | Folkert Fendler
Hilmar Gattwinkel (Hrsg.)
On Demand
Kasualkultur der Gegenwart

248 Seiten | Paperback
12 x 19 cm
ISBN 978-3-374-05391-9
EUR 22,00 [D]

Die Kasualkultur bestimmt das kirchliche Leben: Man lässt in aller Regel seine Kinder taufen und hält sie an zur Konfirmation, man wünscht die kirchliche Trauung (schon weniger) und man wird in aller Regel auch (noch) evangelisch bestattet. Kirche erscheint in der Sicht einer evangelischen Mehrheit als Gewährleisterin vergewissernder Riten, deren religiöse Deutungskraft mit großer Selbstverständlichkeit »von Fall zu Fall« bzw. »on demand« abgerufen wird.

Die volkskirchliche Normalität kann jedoch nicht darüber hinwegtäuschen, dass sich die Kasualkultur deutlich ausdifferenziert. Neue Anlässe treten hinzu, und alte Kasus werden nicht mehr in den Formen gewünscht, wie sie die Agende vorsieht. In der späten Moderne werden Erinnerungskasualien und Realbenediktionen wichtiger. Und zugleich gerät der Sonntagsgottesdienst in den allgemeinen Sog kirchlicher Kasualisierung. Kasualgespräche gleichen heute eher Aushandlungs- bzw. Verkaufsgesprächen, der pastorale Auftrag wird zur religiösen Dienstleistung.

EVANGELISCHE VERLAGSANSTALT
Leipzig   www.eva-leipzig.de

Tel +49 (0) 341/ 7 11 41-44   shop@eva-leipzig.de